Máximo García Ruiz

REDESCUBRIR
LA PALABRA

Cómo leer la Biblia

Editorial CLIE
www.clie.es

MÁXIMO GARCÍA RUIZ, nacido en Madrid, es licenciado en Teología por la Universidad Bíblica Latinoamericana de Costa Rica, licenciado en Sociología por la Universidad Pontificia de Salamanca y doctor en Teología por esa misma universidad. Profesor de Sociología, Historia de las Religiones e Historia de los Bautistas en la Facultad Protestante de Teología UEBE y profesor invitado de otras instituciones. Pertenece a la Asociación de Teólogos y Teólogas Juan XXIII; es uno de los dos únicos teólogos protestantes españoles incluido en el Diccionario de Teólogos/as Contemporáneos editado por Monte Carmelo en el año 2004, que recoge el perfil biográfico de los teólogos a nivel mundial más relevantes del siglo XX. Ha sido secretario ejecutivo y presidente del Consejo Evangélico de Madrid y ha publicado numerosos artículos y estudios de investigación en diferentes revistas, diccionarios y anales universitarios y es autor de 26 libros, algunos de ellos en colaboración.

EDITORIAL CLIE
C/ Ferrocarril, 8
08232 VILADECAVALLS
(Barcelona) ESPAÑA
E-mail: clie@clie.es
http://www.clie.es

REDESCUBRIR LA PALABRA. Cómo leer la Biblia.
ISBN: 978-84-944955-2-6
Depósito legal: B-9349-2016
Estudio bíblico
Hermenéutica exégesis
Referencia: 224982

Hiciste que los débiles
vencieran a los fuertes,
los escasos a los numerosos.

ORACIÓN JUDÍA EN JANUCÁ.

Quien no ve ni oye no sabe
practicar la ley de Dios.

ENSEÑANZA DE QUMRÁN.

Este libro ha sido escrito pensando especialmente en mis nietos, a quienes se lo dedico. Un texto que pretende reforzar la fe en la que están siendo educados hasta alcanzar una fe madura, libre de adherencias fanáticas ajenas a la Palabra de Dios; una fe liberadora, que les ayude a ser hombres y mujeres íntegros y capaces de poder trazar su propio destino.

Agradecimientos

Una sentida gratitud a quienes han tenido la gentileza de leer el texto que ahora ponemos en las manos del lector: amas de casa, profesores de la teología, científicos y técnicos cualificados en diferentes materias, todos ellos cristianos comprometidos con su fe y sus iglesias que han hecho aportaciones muy valiosas desde perspectivas culturales diversas. El respaldo recibido nos ha animado a seguir adelante con el propósito de dar a luz este trabajo, convencidos de su oportunidad y en la confianza de que sus aportaciones han de servir para enriquecer la vida espiritual e intelectual de los lectores.

Una expresión de gratitud especial al profesor Ricardo Moraleja, licenciado en Filología Hebrea y Aramea y doctorando en Ciencias de las Religiones, quien ha realizado cursos intensivos en Hebreo bíblico y rabínico en la Universidad Hebrea de Jerusalén. Traductor de la Biblia y con una dilatada experiencia en el estudio y la enseñanza de las Ciencias Bíblicas, el profesor Moraleja ha llevado a cabo una exhaustiva revisión del texto, corrigiendo, matizando o ampliando algunos conceptos específicos que han servido para revestir de mayor credibilidad el contenido de este ensayo.

Y otro reconocimiento destacado a Alfredo Pérez Alencar profesor de la Universidad de Salamanca, presidente de la Alianza de Escritores y Comunicadores Evangélicos de España (ADECE) y poeta de prestigio internacional, que acumula multitud de premios por su extensa obra traducida a veinte idiomas, cristiano de fe comprometida con la búsqueda de la verdad, prototipo del lector al que pretendemos llegar con esta obra, quien ha accedido generosamente a prologarla.

ÍNDICE GENERAL

PÓRTICO
Un libro imprescindible

Ávido lector en estos tiempos de anemia por escudriñar las Escrituras: estás ante un libro imprescindible, de esos que —tras una atenta lectura— dejan huella indeleble no solo en el espíritu, sino también en las entrañas, en el ser completo que somos. Máximo García Ruiz, liberal y conservador ciento por ciento, ha plasmado, de golpe, un sustancioso compendio de reflexiones que todo aquel que se estime cristiano debe-ría tomar en consideración, tanto para el aplauso como para la crítica razonada. En este libro, nutriente desde la primera hasta la última pági-na, órbita el pensamiento de un magno teólogo que busca, tras muchos lustros, aproximarse al lector normal que en la Biblia se ha topado con ciertas contradicciones entre sus libros de antes y después de Jesús. ¡Ya me hubiera gustado tenerlo al alcance de mis ojos y de mi entendi-miento cuando hace ahora 12 años me convertí en seguidor del Amado Galileo! ¡Cuántas dudas me habrían aclarado, acelerando mi entrega!

Este libro, ávido lector, es el mejor antídoto contra los fanatismos de los que no es ajeno el mundo evangélico, que se ha olvidado de protestar hasta de las injusticias, como tan claramente nos enseñan los profetas. También existe un desdén por ahondar en los puntos cardina-les de la Biblia: impera una interpretación marcadamente sesgada que para nada refleja la misión integral que debe tener la Iglesia. Este libro no solamente es recomendable, sino necesario: es el libro más necesario que ha escrito el madrileño Máximo García Ruiz como ofrenda a sus hermanos en la fe.

Siete capítulos son suficientes para perder el miedo a discrepar. Lean y relean la caravana de accesibles claves que Máximo ha decantado de la vieja y la nueva Alianza: de cierto que su travesía le ha hecho arribar al corazón de la Palabra.

Agradezco la gran temperatura de su imprescindible aporte a la lite-ratura cristiana en idioma castellano.

Alfredo Pérez Alencart
Universidad de Salamanca

CAPÍTULO I
A modo de introducción

1. El porqué y el para qué

Desde los remotos tiempos en los que di mis primeros pasos en el seno de la Iglesia bautista, a la que me incorporé cuando aún no había cumplido los 17 años y en la que fui iniciado en la lectura de la Biblia, he vivido la experiencia personal y ajena de tener que dejar sin respuestas muchas preguntas que fueron surgiendo en la medida en la que iba encontrándome con pasajes bíblicos que no solo escapan al entendimiento de cualquier lector, sino que dejan en él un cierto residuo de decepción al no saber cómo descifrar su contenido y sus aparentes contradicciones.

Esta sensación se produce de forma especial en lo que al Antiguo Testamento se refiere, con frecuencia en abierta contradicción con el núcleo central del Evangelio y de la enseñanza de Jesús. Mientras los Evangelios muestran la imagen de un Dios de amor universal, que no hace acepción de personas y defiende valores como la dignidad de todos los seres humanos y su igualdad en derechos, el Antiguo Testamento muestra con frecuencia la idea de Dios como la de un dios iracundo, vengativo y tribal, fruto de la visión parcial y distorsionada de un pueblo, el hebreo, que, habiendo sido escogido para ser un medio de bendición a otros pueblos, confunde su destino y se erige en receptor único y excluyente de las bendiciones de Dios, apropiándoselas, considerando erróneamente que se trata de un patrimonio nacional exclusivo.

Algo debía estar fallando si la lectura de un texto considerado sagrado era capaz de producir en el lector sensaciones semejantes. La primera fase de mi formación teológica no logró resolver suficientemente el problema planteado, ya que la enseñanza recibida giraba en torno a mantener una lectura literal del texto bíblico, considerado en su totalidad en idéntico nivel de veracidad. Un proceso formativo que incluía un aprendizaje memorístico del texto, percibido como palabra emanada de Dios; y si tal era, la primera deducción extraída era que esas posibles contradicciones que se desprendían de su lectura no podían atribuirse al origen y contenido del texto ni, por supuesto, a Dios, sino a la incapacidad humana para una comprensión correcta.

Entra en juego, de esta forma, un elemento necesario para poder avanzar en su conocimiento: la sospecha. La sospecha, no como un sentimiento reprobable de desconfianza hacia los demás, sino como una preocupación creativa que busca respuestas convincentes a situaciones confusas.

Hube de descubrir más tarde que esa manera literal y acrítica de entender la Biblia era coincidente, aunque no lo fuera de forma explícita, con el concepto que sobre su texto sagrado tienen los musulmanes, proclamando que el Corán es un libro *dictado* directamente por Alá a Mahoma a través del ángel Gabriel. Un dogma que, aunque en el sentimiento de muchos creyentes cristianos es asumido inconscientemente mientras que los musulmanes lo hacen de forma consciente, no se corresponde con las enseñanzas de la tradición cristiana.

Obviamente la Biblia no es un conjunto de libros dictados por Dios, libros que no solo han sido traducidos a multitud de idiomas desde otras lenguas muertas (hebreo, arameo, griego antiguo), con todas las dificultades que ello entraña, sino que ninguna institución cristiana acreditada enseña que el origen de la Biblia se haya producido por ese conducto; por el contrario, se trata de un conjunto de libros que se centran en la historia de un pueblo y las vivencias y anécdotas experimentadas por sus gentes, mediatizadas por la interpretación de los narradores. Enseñanzas de personas que cuentan, en el mejor de los casos, lo que ellas mismas consideran que es el mensaje y la voluntad divinos, como es el caso de los profetas, por lo que suelen recurrir a una fórmula narrativa: «así dice Yavé», con la que pretenden investir de autoridad sus palabras. Un conjunto de textos muy diversos que son tomados posteriormente como «libros inspirados», un término en sí mismo de muy controvertida interpretación que ha devenido en denominar al conjunto de libros incluidos en el Canon como Palabra de Dios.

Llegados a este punto, entramos en una segunda fase de estudios teológicos y descubrimos el concepto *relectura*. Una nueva etapa de aprendizaje en la que lo primero que se requiere es desaprender muchas de las ideas erróneamente incorporadas al subconsciente, tanto individual como colectivo, a fin de poder leer la Biblia desde una perspectiva nueva, libre de prejuicios, incorporando herramientas capaces de ayudar a descubrir el qué y el porqué de su contenido; un contenido diverso, escrito en un contexto social determinado, diferente al nuestro, y con unas claves antropológicas, sociales y religiosas propias, que es preciso conocer.

La Biblia es como esos acuíferos ocultos a varios metros bajo la superficie de la tierra que contienen una inmensa e imprescindible riqueza necesaria para sustentar la vida, pero que es preciso descubrir y sacar a flote a fin de extraer el agua del fondo en donde se encuentra almacenada, con el propósito de tener acceso al líquido elemento y aprovechar sus beneficios. Podemos transitar por encima de esos acuíferos y no ser consciente de que existen y, por esa razón, no beneficiarnos de su riqueza.

Algo semejante puede ocurrir, y ocurre con frecuencia, con la Biblia. De ahí la necesidad de realizar una relectura del texto, volver a pasar sobre su contenido para descubrir lo que hasta ese momento nos ha quedado en oculto. Seguiremos de esta forma las huellas de nuestros predecesores, los teólogos protestantes europeos de los siglos XIX y XX, a los que se ha unido una dilatada nómina de teólogos católicos del siglo XX, que se han tomado muy en serio la tarea de extraer de la Biblia, en la mayor medida posible, su riqueza.

Esta forma de aproximación a la Biblia es la seguida por escuelas teológicas muy diversas, tanto de la Antigüedad como modernas; entre otras, por poner un solo ejemplo contemporáneo, la Teología de la Liberación, surgida a raíz de la celebración del Concilio Vaticano II, que tanta incidencia ha tenido, especialmente en el ámbito latinoamericano, no solo en el seno de la Iglesia católica, sino también en el de las iglesias protestantes. Los teólogos de la liberación se plantearon la necesidad de una relectura de la Biblia, y lo hicieron «desde los pobres», es decir, tomando como punto de arranque la injusta situación de más de dos terceras partes de la humanidad que malviven en un estado de marginación, opresión y pobreza. Desde una teología sistemática clásica, de corte europeo, academicista, puede objetarse que el Evangelio es para ricos y para pobres sin distinción, que Dios no hace diferencia entre personas, que ricos debieron ser José de Arimatea, Nicodemo, el etíope ministro de Candace y algunos otros personajes a los que Jesús trató de forma distintiva, como es el caso de Zaqueo, y que, no siendo pobres, también para ellos hubo una palabra de invitación y esperanza. Pero el sentido de la «opción por los pobres» es claro y contundente: en un mundo de injusticia distributiva, de marginación de los más necesitados, de opresión de los desheredados de la tierra por unas élites depredadoras, la Iglesia de Jesucristo opta preferentemente por los pobres y, en consecuencia, lee la Biblia desde la perspectiva de los excluidos de la sociedad, colocándolos en el primer plano de interés y atención. El mensaje de Jesús es claro: si un rico vive a costa de los pobres, si su riqueza es fruto de la explotación, que se olvide de entrar en el reino de Dios (*cfr*. Marcos 10:24); por eso plantea una disyuntiva radical: o con Dios o con el dinero (*cfr*. Lucas 16:13, Mateo 6:24).

En la misma Biblia encontramos diferentes *relecturas* de los hechos que narra, como ocurre con el relato de la creación, procedente de dos fuentes principales distintas escritas en épocas diferentes (*cfr*. Génesis 1:1–2:3 y Génesis 2:4-25), así como otras referencias bíblicas sobre el mismo tema, igualmente canónicas. O con el libro del Éxodo, en el que se entremezclan cuatro tradiciones correspondientes a cuatro fuentes diferentes; y así ocurre con otros relatos del Antiguo Testamento en los que encontramos discrepancias notables según sea el libro o pasaje en el que se hayan registrado.

A un lector cuidadoso de la Biblia no pueden pasarle desapercibidos los duplicados y fisuras, los cortes e interrupciones diferentes en la conexión de unos textos con otros, así como las repeticiones que se dan de un mismo acontecimiento; a veces variaciones en los datos, la ubicación geográfica o el desarrollo de la historia narrada.

Para no hacer la referencia excesivamente prolija, nos centramos en un solo ejemplo, recordando que la principal alusión que podemos hacer a relectura en la propia Biblia está contenida en los cuatro Evangelios canónicos, por no hacer mención de los apócrifos. Partiendo de unos mismos hechos, no solo nos encontramos con datos diversos entre una y otra crónica evangélica, sino que observamos énfasis muy dispares, especialmente en el Evangelio que muestra una teología más elaborada, por haber sido escrito mucho más tarde, como es el atribuido a Juan. En realidad, cada uno de los Evangelios tiene su propia concepción teológica, no solo en su estructura, sino en su objetivo y énfasis, incluso en la selección de los acontecimientos que narran.

Añadamos a esto el hecho evidente de que no todos leemos la Biblia de igual forma. Un niño la leerá desde un punto de vista diferente a como lo hace un adulto y un intelectual lo hará de manera distinta a un lector escasamente letrado; la lectura bíblica que hace la burguesía no se parece en nada a la que hace la clase trabajadora; la lectura que hacen los ricos es previsible que discrepe de la que hacen los pobres. Las primeras comunidades cristianas, por su parte, tuvieron que hacer frente a una relectura de las Escrituras de los judíos que no eran coincidentes con las que hacían los rabinos y los fariseos. Pablo instruye a los corintios en torno a la misión central de Jesús, quien «murió por nuestros pecados, como lo anunciaban las Escrituras» (1.ª Corintios 15:3), haciendo una relectura de Isaías 53:5-12, cosa que, por supuesto, ningún rabino judío estaría dispuesto a avalar. O la reflexión que se hace en Juan 12:16, «Estas cosas no las entendieron sus discípulos al principio; pero cuando Jesús fue glorificado, entonces se acordaron de que estas cosas estaban escritas acerca de Él, y de que se las habían hecho», que muestra el nivel de comprensión tan escaso en el que se movían los apóstoles hasta que sus ojos fueron iluminados por el Espíritu Santo y encontraron una aplicación espiritual a los relatos de los libros sagrados.

La relectura de las Escrituras fue un ejercicio habitual en las primeras comunidades eclesiales. El propio Jesús insta a los discípulos, ante su asombro y falta de fe con ocasión de la resurrección, a que vuelvan la mirada a las Escrituras, hagan una nueva lectura y entiendan su contenido, aplicándolo a su propia persona: «Entonces Jesús les dijo: ¡Oh, insensatos y tardos de corazón para creer todo lo que los profetas han dicho!» (Lucas 24:25). Es evidente que ningún judío había hecho una lectura semejante de los textos a los que Jesús alude, ni en ellos se hace una mención expresa de Jesús.

También nosotros estamos invitados a interpretar los relatos del antiguo pacto a la luz de la fe en Jesucristo, al igual que los profetas hicieron una lectura del Éxodo en función de su convencimiento de ser pueblo de Dios, lo cual nos obliga a releer y reinterpretar el texto de forma diferente a como pudieron hacerlo los jueces y los profetas de Israel, pero coincidiendo con ellos en buscar en la Biblia la Palabra de Dios. No se trata de añadir o suprimir, sino de entender el contenido a partir de una perspectiva más amplia, de una revelación más completa.

Si no le damos a la Biblia ese sentido dinámico, actual, puede convertirse en un objeto arqueológico, abstracto, rígido, cuyo mejor destino será ser colocado en una vitrina de museo; privar a la lectura bíblica de ese sentido dinámico, provocará el biblicismo o, aún más, la bibliolatría auspiciada por los movimientos fundamentalistas. A Dios y su palabra hay que encontrarlos en nuestra realidad histórica actual conducidos, eso sí, por la revelación que Dios ha puesto a nuestro alcance.

La propia Biblia, y en particular el Nuevo Testamento, es un ejemplo de lo que estamos diciendo. Mateo y Lucas utilizan libremente el material de Marcos que, junto al *Documento Q*[1] podemos considerar como

---

1. El *Documento Q* es una colección hipotética de dichos de Jesús, aceptada como una de las fuentes escritas anteriores a los Evangelios.

el texto narrativo original, el más antiguo salvo algunas de las epístolas atribuidas a Pablo.

Todos esos documentos siguen una pauta idéntica a la que apuntamos; hacen uso de textos del Antiguo Testamento buscando en ellos una aplicación contextualizada, como era práctica habitual entre los exegetas judíos. En el proceso de revelación que va dando forma a la Iglesia primitiva, no hay ni rastro de biblicismo; es la propia Iglesia la que va asumiendo el contenido del texto y confiriéndole autoridad sin que, hasta fechas muy tardías, se establezcan definiciones de autoridad exclusiva, cual es el caso de la Reforma. Pero aún desde posturas marcadamente protestantes, no debería perderse de vista que la Iglesia cristiana, con sus luces y sombras, tenía ya en época de la Reforma más de quince siglos de existencia y una dilatada historia en lo que a relación Biblia-Iglesia se refiere y el papel que en esa relación juega la tradición. Si algo puede afirmarse es que, como ya apuntaba el teólogo Edward Schillebeecks, «el biblicismo no es bíblico».

Releer la Biblia es, además, tomar en consideración los aportes que brindan los avances científicos que nos ayudan a despojar al texto de las adherencias contaminantes que han ido incorporándose a través del tiempo y a discernir el origen y objeto del texto bíblico; de esa forma, podremos asumir su contenido sin ir más lejos de lo que el propio texto dice de sí mismo. Releer la historia significa asumir la posibilidad de *rehacer* la historia, lo cual nos sitúa ante la necesidad de reparar con mayor atención en las implicaciones que encierra el texto dentro de un sistema teológico determinado. Todo ello lleva implícita la necesidad de modificar ciertos presupuestos básicos obsoletos, heredados de una teología desvinculada de sus raíces evangélicas.

Merece la pena el esfuerzo, ya que no existe otro libro semejante a la Biblia. Ninguno tan universalmente traducido y quisiéramos dar por supuesto que ninguno tan leído. Su lectura ha cambiado el curso de la historia y ha sido y continúa siendo motivo de inspiración y sustento espiritual para millones de personas desde hace más de veinte siglos. Son razones suficientes que justifican nuestro empeño en contribuir a hacer más accesible su contenido al entendimiento de los lectores del siglo XXI.

Se trata, el nuestro, de un libro pensado para lectores que desean superar ese primer estadio de aproximación a un documento que presenta dificultades como las anteriormente descritas. Lectores que se plantean cuestiones semejantes a las ya enumeradas y que no se conforman con limitar la lectura de la Biblia a una dimensión exclusivamente devocional, aunque mantengan la legitimidad de hacerlo con ese propósito, buscando en la Biblia inspiración para su vida diaria, pero sin renunciar a un conocimiento racional. Lectores que desean profundizar en los arcanos de un texto que, partiendo en su origen de un pueblo poco relevante en la historia, ha penetrado las culturas más dispares y ha sido el motor de una nueva civilización, como es la civilización occidental.

Podemos anticipar que nuestra intención no es hacer teología exegética en el más amplio y extenso sentido del término, aunque en ocasiones no tengamos más remedio que llevar a cabo alguna incursión en esta rama de las ciencias bíblicas, analizando determinados textos con el fin de establecer los paralelismos necesarios que nos permitan profundizar mejor en el significado de los recursos literarios que encontramos en la Biblia.

Nuestro interés se centra en hacer accesible el contenido de los libros que integran la Biblia a un público heterogéneo, sin necesidad de que tengan una formación teológica avanzada pero con la inquietud de profundizar en el sentido último del texto bíblico; no tanto a quienes se aferran irreflexivamente a la literalidad del texto bíblico, aunque ello los desconcierte. Nos dirigimos a lectores que reconocen y asumen su propia capacidad racional como un don recibido de Dios y se disponen a hacer uso de ese don, sin miedo a encontrarse directamente con la Palabra de Dios.

No deja de producirnos extrañeza comprobar la actitud de muchos líderes religiosos que prefieren mantener a los feligreses en una cierta ignorancia terapéutica antes que exponerles a una formación abierta y creativa que aporte madurez intelectual y les brinde la capacidad de tomar decisiones trascendentes y responsables de forma autónoma. Tal vez sea debido a la herencia recibida de las religiones mistéricas que centralizan el poder en la casta sacerdotal, los iniciados, manteniendo en la ignorancia y en la superstición a los seguidores. Y así, en nombre de la ortodoxia definida por unos pocos, ajena a los valores emergentes de una sociedad avanzada, se estigmatiza a quienes se atreven a pensar por sí mismos o se preocupan de estimular a otros a que lo hagan.

En otras palabras, nos dirigimos a lectores que no solo no se acobardan o amilanan ante las dudas, sino que buscan afianzar su fe en terreno sólido a base del mayor número de certezas. Y no buscamos que *a priori* estén de acuerdo con lo que decimos, sino que lo dicho los estimule a pensar por ellos mismos. Con frecuencia valemos más por nuestras dudas que por nuestras certezas, así es que no hay que temerlas, sino encauzarlas.

2. Itinerario a seguir

El prestigiado lingüista norteamericano Eugene A. Nida, fallecido en agosto de 2011 en Madrid, padre de la teoría de la equivalencia dinámica y formal aplicada a la traducción de la Biblia, justifica la publicación de su libro *Dios habla hoy*,[2] un libro escrito para presentar la primera edición de la Biblia en español sencillo, que fue editada bajo el mismo título, *Dios habla hoy*, con las siguientes palabras: «Cuando una gran mayoría de los lectores de la Biblia no comprende el significado de las declaraciones más importantes de las Sagradas Escrituras, obviamente, algo debe hacerse».

Lo que se hace, para dar cauce a ese propósito, es una nueva edición del texto clásico, mediante una relectura desde un lenguaje popular, trasladando las palabras y los pensamientos a un idioma que resulte comprensible a los lectores contemporáneos. Su aportación hermenéutica a partir de una exegesis fundamentada en un conocimiento en profundidad tanto del lenguaje como del pensamiento judío y grecorromano, permite obtener una mejor comprensión del texto bíblico.

Dice el refrán que no hay peor ciego que el que no quiere ver. En temas religiosos muchos son los que cierran voluntariamente los ojos porque les asusta descubrir y aceptar la realidad, lo desconocido, aquello que pudiera desestabilizar su estatus emocional y espiritual. Pero es evidente que, desde los clásicos griegos, no se ha descubierto otra manera más eficaz para conocer y desvelar los arcanos ocultos a nuestro discernimiento que mediante la formulación de preguntas que surgen de la curiosidad, del afán de conocimiento, de la búsqueda de la verdad por muy oculta que se encuentre y desconcertante que resulte

Partiendo de este principio, varias son las preguntas que podemos formularnos al marcar este itinerario que pretende conducirnos a alcanzar un criterio sólido de cómo podemos y debemos leer e interpretar la Biblia, si es que realmente está en el ánimo del lector el deseo de superar los estadios de niñez y juventud intelectual y espiritual y dar paso a penetrar en un nivel de madurez comprensiva. Para ello, es preciso sobrepasar la fe ingenua de la niñez y pasar a una fe crítica en su visión del mundo, de la Biblia y de la historia, lo que nos obligará a introducirnos en las técnicas de la hermenéutica y la exegesis bíblica, materias hacia las que tan solo apuntamos en este ensayo.

---

2. Eugene A. Nida: *Dios habla hoy*; Sociedades Bíblicas Unidas (México: 1979).

Antes de nada, siguiendo la enseñanza institucionalizada de la Iglesia, cualquiera que sea la denominación a la que nos refiramos y sin entrar aquí y ahora en disquisiciones o controversias teológicas o eclesiásticas, debemos hacer una afirmación: para las iglesias cristianas, las Escrituras no son un fin en sí mismo. Se perciben, en todo caso, como un instrumento para mostrar el plan de salvación previsto por Dios para la humanidad.

Partiendo de ese convencimiento, asumido desde el punto de vista de la dogmática cristiana, nos vemos compelidos a utilizar el tipo de metodología que pueda ayudarnos a interpretar adecuadamente los textos sagrados mediante herramientas fiables. Una lectura inteligible de la Biblia, en el plano cognoscitivo, que permita comprender e interpretar su mensaje, exige contar con algunas de esas herramientas. Y una de ellas, tal vez la más importante, es manejar una *hermenéutica* que permita descifrar adecuadamente el texto, despojándolo de cualquier tipo de adherencias que hayan podido incorporarse con el paso del tiempo.

Una aproximación sin prejuicios a las Escrituras pone en evidencia que su objetivo no consiste en dar recetas espiritualistas o normas eclesiales de aplicación universal. Se trata de un texto vinculado a los avatares de un pueblo que, conforme a una fe asumida también por la Iglesia cristiana, ha sido escogido por Dios no por ser mejor que otros o reunir unas características moral o éticamente diferenciables. Tampoco con un fin de exclusivo encumbramiento sobre los demás pueblos (esta sería una ideología que los propios hebreos fueron asumiendo progresivamente, de forma equivocada). Se trata de una elección selectiva, encaminada a convertir a ese pueblo en instrumento de bendición para otros pueblos, un medio de transmisión de un mensaje de esperanza y redención por encima y a pesar de los propios deméritos subyacentes en el pueblo escogido.

Dios elige a un arameo, Abraham, para hacer de él el padre de una nueva nación. Y le marca un proceso, un camino a seguir: dejar a su pueblo de origen y a su familia y emigrar sin conocer previamente su destino; y, sobre todo, ser un medio de bendición para otros, «a todas las naciones de la tierra» (*cfr.* Génesis, capítulo 12). La realidad es que esa «gran nación» se fraccionó en dos ramas, como consecuencia del enfrentamiento entre hermanos, y esto daría lugar a las tres grandes dinastías religiosas monoteístas: judíos y cristianos por una parte, musulmanes por otra.

Dada la complejidad que encierra el texto bíblico, un texto diverso tanto en su estilo como en la dilatada época en que fue escrito, así como en su contenido, no siempre resulta sencillo entender su mensaje, especialmente cuando se lee al margen de ciertas reglas de interpretación. Por esa razón nos vemos obligados a cuestionar el famoso dicho del reformador Martín Lutero: «El creyente más humilde, con la Biblia, tiene la razón contra papas y concilios eclesiásticos»; una discrepancia manifiesta porque también a Lutero solemos leerlo fuera de su contexto natural. Coincidimos con él, sin embargo, en la afirmación de que la Biblia es la máxima regla de fe y conducta para los cristianos.

Ahora bien, eso no quiere decir que cualquier persona, con cualquier opinión sobre el mensaje de la Biblia tenga la razón o el derecho de imponer sus enseñanzas sobre los demás. Es cierto que todo creyente, por muy sencillo que sea, puede encontrar en la lectura de la Biblia alimento espiritual para su vida, pero no es menos cierto que, de igual forma, puede inferir de su lectura conclusiones teológicas erráticas conducentes a adoptar posturas ajenas a la enseñanza de las Escrituras, de cuyo peligro se han derivado multitud de desvíos heréticos. De ahí el papel relevante que ocupa en ese proceso la comunidad de creyentes en su conjunto.

Los movimientos pietistas y espiritualistas, tanto del pasado como del presente, que se aproximan a la Biblia con una metodología fundamentalista, establecen una confusa dicotomía entre lo espiritual y lo material y buscan en las Escrituras respuestas ajustadas a cada situación que se les presenta en la vida, atribuyéndoles, con frecuencia, la misma función que los griegos asignaban a sus oráculos. Sin embargo, la concepción y el pensamiento hebreos, que subyacen en los libros de la Biblia, no admiten una separación entre «lo material» y «lo espiritual»; se parte de la creencia de que ambos espacios han sido creados por Dios, manteniendo un sentido unitario indivisible.

Debemos volver sobre la idea de que la teología cristiana difiere de la musulmana en relación con su libro sagrado en algo fundamental: para el islam, el Corán procede directamente de Alá, quien lo dictó a Mahoma a través del ángel Gabriel, por lo que cada una de sus palabras y afirmaciones son literalmente *Palabra de Dios*, hasta el punto de que su eficacia viene determinada por leer el Libro en su idioma original, el árabe, ya que las traducciones pierden su condición sagrada y dejan de ser propiamente el Corán. En la práctica, dadas las múltiples contradicciones en las que incurre el texto, se hace precisa la intervención del imán, califa, jeque, muftí, nabí u otra serie de guías espirituales, así como de las *madrassas* o escuelas religiosas, para encauzar la enseñanza coránica y señalar el camino a seguir en cada situación. La diferencia en el caso de los cristianos es que no se acepta un dictado divino del contenido de los libros incluidos en la Biblia: el concepto *inspiración*, al que habremos de hacer referencia más adelante, hay que entenderlo de manera diferente, en ningún caso como un oráculo inamovible.

Anticipamos que en nuestro recorrido vamos a guiarnos preferentemente por las reglas marcadas por una metodología inductiva, es decir, trataremos de acercarnos al objeto según su propia naturaleza o, lo que es lo mismo, buscaremos obtener conclusiones generales a partir de premisas particulares, distinguiendo cuatro pasos esenciales: la observación de los hechos para su registro, la clasificación y el estudio de estos hechos, la derivación inductiva que parte de los hechos y permite llegar a una generalización y, finalmente, la comprobación, aunque todo ello se lleve a cabo de una forma intuitiva, sin aburrir al lector con tecnicismos innecesarios.

En otras palabras, ver-juzgar-actuar, método atribuido a Joseph Cardjin (1882-1967) y seguido de forma universal por muy diversas escuelas teológicas. En última instancia, debemos señalar que con independencia de que se consideren o no sagradas escrituras, estudiamos la Biblia con métodos idénticos a los aplicados para el estudio de la literatura sumeria, egipcia o griega clásica, es decir, como textos procedentes de culturas extintas, que deben ser desvelados con la ayuda de herramientas adecuadas. Guiados por esta metodología, será preciso investigar su trasfondo histórico, examinar su naturaleza literaria y llevar a cabo un análisis de su estructura.

La teología suele ser una ciencia reservada casi en exclusividad a un colectivo muy reducido que se mueve en el ámbito académico-eclesial y que se produce en un círculo cerrado, enigmático, en el que únicamente pueden penetrar unos pocos iniciados. Por nuestra parte pretendemos que esta especie de tabú sea superada y presentar un manual destinado a personas comunes que tienen que hacer frente a problemas reales propios de la gente normal, pero con una sincera vocación de trascendencia y búsqueda de respuestas convincentes.

Entre otros muchos problemas que es preciso tener en cuenta, está el que se le presenta al común los lectores cuando se aproximan a la Biblia con el propósito de descubrir en ella la Palabra de Dios y se encuentran con una especie de inescrutables algoritmos literarios que los conducen ineluctablemente a un callejón sin salida en el que la única alternativa es aceptar la *autoridad* indiscutible de los *maestros* que deben interpretar en su lugar el contenido de las Escrituras.

En última instancia, con independencia de los métodos de estudio que utilicemos, asumimos que existe un plano de lectura propiamente devocional, que se rige por reglas propias, cuyo valor y vigencia no ponemos en duda; un método que puede prescindir de ciertas reglas hermenéuticas y lograr el fin perseguido por muchos de los lectores de la Biblia.

Nuestro interés se centra en poner al alcance de los no profesionales de la teología y, especialmente, de los agentes de pastoral con una formación teológica limitada una serie de pautas hermenéuticas y algunas claves que les permitan acceder a las Sagradas Escrituras con la mínima garantía de poder encontrar en ellas, directamente, la Palabra de Dios. El único requisito indispensable que el lector debe aportar es desprenderse de prejuicios, estar dispuesto a desaprender todo aquello que pueda condicionar negativamente su capacidad de búsqueda y de análisis y poner de su parte una actitud positiva y abierta ante las demandas que esa Palabra pueda plantearle.

El libro consta de siete apartados principales. El primero, de carácter introductorio, en el que ofrecemos algunas orientaciones necesarias, se ocupa de las razones por las que emprendemos esta aventura y ofrecemos información acerca de los mitos como lenguaje cosmológico del que se han servido las religiones para tratar de explicar lo inexplicable. En el segundo apartado, conscientes de que la Biblia es un producto oriental, nos ocupamos de brindar una batería de datos en torno al mundo judío –sus instituciones, sus festividades, las prácticas más relevantes– que ayuden al lector a situar el texto en su contexto, así como un breve perfil del concepto judío de Dios, para cerrarlo con una reflexión en torno al papel reservado a la mujer. Misión semejante tiene el capítulo tercero, en este caso en lo que tiene que ver con el mundo en el que se escribe el Nuevo Testamento, en cuyo mundo discurre la vida de un judío notable llamado Jesús. El cuarto apartado lo dedicamos a desvelar algunas claves fundamentales para entender la Biblia, recordando que es un libro de religión y no de ciencia que ha sido traducido de lenguas muertas, y apuntamos algunas de las dificultades por las que ha atravesado su transmisión hasta nuestros días, para terminar explicando el papel y la naturaleza del Canon. Afrontamos, en el capítulo quinto, un tema conflictivo en el que los exegetas muestran amplias discrepancias, como es el referido a los prodigios y milagros, tanto del Antiguo Testamento como del Nuevo Testamento. El capítulo sexto entra de lleno en lo que es la clave hermenéutica de este libro: qué es y en qué consiste llevar a cabo una relectura bíblica, para lo cual nos servimos de algunos aspectos relevantes, como son analizar el sentido de la revelación y el lugar que ocupa la inspiración a la luz del Espíritu Santo, así como el papel de la cultura para tratar de situar el texto en su contexto; añadimos la necesidad de establecer distinción entre pecado y santidad, ética y moral o aprender a dilucidar qué es eso de los *espíritus malignos*, para finalizar el capítulo con un apunte acerca del más allá; todo ello con el propósito de alcanzar una lectura comprensiva de las Escrituras. Cerramos este ensayo tratando de dar respuesta a la pregunta ¿es la Biblia la Palabra de Dios?, a lo que añadimos una breve bibliografía acorde con el tema tratado, que brinda a los lectores la posibilidad de seguir profundizando en su estudio, si así lo desean.

Y ya como cierre a este espacio introductorio, nos reafirmarnos en la idea ya apuntada de que pretendemos romper con ciertos moldes prejuiciados que catalogan la mentalidad evangélica de dualista, ahistórica, fragmentada, autoritaria, moralizante e individualista, según los casos. Abrimos un espacio de libertad intelectual que permita a los lectores ejercer con plena responsabilidad su propia capacidad de recorrer un camino propio, utilizando los instrumentos hermenéuticos necesarios, un recorrido que revierta en una experiencia llamada a converger libremente en una práctica colectiva.

Para hacer más accesible nuestro relato, tratamos de explicar teología sin hacer uso de términos teológicos, es decir, en el lenguaje del pueblo llano no iniciado; como decía el clásico, «en román paladino, como habla el rufián con su vecino». Nos dirigimos a lectores que, no siendo profesionales de la teología y, consecuentemente, personas que no están habituadas a otro tipo de lectura de la Biblia que el puramente devocional, aspiran a alcanzar un conocimiento mayor del libro más apasionante que conocemos; lectores a los que no serían aplicables aquellas palabras del apóstol Pablo dirigidas a los corintios: «Os di a beber leche, y no viandas; porque aún no erais capaces, ni lo sois ahora [de digerir alimentos sólidos]» (1.ª Corintios 3:2). Confiamos en que nuestros lectores sean de aquellos que están ávidos por descubrir los veneros de la Biblia, frecuentemente ocultos al común de los mortales.

3. Los mitos como lenguaje cosmológico

Uno de los misterios que mayor curiosidad ha producido entre los seres humanos ha sido el origen del mundo. Si, de acuerdo con lo que afirman los expertos, la tierra tiene 4500 millones de años y el hombre, en sus primeras manifestaciones como *Homo heidelbergensis* –que darían paso a los tres tipos humanos reconocidos: *neandertales, denisovanos* y *homínidos*, emigrantes estos últimos a Europa hace medio millón de años– se remonta a 1,3 millones de años, ¿de dónde sacó Moisés, a quien se ha atribuido la autoría del Génesis, la información para describir, en la forma que lo hace, la formación del mundo, según aparece en el capítulo uno del primer libro del Pentateuco? Y eso sin reparar ahora en las contradicciones que sobre el mismo tema plantea relacionar los capítulos 1 y 2 de Génesis: el primero, como documento básico de la creación y el capítulo dos, que vuelve de nuevo sobre el tema, haciendo uso no solo de una fuente diferente, sino procedente de otra época.

Se supone que Moisés escribe, si él fuera el autor del Pentateuco, entre los siglos xiv o xiii antes de Cristo, es decir, hace unos tres mil quinientos años. Si asumimos, dada su propia evidencia histórica, que Dios no *dictó* el texto del Pentateuco a Moisés (o a cualquier otro a quien se atribuya la autoría) no cabe otra explicación que aceptar la transmisión oral, generación tras generación; es decir, la existencia de una cosmología acumulativa que es reinterpretada por las diferentes culturas que han ido produciéndose en el mundo dentro de su particular marco histórico e ideológico. Y, con respecto a Moisés, podemos decir que de este personaje ninguna otra fuente antigua fuera de la Biblia y de los apócrifos a él atribuidos[3] existe testimonio de su existencia, lo cual refuerza las dudas acerca del autor de estos escritos y de la época y acontecimientos de los que se ocupa.

Efectivamente, se trata de un libro, el Génesis, repleto de leyendas, dándose el caso de que algunas de ellas se encuentran igualmente en las culturas mesopotámicas, asirias y egipcias; unos libros que contienen evidentes conexiones con códigos tan importantes en la Antigüedad como el *Código de Hammurabi*, que data del año 1760 a. C., una de cuyas aportaciones más significativas y revolucionarias es que marca el paso del politeísmo al monoteísmo. Cabe señalar que, incluso, esa idea tan distintiva del judaísmo y, a partir de ahí, de las religiones abrahámicas, que hacen referencia a un solo Dios, no es absolutamente original del pueblo hebreo, ya que, además de las reseñas encontradas en el *Código de Hammurabi*, el faraón Akenatón, que reinó en Egipto en torno a 13531336 a. C., ya hizo una propuesta en ese sentido, al convertir al dios Atón en la única deidad del culto oficial del Estado que, a su vez, tenía sus raíces, aunque un tanto difusas, en las propias religiones mesopotámicas.

La estancia de los hebreos en Egipto se sitúa entre los siglos xvii al xiii antes de Cristo y es en Egipto donde el clan familiar descendiente

---

3. *Testamento de Moisés*, también conocido como *Asunción de Moisés*, datado en los primeros años de la era cristiana.

de Abraham se convierte en nación con vocación de autonomía y donde aprende todos los rudimentos jurídicos, sociales y religiosos, entre los que está la idea de un único Dios, que le sirve de punto de arranque para su establecimiento en la tierra prometida.

En el Génesis se aprecian diversas fuentes, hastá cuatro según los especialistas, entre las que destacan las conocidas como *yavista* y *eloísta*, en alusión al nombre dado a Dios. En el origen de esta narración están los acontecimientos del Éxodo; y una vez que fueron tomando forma, se compusieron y transmitieron probablemente de forma oral, o tal vez en pequeños fragmentos escritos en los que se difundieron relatos, leyes, discursos, reflexiones sobre el proceso de constitución de Israel como nación. Posteriormente, en distintas épocas, los escribas, sacerdotes y otras personas prominentes, reunieron estos pequeños fragmentos para hacer relatos continuados, de los que surgen los cinco documentos y fuentes básicos que dan como resultado la Torá, conocida entre los cristianos como Pentateuco. Finalmente, se fundieron estas cuatro tradiciones en un único documento de cinco tomos, probablemente bajo la dirección del sacerdote Esdras, hacia el año 400 a. C. En lo que al personaje Moisés como autor del Pentateuco se refiere, no deja de llamar la atención que en el capítulo 34 de Deuteronomio se recoja su muerte y sepultura así como otros datos relacionados con el hecho, algo que el propio Moisés es evidente que jamás hubiera podido escribir.

Debemos recordar que, además de en los dos primeros capítulos de Génesis, también en otros libros de la Biblia se hace referencia, con datos diferentes, a la creación y, por lo regular, mediante metáforas, como ocurre en el Salmo 33:6,7. A esto hay que añadir algo que no debería sorprender a nadie, y es que otras cosmologías (ugarítica, hinduista, china, maya o la contemporánea del *Big Bang*) se ocupan, como parece lógico por otra parte, del tema de la creación, tratando de explicar lo que en su conjunto resulta hasta el momento inexplicable de forma absoluta.

En el Antiguo Testamento encontramos infinidad de ejemplos sobre la forma en la que los hebreos se imaginaban el mundo. En Job 37:18 se recoge la idea de que el cielo era como una campana llena de agua en cuyo interior se encontraban almacenados todos los recursos acuíferos del universo: «¿puedes extender con él la bóveda del cielo, sólida como un espejo de metal fundido?». Una bóveda que tenía compuertas que se abrían o cerraban, produciendo así las lluvias torrenciales, lo cual no dejaría de crear profundas dificultades a los teólogos exegetas de la Edad Media. Eso es lo que se dice que ocurre con ocasión del diluvio: «las cataratas de los cielos fueron abiertas» (Génesis 7:11); y la misma fuente literaria insiste en idéntica idea: «… de lo alto se abrirán ventanas, y temblarán los cimientos de la tierra» (Isaías 24:18b). Y el mismo profeta establece: «Él está sentado sobre el círculo [o sobre el orbe] de la tierra» (Isaías 40:22a). Una descripción semejante se realiza sobre la tierra y sobre los mares, en conformidad con las creencias de la época (*cfr.* Job, capítulo 9; Salmo 18:16; Miqueas 6:2). Ideas, por otra parte, compartidas por otras culturas contemporáneas. Era el reflejo del saber común de aquella época.

Al hacer frente a una relectura de la Biblia, tanto del Pentateuco como del resto de los libros que la integran, descubrimos que en ella hay mitos que proceden de otras cosmologías más antiguas, como ya hemos apuntado más arriba, a través de los cuales se pretende explicar no solo el origen del mundo, sino también otros sucesos de dimensión universal. Uno de los ejemplos más significativos a este respecto es precisamente el relato de la creación que recoge Génesis 1, en el que lo más importante no consiste en lo que este texto tiene en común con otras culturas cercanas como la babilónica, que los tiene, sino en lo que se diferencia de ellas. Los relatos babilónicos sobre la creación como el *Enûma Elish*, la *Epopeya de Gilgamesh* y otros, presentan a los seres humanos como esclavos en un mundo de los dioses; Génesis rompe con estos esquemas y, además de dar un salto afianzando la idea anteriormente difusa del monoteísmo, muestra que el mundo no es ya el lugar de los dioses, sino el espacio humano por excelencia, donde el hombre puede desarrollar plenamente su creatividad. El salmo 8 celebra esto y alaba a Dios por ello.

Por supuesto que no siempre y no todos los exegetas han explicado el texto de esa forma, a cuya referencia concreta renunciamos ya que nos desviaría del itinerario que nos hemos marcado. Lo realmente importante para nosotros, no es comprobar que otros pueblos, en otras circunstancias, han percibido la creación del mundo en forma semejante a como la percibieron los hebreos; entendemos que lo importante es deducir que se trata de una revelación acumulativa y progresiva, universal; una revelación cósmica con valor para todos los pueblos y para todas las personas, en la medida en la que el entendimiento humano se va abriendo y descubre las claves que permiten interpretar el lenguaje que revela los misterios del universo, admitiendo que, en cualquier caso, siempre resultará ser una revelación parcial. Es decir, la revelación no es un patrimonio de un solo pueblo, aunque este se haya identificado como «pueblo escogido por Dios», sino un bien de dimensión universal al que tienen acceso en menor y mayor medida, de una forma u otra, todos los seres de la tierra.

Este cúmulo de reflexiones nos obliga a preguntarnos: entonces ¿qué es en realidad un mito? ¿Podemos afirmar que en la Biblia hay mitos y, en su caso, qué papel juegan los mitos en la Biblia? La palabra 'mito' deriva del griego *mythos*, que significa «palabra» o «historia». Un mito tendrá un significado diferente para el creyente, para el antropólogo o para el filólogo. Esa es precisamente una de las funciones del mito: consagrar la ambigüedad y la contradicción, ya que el tema o la idea descrita supera ampliamente su capacidad de explicación. Un mito no tiene por qué transmitir un mensaje único, claro y coherente. Los mitos no son dogmáticos e inmutables, sino que son fluidos e interpretables y, a veces, contradictorios unos con respecto a otros o con matices diferentes, aunque se ocupen de un mismo acontecimiento. Los mitos son una especie de envoltura humana de una verdad divina; símbolos de la verdad que pretenden manifestar la esencia de lo divino.

La mitología, pues, es un lenguaje simbólico, un lenguaje que recurre a los símbolos para decir lo indecible; y lo indecible no lo es porque no se pueda decir de puro absurdo, sino que es indecible por la grandeza que encierra. Gracias a que el hombre primitivo no se conformó frente a la dificultad de lo indecible, la historia ha ido avanzando; ha evolucionado, siempre en vertical, hacia arriba. Cuando uno se pregunta sobre los orígenes, nace el mito. ¿Cómo empezó todo? Y antes del principio ¿qué? Los mitos son como los descubrimientos geológicos: hay que excavarlos. La mitología es acumulativa.

Para comprender a fondo una civilización no basta con conocer los datos arqueológicos, o la información meramente histórica; para poder asimilar la verdad sobre las distintas culturas y pueblos que se han ido sucediendo a lo largo de la historia y que determinan lo que somos hoy día, es necesario comprender cómo concebían los diferentes grupos humanos su propia existencia y qué actitud tenían en su relación con el universo que les rodeaba. Y la ventana que mejor nos introduce en este mundo es la mitología. La mitología es reflejo de la mentalidad y de la actitud frente a la vida de los pueblos en los que se desarrolla. Conocer estos aspectos de una civilización no solo es importante desde el punto de vista antropológico, sino también desde el punto de vista propiamente histórico.

Heráclito (535-484 a. C.) dijo que los mitos no son más que símbolos de la verdad; una especie de revestimiento popular de una verdad divina que oculta en sí la esencia del dios. Platón (*ca.* 427-347 a. C.) consideraba el mito como un discurso poético, una fábula, una alegoría llena de enseñanza. Se trata de una forma de contar la historia y de explicársela al hombre actual mediante imágenes y símbolos. Ya en el siglo xix, Ludwig Andreas Feuerbach (1804-1872), filósofo y teólogo luterano, declaraba que «los dioses no son más que los deseos de los hombres transformados en entidades verdaderas», es decir, una simple proyección humana. Y Carl Gustav Jung (1875-1961) afirma: «los mitos están dentro de nosotros como arquetipos». Y continúa: «Toda la mitología está dentro de cada uno de nosotros en forma de estructuras, paradigmas o arquetipos».

¿Cómo explicar a un pueblo nómada, sin identidad consolidada, que se ha formado bajo la cultura egipcia, sin grandes recursos intelectuales, temas tan complejos como la creación del mundo, la repoblación humana de la tierra, la diversificación étnica e idiomática o la destrucción del mundo conocido mediante la inundación de las aguas y su restauración después del desastre ecológico que condujo a la destrucción del mundo que ellos conocían? ¿Cómo dar identidad de pueblo escogido a un grupo de desarrapados nómadas que apenas si saben cómo gobernarse, en permanentes luchas intestinas, como son las tribus semitas llamadas a convertirse en nación, bien sea todos unidos (Israel) o, en vista de lo imposible que resulta consolidar tal proyecto, en dos naciones, Israel y Judá, y configurar entre tanto una identidad no solo civil, sino religiosa? ¿Cómo explicar lo inexplicable? Y, sobre todo, ¿cómo transmitir a ese pueblo el mensaje central: creemos en un Dios único, creador del universo, el Dios de nuestros antepasados: Abraham, revestido del mayor de los títulos como «amigo de Dios», Isaac, Jacob, y tenemos la certeza de que Dios nos ha escogido con un propósito? Ese es el mensaje central de todo el Antiguo Testamento; el resto es el ropaje, el envoltorio en forma de una ficción entre «los hijos de Dios» y «los hijos de los hombres».

Para explicar que los descendientes de Adán, considerados hijos de Dios, buscan mujeres –¿dónde?–, se dice que lo hacen entre los hijos de los hombres; ¿y quiénes eran estos si solo había una rama humana representada por Adán y Eva? ¿Cómo explicarlo muchos siglos después? O bien recurriendo a la alegoría de la torre de Babel para justificar un hecho inexplicable o recuperando el mito babilónico –recogido igualmente en otras culturas– del diluvio universal o justificando mediante una argumentación teológica de buenos y malos, de fieles e infieles, la evidente incompatibilidad de convivencia de las doce tribus, las luchas intestinas entre monoteísmo y politeísmo, y reivindicando para la «minoría fiel» la condición de «pueblo escogido por Dios».

¿Cómo justificar que Ismael, el primogénito de Abraham, sea relegado a favor de Isaac con la ayuda carente de ética de su madre, cuando

Ismael era el legítimo heredero por ser el primogénito, con plenos derechos según el *Código de Hammurabi*, el cuerpo jurídico por el que se regía Abraham? Una vez más se cumple el adagio de que la historia la escriben los vencedores. Y, en este caso, la historia es radicalmente diferente si la escriben los judíos o si la escriben los ismaelitas que dan origen al islam; para estos la historia, releída e interpretada con posterioridad al relato del Antiguo Testamento, atribuye a Ismael lo que el Génesis adjudica a Isaac.

En resumen, un mito ni es verdadero ni es falso. Es una forma de lenguaje, una manera de explicar acontecimientos que han tenido lugar en tiempos ajenos a nuestro control y que han sido transmitidos de generación en generación, primero oralmente y luego por escrito, adaptados a las diferentes civilizaciones y culturas, a veces con un ropaje distinto pero siempre con un mensaje semejante. Es cierto que la palabra 'mito' nos llega en el lenguaje popular envuelta en un cierto sentido peyorativo que induce a pensar que se trata de fomentar ideas contrarias o contrapuestas a la verdad que, al ser aplicada a la religión, pudieran menoscabar la idea de un Dios trascendente tal y como lo presenta el cristianismo. Afirmemos que nada más alejado de la realidad, ya que no podríamos tener una idea próxima a esa verdad anhelada si no fuera por la ayuda que nos prestan muchos de los mitos que se ocupan de intentar explicar lo que ni la ciencia ni la fe han sido capaces hasta nuestros días de transmitir de forma coherente.

Hay ciertos hechos que, con el paso de los años, adquieren tal relevancia social, tal protagonismo, que se van deformando hasta convertirse en leyenda; y las leyendas, sobre todo en culturas de transmisión oral, suelen caer en la exageración mítica. Así explican algunos especialistas del Nuevo Testamento ciertos relatos de milagros que van en contra de las leyes fundamentales de la naturaleza, como el caminar sobre las aguas (*cfr*. Marcos 6:45-52) o la multiplicación de los panes y de los peces (*cfr*. Marcos 6:34-44), dos de los milagros de Jesús. La respuesta desde la fe es simplemente que «nada hay imposible para Dios» (*cfr*. Lucas 1:37, que recuerda a su vez Génesis 18:14), unos textos que afirman una verdad axiomática en lo que a Dios se refiere. Ahora bien, una relectura del texto desde la lógica de que no es razonable que Dios rompa las leyes de la naturaleza que él mismo ha creado plantea una duda razonable de que estemos ante una transmisión correcta de los hechos.

Por otra parte, introducir este tipo de revisión no disminuye para nada el hecho de la gran conmoción que la conducta de Jesús produjo en sus discípulos hasta el punto de cambiar el rumbo de sus vidas y que, transmitida a través de varias generaciones, pudo terminar expresándose, en algunos casos, por medio de un recurso mítico. Una explicación esta que únicamente a los literalistas puede producir algún tipo de desazón, pero que presentamos como una posible explicación a lo inexplicable desde el punto de vista humano.

Volvemos a la idea ya expresada en otro lugar de este libro de que la fe percibe un tipo de realidad que, en ocasiones, no armoniza bien con la razón, al igual que la razón aporta luz a determinados hechos inexplicables en un tiempo y desvelados en otro posterior mediante el uso de los recursos del intelecto con los que Dios ha dotado al ser humano.

Sea como fuere, no es tan relevante el cómo sean calificados estos hechos, bien sea como el relato de un acontecimiento histórico ineluctable o como el resultado de una exaltación desmedida de un acontecimiento en sí mismo natural. Una serie de hechos para los que tal vez nos faltan claves para poder encontrar una explicación plausible y que las generaciones de creyentes cristianos posteriores a esos hechos glorificaron, exaltaron e idealizaron. El fin último es el mismo: mostrar que Jesús es capaz de dar respuesta a las necesidades de los hombres y mujeres y, por lo tanto, es preciso afianzar la fe en Jesucristo como camino, verdad y vida.

Reafirmamos el hecho de que la Biblia –y de forma especial si lo aplicamos al Nuevo Testamento–, es un conjunto de libros que transmiten un mensaje válido, con independencia del lenguaje que se utilice. Un mensaje que sirve de vehículo para relacionar a Dios con el ser humano y al ser humano con Dios. Y puesto que lo sobrenatural es incognoscible e inexplicable para el ser humano, se requieren mitos, metáforas, alegorías y otro tipo de recursos para establecer ese vínculo de comunicación, sin que sea relevante su historicidad o que simplemente se trate de un recurso pedagógico o una técnica de la oratoria.

A nadie le preocupa que, cuando Jesús cuenta que un hombre pierde una oveja o una moneda, la parábola haga referencia a un suceso cierto o se trate de una simple alegoría; lo que realmente importa es el mensaje que encierra, la enseñanza que aporta, lo que pueda significar para los oyentes o lectores. ¿Por qué debería aplicarse un criterio distinto a la parábola del hombre rico y el mendigo Lázaro que narra Lucas 16:19-31? ¿Por qué ese empeño de algunos lectores de la Biblia obsesionados en revestir de historicidad relatos cuya finalidad manifiesta es simplemente transmitir una enseñanza ética, religiosa o espiritual, al margen de cómo vaya envuelta?

Los pasajes escritos en lenguaje mítico requieren una desmitificación, que no significa borrarlos del texto, como algunos han sugerido, sino interpretarlos. Esto vale para muchos textos del Antiguo Testamento: el relato de la creación (Génesis 1-2), el de la caída (Génesis 3), la saga en la que se cuenta que los hijos de Dios engendraron gigantes (Génesis 6:1-4), los relatos de prodigios del éxodo (Éxodo 12-15), las tablas de la Ley grabadas por el mismo Dios (Éxodo 32:15s; 34:1) y las representaciones de Dios en forma humana.

También vale para muchas descripciones de los Evangelios: apariciones de ángeles (Lucas 1:26-38; 2:9-14; 22:43; 24:4), las tentaciones de Jesús (Mateo 4:3-11) y los diálogos en los que intervienen demonios (Marcos 5:11). El mismo tratamiento deberían tener expresiones y representaciones típicas de la apocalíptica del tiempo: la caída de Satán (Lucas 10:18; Apocalipsis 12:9s) y el fuego amenazador del infierno (Mateo, 5:22; 25:41). Lo mismo habría que decir del retorno de Cristo sobre las nubes del cielo (Hechos 1:11; Lucas 21:27) y otros textos parecidos. En la medida en la que se apliquen estas elementales reglas hermenéuticas al texto bíblico, la fe se robustecerá y la lectura bíblica alcanzará una dimensión realmente trascendente.

CAPÍTULO II
El mundo judío

Aunque pudiera parecer una obviedad, tratar de entender la Biblia, especialmente el Antiguo Testamento y los Evangelios, sin tener un conocimiento siquiera básico del mundo judío, de sus costumbres, de sus fiestas, de sus prácticas más relevantes, es como pretender pilotar un avión sin haber entrado nunca en la cabina de mando y sin haber seguido un curso lo suficientemente extenso como para ser capaces de dominar la tecnología que permita manejarlo.

Tanto el Antiguo Testamento como el Nuevo Testamento se desarrollan en una cultura oriental cambiante de trasfondo semita. En lo que al Antiguo Testamento se refiere, la cultura de un pueblo en proceso de formación y de expansión, posteriormente en el cautiverio y, en algunas fases de su historia, en peligro de sufrir su extinción. Y en lo referente a la época del Nuevo Testamento, se percibe una nación en proceso de descomposición; una nación que se va desmoronando progresivamente y es testigo de cómo sus símbolos, tanto civiles como religiosos, son humillados y destruidos.

Un pueblo que reúne unas características propias, como es sentirse pueblo escogido por Dios; y ese convencimiento forja un ideario que ni la diáspora, ni la marginación social, ni las persecuciones, ni las matanzas a que es sometido, ni el holocausto nazi han sido capaces de borrar. Así, pues, en nuestro intento de aprender a leer la Biblia, no podíamos dejar de lado ofrecer una aproximación al mundo semita.

1. El Judaísmo como religión

En la propia Biblia existen vestigios de documentos escritos con anterioridad a los libros canónicos, de los que tenemos conocimiento a través del Antiguo Testamento, si bien se han perdido o, en algún momento fueron eliminados deliberadamente. Encontramos algunas pistas en Números, donde se hace mención al *Libro de las batallas de Yavé* (Números 21:14); o la conflictiva referencia que se hace en el libro de Josué a la detención del sol, una cita tomada del *Libro de Jaser*

(Josué 10:12-13); o el *Libro de las generaciones de Adán* (Génesis 5:1), de donde se toma la genealogía desde Adán hasta Enoc, que introduce datos referidos a los años de vida de los personajes bíblicos más destacados, tan ignotos para nuestra comprensión contemporánea (Génesis 5:1-32). Isaías hace referencia al *Libro de Yavé* (Isaías 34:16). Aún se hace mención de otros libros de los que no han quedado vestigios, como *Los hechos de Salomón*, el *Libro de la genealogía*, *Las crónicas de los reyes de Judá*, *De los reyes de Israel*, *De los hijos de Leví*.[1] Una colección de documentos sobre los que nos preguntamos acerca del papel que podrían haber jugado como libros canónicos, al parecer incluso de mayor fuste que los que se han conservado, que fueron escritos con posterioridad.

Libros estos, junto a otros posibles de los que no tenemos noticia, que debieron contener muchas referencias míticas en torno a la creación y a la propia historia de Israel. Sobre ellos se han formulado muy diversas especulaciones, como hacerse la pregunta siguiente: si eran libros revelados y fueron entregados por Dios, ¿cómo es que han podido extraviarse?; y, si no lo eran, ¿cómo es que hay referencias a ellos en los libros canónicos del Antiguo Testamento, atribuyéndoles autoridad revelada e inspirada por Dios?

Otra literatura valiosa para conocer la evolución del judaísmo, a partir de los datos que encontramos en los libros del Nuevo Testamento, está en la dilatada bibliografía de los propios judíos ya en la diáspora, después de la destrucción del Templo a raíz de la desdichada guerra emprendida contra los romanos. Es a partir de esa época cuando se consolida la religión judía tal y como ha llegado hasta nuestros días, si bien debemos retroceder unos siglos para situarnos en sus comienzos.

El judaísmo como tal expresión religiosa surge a partir del cautiverio, que tuvo lugar desde el año 586 hasta el 537 a. C. Se trata del período de la historia en el que se da origen a la sistematización de las doctrinas tradicionales y se reconoce la autoridad de la Torá. Los profetas tienen un papel relevante en la primera fase de codificación de las normas y doctrinas; por su parte, los *targumim*, adquieren protagonismo desde la época del segundo templo. Los *targumim* eran las traducciones e interpretaciones de los textos sagrados que servían para facilitar al estudiante el conocimiento del *Tanaj*, como se denominan los 24 libros de la Biblia hebrea.

---

1. De este tema se ocupan ampliamente Robert Graves y Raphael Patai en *Los mitos hebreos*; Alianza Editorial (Madrid: 1963). No deja de llamar la atención la existencia de una obra egipcia, *Las Instrucciones de Amenemope* con una clara vinculación con el libro de Proverbios atribuido a Salomón.

La influencia de los *targumim* se deja sentir especialmente a partir del año 70 d. C., cuando fue destruido el Templo de Jerusalén por las tropas romanas, un hecho que dio origen a la gran dispersión del pueblo judío. Su importancia queda registrada hasta la Edad Media, cuando cobra mayor protagonismo la hegemonía de los rabinos, convirtiéndose estos en los intérpretes únicos de la *Tanaj*.

No faltan, sin embargo, opiniones que sostienen que el judaísmo, *stricto sensu*, al menos el judaísmo normativo, se forma realmente a partir del desastre del año 70 d. C., al desaparecer el Templo y adquirir un papel relevante la *Mishná,* un cuerpo exegético de las leyes que consolida y codifica la tradición oral en armonía con la Torá. De la Mishná y de los comentarios y añadidos que se van haciendo a lo largo de tres siglos (la *Guemará*), surgirá el *Talmud* que, junto a la Torá, forma el cuerpo jurídico-religioso de los judíos.

Dos son los elementos que dan sentido al judaísmo del posexilio babilónico: la Ley y el Templo; alrededor de ambos gira la configuración del nuevo Israel y de su expresión religiosa. Tal es el impulso que alcanza la asunción de esta ideología que sus efectos se dejarán sentir igualmente entre los judíos de la diáspora, tanto en Egipto como en Babilonia, renovando y consolidando el sentido de «pueblo escogido» y la percepción de *Eretz Ysrael* como «tierra prometida por Dios»; ambos como signos prevalentes de identidad.

Así, pues, debemos distinguir entre reino de Israel, reino de Judá y judaísmo, términos que con frecuencia se confunden y utilizan indistintamente. Con anterioridad al regreso del exilio se habla de reino de Israel y, una vez dividido este reino en dos, en tiempos de Roboam y Jeroboam, hay que distinguir, aunque no siempre se consiga con suficiente claridad, a uno de otro reino, según sea el caso, aunque en su conjunto se utilice el genérico de «pueblo de Dios» o «pueblo escogido por Dios».

Es a partir del exilio, como apuntamos con anterioridad, bajo el impulso de Esdras y otros ideólogos formados bajo la influencia de la cultura babilónica, aunque fieles a la memoria y a la herencia de sus antepasados, y una vez reconstruido el Templo, cuando surgirá la fijación por escrito de las tradiciones transmitidas hasta entonces de forma oral y la sistematización de la doctrina; y, sobre todo, la elaboración formal de la normativa doctrinal, así como el establecimiento de una liturgia ceremonial que dará consistencia al judaísmo como religión.

Un factor importante que contribuye al proceso de consolidación de la religión judía es la crisis nacional en tiempos de los macabeos, surgida en el siglo II a. C., una crisis que bien pudo haber barrido definitivamente la identidad de ese pueblo mesiánico. Efectivamente, una vez profanado el Templo y destruidos muchos de sus signos de identidad, a lo que hay que añadir los efectos de la helenización que se produjo en algunos sectores relevantes de la sociedad, todo apuntaba, una vez más, al fin de Israel, no solo como estado, sino como pueblo. Por el contrario, esos factores negativos supusieron un revulsivo que afianzó con mayor consistencia su fortaleza identitaria que es capaz de reafirmar su convicción de ser pueblo escogido por Dios y de ser depositarios de una misión trascendental.

Precisamente en ese tiempo surgen los grupos que asumen el papel de liderazgo religioso y buscan la pureza y fidelidad a las tradiciones: esenios, saduceos, herodianos, fariseos, zelotes, etc., que, aunque diferentes entre sí, juegan en su conjunto un papel importante en tiempos de Jesús y, sobre todo, lo jugarán a partir de la destrucción del Templo, cuando han de enfrentarse al reto de mantener una fe consistente sin los dos soportes que le han dado razón de ser: el protagonismo de la Ley en el ámbito civil y el Templo como santuario para el encuentro con Dios.

Se dice, con razón, que el rasgo principal de la fe judía es el monoteísmo, la creencia en un Dios omnisciente, omnipotente y providente, pero es preciso recordar que, a pesar de la contundencia de Moisés y de la radicalidad de las Tablas de la Ley, tan explícitas en lo que a la idolatría se refiere (*cfr.* Éxodo 20), la propia Biblia da testimonio de lo renuente que fue el pueblo hebreo para desprenderse de las costumbres atávicas que arrastraba no ya solo por la herencia mesopotámica transmitida por Abraham sino por la influencia cultural recibida en Egipto y la contaminación ideológica proveniente de los pueblos cananeos con los que convive con mayor intensidad de la que una lectura superficial del Antiguo Testamento pudiera dar por supuesto. En cualquier caso, el monoteísmo judío va consolidándose con el paso del tiempo y se plasma y fortalece en la gran plegaria que todos sus seguidores deben recitar dos veces al día, y que aparece en Deuteronomio 6:4: «Oye, Israel: Yavé nuestro Dios, Yavé uno es».

Una vez desaparecido el Templo, la ascendencia en prestigio social de la figura del rabino, persona culta y docta en la *Halajá* (la recopilación de las principales leyes judías), alcanza el mayor rango religioso y es el referente moral y líder de la comunidad. El Templo sería sustituido por la Sinagoga como lugar de oración y centro de convivencia fraterna. Es de señalar como dato curioso, en lo que a la Sinagoga se refiere, que existe comunidad con capacidad de realizar los ritos religiosos cuando están reunidos diez varones mayores de 13 años;[2] las mujeres, por muy numerosas que sean, no cuentan a esos efectos, salvo en el judaísmo posterior reformado.

El sentimiento de que la tierra de Israel es de su propiedad, puesto que es la tierra que Dios les prometió y concedió, ha sido y sigue siendo uno de los signos de identidad de los judíos, con independencia de que se vean obligados a ajustar sus aspiraciones a las circunstancias que les toca vivir. Lo fue mientras estuvieron deportados en Babilonia, siguió siéndolo durante la invasión de los diferentes imperios por los que fueron sometidos; lo ha sido durante veinte siglos de dispersión por distintas partes de la tierra y continúa siéndolo en la actualidad cuando han vuelto a conseguir un estado propio, aunque se vean obligados a contener sus ansias de ocupación total, hasta alcanzar el pleno dominio del territorio que a su juicio les pertenece y vean reconstruido el Templo, a fin de recuperar el símbolo más preciado y así volver a la gloria de los tiempos de los macabeos o, más aún, a la época de Salomón.

En torno a la religión gira toda la vida cultural y política del judaísmo, formando un bloque indivisible. En cuanto a su alcance, si bien la ley judía *(Halajá)* admite conversos procedentes de otras culturas y religiones, no se trata de una religión proselitista, antes bien, se muestra un tanto refractaria hacia las nuevas incorporaciones fuera del cauce natural por el que una persona puede llegar a ser considerada judía.

El primero y principal cauce de incorporación al judaísmo es ser hijo de madre judía; es cierto que en la actualidad algunos grupos también admiten a los hijos de padre judío, pero esta es una práctica no conocida en los tiempos bíblicos. La diferencia entre judíos ortodoxos y los sectores más abiertos a la hora de admitir nuevos conversos se cifra en las exigencias que se imponen a los prosélitos en el proceso de incorporación. En cualquier caso, no obstante haber recibido influencias muy diversas, provenientes de las culturas de los países a los que llegaron a causa de la dispersión que siguió a la derrota del año 70, su dependencia ideológica y religiosa de los libros sagrados les permite mantener una identidad común, al margen de las tendencias más o menos ortodoxas o liberales que sustenten.

Como ocurre en otras religiones, la celebración de las festividades que conmemoran acontecimientos extraordinarios de su historia, forma

---

2. Curiosamente, mientras los niños alcanzan la mayoría de edad a efectos religiosos a los 13 años, la edad fijada posteriormente para las niñas *(Bat Mitzvah)* será a los 12 años.

43

parte de la liturgia y refrenda los signos de identidad de los judíos. Nos ocuparemos más adelante de las festividades principales.

Un hecho es evidente y es que la historia de Israel se configura y discurre en torno a su relación con Dios. Suele admitirse como hecho axiomático que, al entrar en contacto con el que está llamado a ser pueblo escogido, Dios comienza explicando cuál es su propio nombre, por medio del cual su pueblo puede conocerle, servirle y dirigirse a él. Ahora bien, aquí nos encontramos con el primer punto controvertido y es comprobar que son varios los nombres usados en el Antiguo Testamento para referirse a Dios, mostrando cada uno de ellos un estadio concreto del plano en el que se produce la manifestación de Dios ante su pueblo o la fuente de procedencia. Veamos:

Elohim. El más antiguo. Se deriva de una palabra sencilla que significa «poder» o «facultad». Su sentido es que Dios es el poseedor de todo poder. Al tratarse de una forma plural, muchos apuntan hacia un indicio de politeísmo, si bien la explicación más creíble, dentro del contexto en el que se produce, es que se trata de una especie de plural mayestático. El nombre Elohim se utiliza principalmente en conexión con el mundo y la humanidad en general.

Yavé (Jehová). Es el nombre más específico usado en conexión con la elección que Dios hace de su pueblo, la revelación que otorga al mismo y el cuidado especial que tiene de él. La explicación del nombre la tenemos en Éxodo 3:13-15: «Yo soy el que soy». El nombre de Yavé (Yahvéh, equivalente a Jehová) es un nombre artificial formado por la fusión del tetragrama sagrado YHVH con las vocales de *Adonai*.[3] Puesto que Yavé significa la fidelidad de Dios a su pueblo, sus seguidores llegaron a formar varios nombres compuestos que expresaban atributos personales: Yavé Jirah (Dios proveerá), Yavé Nissi (el Señor de mi bandera), Yavé Shalom (el Señor envía paz), Yavé Shammah (el Señor está allí), Yavé Tsidkenu (el Señor es nuestra justicia).

El. Otro nombre aplicado a Dios que algunos autores desvincular de Elohim es *El*, que se encuentra más de doscientas veces en el Antiguo Testamento, especialmente en Job, Salmos e Isaías. Significa igualmente

---

3. El Antiguo Testamento fue escrito en un idioma hebreo que carecía de signos gráficos para representar las vocales, si bien en el lenguaje oral es obvio que formaban parte del lenguaje. Y como quiera que los judíos al leer las Escrituras guardaban silencio, por respeto, a la hora de leer el nombre de Dios, no existía una tradición oral que facilitara su grafía definitiva; así, pues, a la hora de incorporar las vocales surgen dos formas de componer el nombre: Jehová y Yavé, siendo esta última la que consigue mayor consenso entre los biblistas.

«poder». Se trata de un nombre utilizado en diferentes lenguas semíticas para designar a Dios. Es el nombre que se daba al «padre de los dioses» entre los cananeos. En la Biblia viene a significar «el poder divino que llena a los hombres de temor y adoración». También este nombre se encuentra acompañado de términos descriptivos: *El-Shadday* (Dios todopoderoso), *El-Elyon* (Dios altísimo), *ElOlam* (Dios de la eternidad), *El-Roy* (Dios el que me ve), *El-Berith* (Dios del pacto), *El-Elohe-Israel* (el Dios de Israel).

El pueblo de Israel participó tanto del medioambiente cultural en que vivía como de su historia, un entorno en el que la imagen de Dios se percibe de forma plural. Sin embargo, cuando Dios se aparece a Moisés en el Sinaí revelándose como Yavé, se muestra como el único Dios que no tolera ningún rival. Ese es el mensaje central que Moisés transmite al descender del monte.

Los textos bíblicos dan testimonio de la relación entre Dios y su pueblo; y ofrecen una imagen de Yavé que no deja de resultar llamativa cuando la comparamos con la que nos ofrece el Nuevo Testamento acerca de Dios a partir de la revelación hecha en la persona de Jesús, lo cual nos plantea serias cuestiones. O bien Yavé, tal y como lo presentan algunos pasajes del Antiguo Testamento, es un dios diferente al Dios de Jesucristo; o bien los autores de esos relatos interpretaron erróneamente el origen de esos textos, atribuyéndolos indebidamente a Dios; o bien a los lectores actuales nos faltan algunas claves para entender, en su justa medida, narraciones como las de las plagas sobre Egipto y otras manifestaciones fuera de lo ordinario atribuidas a Dios, imputándole en ocasiones un espíritu de odio, de venganza o una actitud caprichosamente discriminatoria, o bien moviéndose con frecuencia a impulsos de una ira irrefrenable; una forma de actuar que repugna a cualquier sensibilidad contemporánea, mucho más si es una sensibilidad cristiana alimentada por las enseñanzas del sermón del monte.

No dejan de llamar la atención, por otra parte, expresiones como la que recoge Génesis 6:6: «Y se arrepintió Yavé de haber hecho hombres en la tierra, y le dolió en su corazón». ¿Puede acaso Dios arrepentirse de algo que ha hecho, nada menos que de haber creado a los hombres? ¿Y cómo un ser humano puede llegar a saber acerca de los sentimientos de Dios? ¿Y si Dios es espíritu, qué sentido tiene hacer referencia a su corazón?

Lo cierto es que en el Antiguo Testamento, frecuentemente, se representa a Dios de una forma antropomórfica, a semejanza de como lo hicieron los mesopotámicos y, posteriormente, los egipcios, los griegos y los romanos. Veamos algunos ejemplos de esas historias que pueden resultar de difícil asimilación.

Uno de los temas que llama la atención a los lectores de la Biblia es «la ira de Yavé». Entre las muchas citas que se producen en el Antiguo Testamento referidas a este tema, seleccionamos las siguientes: en Números 11:1, se dice: «Aconteció que el pueblo se quejó a oídos de Yavé; y lo oyó Yavé, y ardió en ira, y se encendió en ellos fuego de Yavé, y consumió uno de los extremos del campamento». Deuteronomio 29:20, se expresa en los términos siguientes: «No querrá Yavé perdonarlo, sino que entonces humeará la ira de Yavé y su celo sobre el tal hombre (…) Yavé borrará su nombre de debajo del cielo». Ezequiel pone en labios de Yavé: «… derramaré mi ira sobre ellos, para cumplir mi enojo en ellos…» (Ezequiel 20:8).

No deberíamos caer en el anacronismo de juzgar el Pentateuco con valores contemporáneos, pero eso no impide que llame nuestra atención la violencia de muchas de las historias que nos ofrece, mostrando a un dios infanticida, regicida, genocida, colérico, vengativo, que hace recaer en los hijos los pecados de los padres hasta varias generaciones posteriores. Consúltese a tales efectos 1 Samuel 15:3, Josué 6:21, Éxodo 12:29, Josué 11:4-6, Éxodo 20:5. O bien compruébese cómo por sus páginas desfilan personajes que, aun presentándose como paradigmáticos, protagonizan el odio, la maldad, la avaricia, la crueldad, la violencia, el estupro. Textos que no consideramos necesario transcribir para no herir en exceso la sensibilidad de nuestros lectores.

Nos detendremos, no obstante, en referir brevemente algunas de las historias más insólitas que aparecen en la Biblia y que forman parte de la cultura judía, con el propósito de dar consistencia a nuestra argumentación. En primer lugar, en torno a la figura de Eliseo, uno de los profetas más notables de Israel, cuya lectura sugerimos como motivo de reflexión. Un grupo de niños tiene la desfachatez de burlarse de él porque era calvo; Eliseo «los maldijo en el nombre de Yavé» y al momento unos osos se encargaron de ejecutar la maldición despedazando a 42 muchachos cuyo único delito había sido burlarse del profeta (*cfr.* 2 Reyes 2:23,24).

En el libro de Jueces 3:12-30, se encuentra una oscura historia cuyos personajes son Eglón, rey de Moab y Aod, de la tribu de Benjamín. Aod era una especie de asesino a sueldo presentado como respuesta de Dios para liberar a Israel de un tirano. El caso es que los hijos de Israel, una vez más, volvieron a hacer el mal ante los ojos de Yavé y como consecuencia de este desvío «Yavé fortaleció a Eglón, rey de Moab», contra

Israel (su pueblo amado), lo cual los mantuvo durante 18 años bajo la tiranía de los moabitas. Vuelven los israelitas, por fin, a clamar a Dios y Yavé los envía a Aod, quien mediante tretas y engaños se cuela en la cámara del rey Eglón y lo asesina a sangre fría.

Y para mayor sorpresa, ahí está la historia de Onán, a quien «Yavé... le quitó la vida» a causa de su conducta (Génesis 38:8-10); o el horripilante relato de lo que le ocurrió a un levita y su concubina (*cfr*. Jueces, capítulo 19); o la caprichosa solicitud del rey Saúl de que se le ofrecieran cien prepucios de filisteos como dote por su hija, malévola petición que llevaba implícito hacer caer a David en una trampa mortal (*cfr*. 1 Samuel 18:25-27). ¿Y qué opinar de la extraña historia que narra Éxodo 4:24-26, que hace referencia a las relaciones de Dios con Moisés?: «Y aconteció en el camino, que en una posada Yavé le salió al encuentro y quiso matarlo». El motivo: su hijo no estaba circuncidado, así es que Séfora, la madre, lo circuncida rápidamente de una forma un tanto salvaje y Yavé se calma.

Pero la historia tal vez más asombrosa es la que se refiere a la burra de Balaam (*cfr*. Números, capítulo 22) y el debate que mantiene la burra con su amo, como si de colegas se tratara. El caso de Jacob y la mutación genética de las ovejas no deja de tener su intríngulis, curioso, sin duda, para asombro de nuestros estudiantes de ciencias una vez conocida la teoría de Mendel sobre el tema (*cfr*. Génesis 30:37-39).

¿Cómo podemos vincular esas acciones procedentes de quienes se consideran emisarios de Dios y conectarlas con el Dios de Jesucristo, un Dios de misericordia y amor? ¿Dónde está la clave? O bien el Dios del Antiguo Testamento no tiene nada que ver con el Dios de Jesús o bien Eliseo y el resto de protagonistas son impostores que nada tienen que ver con el Dios de misericordia que percibimos en los Evangelios o bien debemos admitir que esos y otros relatos bíblicos semejantes están escritos por personas que mantienen una visión de Dios muy primitiva y atribuyen a Dios, a través de hombres, a quienes confieren el título de mensajeros, acciones que responden a sus propias ambiciones y miserias humanas.

El hecho de que muchas de estas historias resulten poco recomendables para enseñarlas a los niños de las escuelas dominicales o de las catequesis y que otras, aparte de la hilaridad que pudieran producir, no dejen de plantearnos serias dudas de la razón por la que están incluidas en los textos sagrados, el hecho de que estén contenidas en la Biblia es motivo suficiente para insistir en la necesidad de releer el texto y buscar las claves necesarias que nos ayuden a hacer una exegesis adecuada a fin de poder entender su mensaje y el papel que juega el autor del texto al tratar de reflejar «su visión» interpretativa sobre los acontecimientos que se suceden y el papel que se atribuye a Yavé.

Lo que denominamos como «revelación de Dios» hay que entenderlo como algo progresivo que da comienzo con la propia creación del universo y culmina en Jesús, el «verbo encarnado» y que, entre tanto, lo que perciben los patriarcas, reyes y profetas de Israel es una revelación parcial, incompleta, que expresan con el lenguaje propio de su época y que apunta hacia la figura del Mesías, pero que no podemos aceptar como proveniente de un Dios que, afortunadamente, escapa a los estrechos márgenes en los que se le pretende encajonar.

En cualquier caso, la historia de las relaciones entre Dios e Israel es compleja y, con frecuencia, contradictoria y desconcertante. Entre otras muchas contingencias sufridas, es manifiesto que a partir de Zorobabel (siglo VI a. C.), el último rey descendiente de David, que procede del cautiverio en Babilonia y coprotagoniza el regreso a la tierra de sus antepasados vinculado a la edificación del segundo templo, la historia de Israel está plagada de desgracias y de dominios extranjeros que configuran una nueva concepción de nación.

Comparar la sociedad y la religión que se practica en la época intertestamentaria con la que precede al exilio nos muestra que existen más discrepancias que coincidencias. Por lo regular, se trata de un período, el intertestamentario, totalmente desconocido para el común de los lectores de la Biblia que dificulta en gran medida la comprensión del Nuevo Testamento, íntimamente conectado con los usos y costumbres que se gestan en esa época convulsa. Entre otras influencias altamente significativas, está la que ejerce la cultura helena que, posteriormente, se va a dejar sentir igualmente en el pensamiento y en el estilo literario de los autores de los libros que integran el Nuevo Testamento, en aspectos tan relevantes como la incursión de la filosofía en la religión, el culto al emperador, la presencia de los astros en la vida cotidiana y el respeto hacia las potencias sobrenaturales; y, de manera extraordinaria, el gnosticismo, una corriente filosófico-religiosa que estuvo presente de forma relevante entre el cristianismo de los siglos I y II, del que nos ocuparemos más adelante.

Una vez desaparecida la monarquía en Israel, el poder de los sacerdotes se hace omnímodo, aunque siempre bajo la vigilancia del poder político ejercido por las potencias extranjeras dominantes (persas, griegos o romanos, así como de los propios reyes seléucidas). La Ley de Moisés escrita y oral ocupa para los judíos el rango supremo de corpus jurídico y religioso. La influencia cultural extranjera se deja sentir, sin que por ello se pierdan los rasgos distintivos del judaísmo, que se consolidan en ese tiempo, si bien junto a un hondo resentimiento a causa de verse sometidos a los invasores, que limitan su soberanía, atentan contra su dignidad e imponen onerosos impuestos.

Esta situación acrecienta el ansia de liberación de los judíos, que se centra en la figura del Mesías, por lo que varios autodenominados «mesías» irán surgiendo en esa época tumultuosa. El anhelo mayor de los judíos de ese tiempo es restaurar el esplendor del antiguo Israel, lo cual hace que cualquier mensaje que apunte hacia ese fin sea recibido con entusiasmo.

Al margen de si nació en Belén o en Nazaret, no debemos olvidar que Jesús se crió y vivió como galileo, es decir, en una provincia que en esos tiempos era un territorio marginal de Israel, de cuya nación formaba parte de pleno derecho tan solo desde que fuera conquistada por los macabeos unos cien años antes. Una región con gran influencia pagana y muy apartada social, intelectual y espiritualmente de Jerusalén. Los galileos vivían alejados del Templo, más centrados en la Sinagoga y, tal vez por eso, practicaban un tipo de piedad menos ritualista y más espontánea. Dadas esas circunstancias, tenían fama de no ser muy estrictos a la hora de interpretar y aplicar la Ley, especialmente en lo que a la pureza ritual se refería. Gente, por otra parte, marcadamente rural y campesina, tenían que ver muy poco con los habitantes de Jerusalén, por quienes eran ostentosamente despreciados.

Estos hechos podrían ayudarnos a entender mejor algunos rasgos de la personalidad y el ministerio de Jesús, especialmente el sentido y alcance de las parábolas; un ministerio desarrollado mayoritariamente por las aldeas de Galilea y no por las grandes ciudades. Nos puede ayudar, igualmente, a entender el origen de los problemas de relación que se plantean con ocasión de sus visitas a Jerusalén. Resulta evidente que la espiritualidad de Jesús responde más a la piedad interior y a la oración, propia en mayor medida de los galileos frente a los jerosolimitanos, más proclives a un ritualismo formal. Vistos estos antecedentes, podemos entender mejor los enfrentamientos de Jesús con los fariseos, un colectivo ligado al Templo y al ritualismo sacerdotal.

Otro detalle de interés a tener en cuenta es que los libros de la Biblia, tanto del Antiguo Testamento como del Nuevo Testamento, tienen una característica en común: todos ellos fueron escritos por judíos, tal vez con la excepción del Evangelio de Lucas cuyo autor, si no perteneciente al pueblo hebreo, era un prosélito judío. Se trata, pues, de una literatura judía, por lo que ayudará al lector, en su tarea de entender su contenido, conocer tanto como sea posible el judaísmo: sus instituciones, sus festividades y sus prácticas más relevantes, a cuyos efectos ofrecemos información más adelante.

Hay que añadir en este apartado un dato más de indudable interés: al leer el Nuevo Testamento, no debemos soslayar que en sus autores, por el hecho de ser judíos (sin excluir la figura de Jesús), ejercen una gran influencia no solo los libros del Antiguo Testamento tradicionalmente aceptados como inspirados, que posteriormente serían incluidos en el Canon, sino también el legado de la literatura apócrifa que circulaba entre los maestros de la Ley en paralelo y sin una clara distinción en cuanto a su utilización y ascendiente, salvo en lo que se refiere al lugar señero que ocupaba la Torá.

Tal vez uno de los errores más notables en los que durante siglos se ha incurrido a la hora de acometer la lectura de la Biblia haya sido el leerla como si de un documento estrictamente histórico se tratara; un documento que iba narrando el acontecer de un pueblo, con sus gestas, conquistas y fracasos, como pudiera hacerlo un historiador contemporáneo al ocuparse de la historia de España, Europa o el continente americano. Craso error. La Biblia no es un libro de historia, aunque incluya datos ciertos sobre el pueblo que protagoniza los diferentes relatos que la integran. Y si esta aseveración es válida para el Antiguo Testamento lo es, en mayor media, para el Nuevo Testamento, en el que no solo no tiene como objetivo reseñar la historia, sino que tampoco pretende ofrecer una biografía de la persona central de la que se ocupa.

2. Instituciones judías en tiempos bíblicos[4]

A partir del regreso del cautiverio y en la medida en que se iba configurando el judaísmo como religión institucionalizada, la vida de Israel gira en torno a tres instituciones básicas: el Templo, la Sinagoga y el Sanedrín. En lo que al Templo se refiere surge una poderosa casta sacerdotal, a la cabeza de la cual se encuentra el sumo sacerdote; la Sinagoga dará paso a la creación de un sólido cuerpo de teólogos y maestros de la Ley; y, el Sanedrín, será atendido no solo por teólogos estrictos, sino

---

4. Debido a su rigor y a la extensión del tema, no podemos extendernos más en su descripción; recomendamos a los lectores que entren en deseos de ampliar sus conocimientos en torno al judaísmo, sus fiestas e instituciones, consulten Roland de Vaux: *Instituciones del Antiguo Testamento*; Herder (Barcelona: 1976).

por juristas rigurosos que velarán por mantener la pureza y el cumplimiento de la Ley.

Nos ocuparemos, aunque sea sucintamente, de cada una de ellas, con el propósito de situarnos con mayores recursos, ante una lectura comprensiva de la Biblia.

El Templo

Casi todos los pueblos del entorno mesopotámico, egipcio, cananeo, fenicio o sirio en el que se desarrolla el pueblo de Israel, han elevado templos a sus dioses. Ese fue también el sueño de David. El Templo con el que David sueña está llamado a ser el símbolo de la unidad nacional; el mayor exponente del orgullo patrio, el centro de adoración que aglutina a todo el pueblo.

Los antecedentes más próximos en las tierras de Israel los tenían los hebreos en los cultos a Baal y otros dioses paganos. Coexistieron también diversos templos dedicados al culto a Yavé, como el de Silo, Betel, Gilgal, Hebrón, Berseba, Siquem, Dan. En casi todas las ciudades de Israel había algún lugar alto (altozano) de adoración en los que se ofrecían sacrificios de ovejas y libaciones de pan y vino, hasta que con la reforma de Josías (639609 a. C.) (*cfr.* 2 Reyes 22, 23) y, sobre todo, la vuelta del exilio (539 a. C.), los judíos solo reconocieron valor sagrado al templo por antonomasia, el Templo de Jerusalén.

El primer templo de Jerusalén fue construido en el reinado de Salomón, formando una parte fundamental del palacio real (*cfr.* 1 Reyes 6, 2 Crónicas 3:1-14) y se convierte en el mayor exponente del monoteísmo teológico de Israel. Solo hay un Dios y hay que adorarlo en un único lugar: el Templo, suprimiendo el culto en los restantes lugares. El resto de templos son designados como lugares paganos dedicados a los ídolos. El propósito central del erigido en Jerusalén, como casa de Dios, es albergar el arca donde se conservan los símbolos de la alianza que Yavé pactó con el pueblo cuando salió de Egipto y que con anterioridad estaba custodiada en el Tabernáculo o Tienda del Encuentro; de esa forma el Templo se convierte en el símbolo de la Alianza, como garantía de mantenerse vigente el pacto con Yavé.

El Templo de Salomón fue destruido por los babilonios en el año 587 o 586 a. C.; ocasión en la que los judíos fueron deportados con la no disimulada intención de borrarlos de la historia como pueblo. El problema de los israelitas a raíz de ese luctuoso acontecimiento es cómo mantener su identidad fuera de Israel, y ahora sin la ayuda, tanto en el ámbito civil como espiritual, que suponía para ese fin el Templo, símbolo de la fe en Yavé y lugar de celebración.

En el destierro, los judíos tuvieron que aprender a vivir y a conservar su identidad sin rey, sin estado propio y sin Templo. Esto hace que no solo tengan que esforzarse en reafirmar su identidad, sino que la recreen y fortalezcan; y, en lugar de resignarse y amilanarse ante la nueva situación, el resultado es que salieron fortalecidos de la crisis. Para ello se apoyan en tres pilares fundamentales: la Torá, la esperanza trasmitida y renovada de una a otra generación del regreso a Jerusalén y la ilusión generada por la futura reconstrucción del Templo derruido.

En el proceso de trasformación que se va produciendo durante la época del destierro, desaparece el modelo de estado anterior formado por la suma de tribus poco integradas entre sí y surge el judaísmo, como una nueva concepción de pueblo en la que se identifican el Estado y la religión. La consolidación de esa nueva concepción de puebloestado-religión únicamente puede llevarse a cabo en torno a los pilares básicos anteriormente mencionados: la Ley y el Templo.

La nueva configuración del estado judío se va forjando bajo la dirección de profetas como Ezequiel y el Segundo Isaías.[5] Posteriormente, líderes político-religiosos, como Esdras y Nehemías, entre otros, impulsaron el regreso a su tierra, cuando el cambio de régimen político en Babilonia así lo hizo posible. Los judíos que regresaron del destierro lideraron la creación del nuevo concepto de pueblo, aún sin poder contar con un estado propio y teniendo que vencer, en muchos casos, la resistencia de los conciudadanos que habían quedado en la tierra de Israel y que se habían acomodado ideológicamente a las influencias culturales de los pueblos dominantes, si bien mantuvieron su fidelidad exclusiva a la Torá, rechazando cualquier otro documento incorporado por los excautivos.

Objetivo fundamental de los regresados es la construcción del nuevo templo, que se lleva a cabo en torno al año 515 a. C. sobre las ruinas del de Salomón, si bien reduciendo sus proporciones. Al logro de ese primer objetivo se une la reivindicación de la Torá como referente fundamental de la Ley de Dios, condenando cualquier manifestación o desvío religioso que no se centre en el triángulo Yavé-Ley-Templo. Los libros de Esdras y Nehemías ofrecen algunas referencias acerca de

---

5. Dada la dimensión y características del libro de Isaías, los eruditos han llegado a la conclusión de que se trata de un libro estructurado en tres partes, con tres autores y épocas diferentes, un tema que, a los efectos que perseguimos, consideramos que carece de interés concederle por nuestra parte mayor atención.

las proporciones del nuevo templo. Es en esos momentos cuando la figura del sumo sacerdote cobra un papel protagonista en la historia de Israel.

La etapa anteriormente descrita se mantiene con cierta estabilidad, aunque sin independencia política, hasta el levantamiento de los macabeos en el año 176 a. C., una etapa de orgullo nacional que permitió crear de nuevo el estado judío, con sus diferentes partidos o sectas (fariseos, esenios, escribas, celotes, saduceos, enfrentadas entre sí ideológicamente, pero identificadas en el orgullo patrio). Ese período de exaltación nacionalista será seguido de una nueva conflagración que terminaría, una vez más, con la profanación del Templo y, en este caso, su dedicación a dioses paganos, unido a la seria amenaza de su desaparición.

Finalmente, fue reconstruido el Templo por Herodes en el año 20 a. C., de forma completamente nueva, aunque inconclusa hasta el año 64 d. C. Pocos años después, en el año 70, en este caso bajo las tropas romanas al mando de Tito, no solo es arrasado el Templo, sino que fue el inicio de la gran diáspora judía que ha llegado hasta mediados del siglo xx, cuando se ha reconocido el nuevo Estado de Israel.

Un dato curioso, en el que entramos únicamente con una breve referencia, es que los samaritanos, en abierta competencia religiosa y política con los judíos, construyen en tiempos de Alejandro Magno un templo sobre el monte Gerizim, siguiendo los planos de Salomón y el modelo de Jerusalén, que sería destruido por Juan Hircano. Para los samaritanos el único texto normativo es la Torá o Pentateuco y sustituyen Jerusalén por el monte Gerizim.

La Sinagoga

Como consecuencia de las deportaciones y la desaparición del Templo surge una de las instituciones más sólidas del judaísmo: la Sinagoga, que continúa existiendo incluso después de la restauración del Templo, cumpliendo ambas instituciones funciones complementarias. El Templo es un lugar fundamentalmente dedicado a la adoración y a los sacrificios; la Sinagoga, se convierte en centro de estudio de los textos sagrados. En el Templo ofician los sacerdotes y levitas; en la Sinagoga, los maestros de la ley.

El término 'Sinagoga' es equivalente a 'comunidad'; comunidad en el sentido de un grupo de personas que se reúnen, se congregan con un propósito. Un vocablo parejo con 'iglesia'; el uno asignado a la comunidad judía y el otro a la cristiana. Y, al igual que ocurre en la cultura cristiana, el vocablo terminaría siendo aplicado también al edificio o recinto donde se congrega la comunidad de creyentes.

Aunque los datos han quedado difusos en la historia, todos ellos apuntan a que la Sinagoga es fruto de la época del destierro. Jerusalén quedaba lejos y el Templo está destruido. El sentido identitario se acrecienta y surge el clamor popular por disponer de un lugar donde congregarse y guardar solemnemente el sábado. Ahora bien, aún después de reconstruido el Templo, la función de la Sinagoga continuó vigente, tanto entre los judíos residentes en su tierra de origen como entre los que habían quedado en la diáspora, especialmente porque se convirtió en el centro más conspicuo dedicado a estudiar la Ley y consolidar así sus vínculos como pueblo.

En tiempos de Jesús, la Sinagoga se había extendido tanto por el mundo conocido como la presencia judía demandaba; incluso en Jerusalén existían varias sinagogas para judíos de distintas procedencias o tendencias teológicas. Las sinagogas eran construidas de tal forma que pudieran permitir que los judíos estuvieran orientados hacia Jerusalén cuando oraban.

Una vez destruido el Templo, la Sinagoga fue ocupando en el imaginario popular su lugar, trasladando al ritual sus asambleas o encuentros y a los lugares donde se guardan los rollos de la Ley, parte de la simbología del Templo; un ejemplo es comprobar cómo termina denominándose «santo» el lugar donde se guardan las Escrituras, protegido con una cortina.

'Sinagoga' y 'rabino' son dos términos que van indisolublemente unidos. El rabinato surge y se fortalece en el seno de la Sinagoga, dando paso a un judaísmo presidido por teólogos (escribas y doctores) que dedican su vida al estudio de la Ley. Desde la destrucción del Templo, las sinagogas han sido y continúan siendo el centro de la actividad judía.

En su inicio, los cristianos, que eran de procedencia judía, comenzaron reuniéndose en las sinagogas hasta que la convivencia entre judíos y cristianos se hizo imposible; con todo, la evolución institucional de ambas, Iglesia y Sinagoga, ha mantenido un elevado parentesco formal. En ambas instituciones los sacrificios son incruentos y el culto se centra en las Escrituras, concediendo un papel protagonista a su estudio y aplicación a la vida cotidiana. Las sinagogas han sido y son el medio a través del cual ha podido mantenerse la identidad de un pueblo que perdió el resto de signos identitarios: territorio, estado y, prácticamente, la lengua.

El Sanedrín

El Sanedrín representa la suprema autoridad administrativa y judicial de los judíos, tanto para asuntos civiles como religiosos, teniendo como cuerpo jurídico la Torá. Representaba la Corte Suprema de la ley judía. El registro más antiguo que se conoce es el que aparece citando el Sanedrín en los anales de Josefo (*cfr. Antigüedades*, 12, 3.3) en una carta al rey de Siria, Antíoco el Grande (223-187 a. C.); se nombra, igualmente, en varios pasajes de los libros de los Macabeos. En el Nuevo Testamento el término se traduce por «concilio» (*cfr.* Mateo 26:59 y otros) y, en algunas versiones o pasajes, por «presbiterio», «consejo» o «senado». En sus inicios cuenta con dos clases de miembros, si bien en tiempos de Jesús se hace referencia a tres: los *ancianos*, que representaban a las familias más influyentes, fuera de la clase sacerdotal; los *sumos sacerdotes* y miembros de las familias de las que estos se nutrían; y los *escribas*, generalmente integrantes del partido de los fariseos.

Contaba esta institución con setenta miembros más el presidente, que era el sumo sacerdote en funciones. El número supone un guiño histórico en recuerdo del grupo de ancianos que ayudaron a Moisés en las tareas de administrar justicia, sin que se conozcan precedentes institucionales semejantes en Israel. Ostentaba la representación del pueblo judío ante la autoridad invasora. Algunos autores fijan la fecha de su constitución en el año 191 a. C.

En el tiempo de dominación romana la capacidad de dictar sentencias del Sanedrín estaba muy restringida, especialmente en lo relacionado con la condena a muerte, reservada al gobernador romano. En el ámbito religioso era el Sanedrín el que establecía el calendario de fiestas y regulaba la vida religiosa de los judíos. Aprobaba leyes, dentro de las limitaciones establecidas por el poder ocupante, y juzgaba delitos; determinaba la veracidad de los profetas; definía y controlaba los desvíos de la Ley, castigando todo aquello que, a su juicio, pudiera incurrir en blasfemia. Se trataba de un órgano temido y respetado.

* * *

Nuestros lectores pueden echar de menos que no se haga mención de instituciones tan relevantes como la familia en su concepción extensa, si bien dedicamos un espacio a la práctica de la poligamia en el Antiguo Testamento, como un hecho significativo desde la ética del Nuevo Testamento; o a la concepción del Estado, la figura del rey, la función sacerdotal, el papel del levirato, entre otras. Hacemos referencia de pasada a algunas de ellas, pero al no ser nuestra intención hacer un estudio exhaustivo del tema, sino ofrecer unos apuntes orientativos de aquellas que, a nuestro juicio, pueden ayudar al lector a ubicarse en el propósito central de esta monografía, que no es otro que facilitar la lectura compresiva de la Biblia, consideramos que, con lo dicho, es suficiente al fin propuesto.

3. Festividades judías

No podría entenderse la religión judía y, por extensión, la cristiana, al margen de sus fiestas. Efectivamente, resulta imposible desvincular el cristianismo de la influencia cultural, litúrgica y doctrinal que sobre él ejercen las festividades judías. La vida pública de Jesús, como buen judío, está vinculada a las fiestas que marcan la vida social de su pueblo. Se trata de fiestas religiosas que recuerdan acontecimientos importantes de la historia y sirven para asentar y proyectar su identidad como nación. Algunas de ellas, como la Pascua, han pasado, con la adaptación necesaria, a ser parte esencial del cristianismo. Muchos de los acontecimientos que se narran en la Biblia están íntimamente conectados con el sentido de las celebraciones festivas que se convierten, de esa forma, en celebraciones litúrgicas cristianas.

Israel, como nación, se forma y desarrolla en torno a su vinculación a Yavé; un vínculo que se produce en un medio hostil, tanto en el orden social como religioso. El hecho de tener que forjarse una identidad propia obliga a este pueblo singular a hacer frente a situaciones adversas y a vencerlas, como la esclavitud, la confrontación permanente con sus vecinos, así como la deportación y la opresión por parte de otros pueblos hegemónicos.

De cada una de esas vivencias extrae experiencias imborrables que se convierten en signos distintivos que lo identifican como pueblo diferente, al sentirse «pueblo de Dios». Son las festividades que van surgiendo, como medio de recuerdo y conmemoración de esos hitos históricos, las que contribuyen eficazmente a conferir al pueblo hebreo una identidad propia.

Precisamente el hecho de no haberse resignado a aceptar pasivamente sus desgracias, como la destrucción del Templo, la pérdida de Jerusalén o la inevitable dispersión por un mundo refractario a su presencia, han conseguido dar a este pueblo superviviente no solo la capacidad de resistencia, sino la habilidad para ser pueblo en medio de otros pueblos, un éxito que se debe fundamentalmente al hecho de no haber perdido su fe y haber sido capaz de expresarla y transmitirla de generación en generación, sobre todo a través de sus festividades.

En este apartado nos referimos a las fiestas judías más importantes, con la intención de que su conocimiento ayude al lector a situarse en el contexto sociorreligioso en el que se producen los libros que integran la Biblia a fin de poder entender con mayor precisión el alcance que pudieran tener en la espiritualidad tanto de los judíos como de los primeros discípulos de Jesús y, por extensión, de la Iglesia cristiana en general.

De Egipto, las tribus israelitas salen en busca de su propia identidad como nación; de ahí la insistencia del Pentateuco en reafirmar los signos distintivos que deben cultivar como pueblo. El largo peregrinaje por el desierto es un símbolo de lo que cuesta el tránsito entre la esclavitud y la libertad. Es preciso recorrer el desierto palmo a palmo para poder descubrir su razón de ser y hacer frente al futuro. Para algunos se trata de conquistar los pueblos que ya ocupan esas tierras; otra teoría moderna es que lo que se produce no es tanto una conquista, sino un asentamiento pacífico de diferentes oleadas por parte de las tribus hebreas, en cuyos asentamientos no faltan las refriegas tribales.

Las festividades son el medio que permite recordar a los israelitas que ellos son «pueblo escogido por Dios». Conforme al pacto suscrito en el Sinaí, la observancia de las festividades establecidas era una parte importante del compromiso adquirido. En ese peregrinaje, el monte Sinaí se convierte en el epicentro de su relación con Dios (*cfr.* Números 1:1–10:10), y surge la primera de las celebraciones, llamada a convertirse en el signo de identidad básico de Israel: la celebración de la Pascua (*cfr.* Números 9:2 ss.).

Siete (número perfecto por excelencia en el texto bíblico) fueron las fiestas principales, aparte del sábado. Las de mayor antigüedad y rango: la Pascua, Pentecostés y Tabernáculos; de posterior instauración: de las Trompetas, Día de la Expiación, Dedicación y Purim. El séptimo día, o día de reposo, servía como medida y referencia para todas las demás celebraciones festivas (*cfr.* Levítico 23:1-4; Números 28:9, 10; Isaías 58:13). Cada una de estas festividades tenía por objeto recordar a los israelitas la admirable providencia de Dios, así como los dones extraordinarios de él recibidos; todo ello a fin de inducirlos al agradecimiento.

El hecho de que estas fiestas pudieran tener sus raíces en otras celebraciones premosaicas, que ya eran conocidas en Canaán, como parece ser (al menos en el caso de la Pascua), no les resta el sentido que adquieren para los israelitas ni disminuye su significado netamente yavista, ya que los israelitas supieron darles, de acuerdo con el contenido de las leyes mosaicas, una expresión monoteísta de la cual carecían sus predecesoras.

El destierro babilónico marca una línea divisoria notable en el concepto religioso judío. Surgen nuevas formas de sacrificio y se elabora otra idea acerca del pecado y la ofrenda por la culpa; se produce una transformación del sacerdocio y se introducen nuevas influencias religiosas. Bajo la dirección de Esdras cambian los códigos anteriores y se sistematiza la religión. Todo esto afecta directamente al calendario religioso, introduciendo fiestas que no se conocían en el preexilio. Aquí nos ocupamos de las siete más representativas, unas anteriores y otras relacionadas directamente con el exilio.

Fiesta de la Pascua

Se trata de una fiesta de conmemoración anual. Objeto de la celebración: reconocer por parte de los descendientes de Abraham el beneficio que habían conseguido sus padres, reconquistando la libertad contra la tiranía y el despotismo del faraón, así como la indulgencia acordada por Dios a favor de los primogénitos israelitas.

Con el tiempo, aún siendo de procedencia diferente, la de los Ázimos y la de la Pascua llegaron a asociarse, posiblemente por la única razón de que ambas coincidieron en la fecha de su celebración. La fiesta de los Ázimos duraba una semana, del 15 al 21 de *abib*, llamado más tarde *nisán*; es mencionada por este nombre refiriéndose a la Pascua en el libro de Éxodo 23:15. Marcaba el principio de las cosechas como la fiesta de las Semanas marcaba la clausura.

En Deuteronomio 16:4, así como en otros pasajes del Pentateuco que se ocupan de la celebración de las fiestas, se relacionan íntimamente la Pascua y los Ázimos y es identificada por los ritos del sacrificio del cordero y de los panes ázimos. El libro de Éxodo nos revela con claridad la época en la que ambas fiestas se celebraban por separado (23:15), de la misma forma que nos permite entrever su fusión en una sola (capítulo 12). La fiesta duraba siete días, aun cuando solo se guardaba descanso sabático el primero y el último y, por supuesto, el sábado que caía entre ambas. En esos días ningún judío debía tener en sus casas pan con levadura ni cualquier cosa leudada, como símbolo del apresuramiento de la salida de Egipto. Unidos de esta forma los símbolos, la fiesta se conoció indistintamente como *Pascua* (pasó) o *Matzot* (fiesta de los panes ázimos).

En su origen, y en su conjunto, se trata de una fiesta de pastores y agricultores. Una especie de remembranza de Caín y Abel, que representan el dualismo ocupacional del pueblo hebreo que mantuvo enfrentados a ambos hermanos; finalmente, se unen e identifican en una celebración común de concordia entre agricultores y ganaderos. Se trata de un símbolo de reconciliación entre dos culturas, compartiendo todos ellos, unidos en un solo propósito, los bienes de la tierra.

El elemento primordial y básico de esta solemnidad es el cordero, que era sacrificado por el padre de familia. El cordero sustituye la práctica anterior del sacrificio de los primogénitos, conforme a las tradiciones violentas precedentes en otras culturas. Cada familia mataba un cordero que lo comía con verduras amargas para traer a la memoria la amargura de la esclavitud. Más tarde el sacrificio del cordero fue hecho en el atrio del Templo, con lo que ese lugar se convertía en una verdadera carnicería.[6]

Con el tiempo desapareció la costumbre de rociar con la sangre de la víctima las puertas de la casa y la de comer en traje de caminante, haciendo memoria de la forma como tuvieron que hacerlo en Egipto. El capítulo 12 de Éxodo y Deuteronomio capítulo 16 se encargan de describir la forma de celebración. En el proceso de influencia sacerdotal posterior, la festividad fue revistiéndose de otras exigencias adicionales, que resultaría tedioso e innecesario describir aquí. El banquete comenzaba después de la puesta de sol y se prolongaba hasta medianoche.

Aunque el libro de Éxodo mandaba tomar esa cena de pie, calzados y en disposición de marcha, recordando la huida de Egipto, en la época de Jesús los comensales se recostaban en divanes o lechos poco elevados, siguiendo una costumbre griega, apoyados en el brazo izquierdo y dejando el derecho libre. Terminada la cena, se pasaba una palangana con agua y una toalla y todos se lavaban las manos.

Resumiendo lo dicho, los elementos que participan en la fiesta de la Pascua en tiempos de Jesús son los siguientes: 1) sacrificio del cordero; 2) comida de ázimos; 3) hierbas amargas; 4) pacto de pastores y agricultores; 5) salida de Egipto libres de la esclavitud; 6) vino, incorporado tardíamente como elemento propio de la fiesta.

Todos los integrantes del pueblo estaban obligados a celebrar esta fiesta, excepto las mujeres, aunque sí participaban normalmente de ella. Extranjeros y esclavos podían tomar parte con la condición de que estuvieran circuncidados. Eran excluidos quienes tuvieran alguna

---

6. Según Josefo, en la época de Nerón, probablemente en el año 65 d. C., en la tarde del 14 de nissan se degollaron 255 600 corderos, lo cual revela la enorme confluencia de judíos que se agrupaban en esa fecha en Jerusalén (F. Josefo, *Guerra de los judíos*, VI, p. 424).

impureza legal; con el tiempo fueron catalogados como impuros los cojos, enfermos, ciegos...

Para los cristianos la fiesta de la Pascua tiene un significado especial. Es el «paso» de Jesús de Nazaret. Al igual que para los hebreos significa la celebración de haber sido liberados de la esclavitud en Egipto, para los cristianos Jesús es el cordero pascual que los libera de la esclavitud del pecado. La gran diferencia es que mientras el final del sacrificio pascual era la muerte del cordero, en la pascua cristiana el Cordero es resucitado; la fiesta no finaliza con la muerte sino con la resurrección.

Fiesta de Pentecostés

La segunda fiesta en importancia para los judíos, siete semanas después de la Pascua, el día quincuagésimo, era Pentecostés. De ahí su nombre: «fiesta de las Semanas» o, en la nomenclatura griega, de Pentecostés. Su nombre es una transcripción del griego *pentecosté*, 'quincuagésimo' [día después de la Pascua]. Aun cuando en el Antiguo Testamento no se menciona el motivo por el cual fue instituida esta fiesta, existe acuerdo en que nació en el Sinaí, así como existe igualmente consenso en determinar su conexión y dependencia de la Pascua o de los Ázimos.

La relación con los Ázimos y, más tarde, con la Pascua, explica el nombre que los rabinos dieron a la fiesta, denominándola *aséret*, es decir, 'asamblea de la clausura' e, incluso, «*aséret* de la Pascua», una festividad caracterizada por las alegres faenas agrícolas de la siega y la trilla, cuya celebración terminó fijándose siete semanas después de la fiesta principal, una vez que Pascua y Ázimos fueron unidas en una sola celebración. La fijación exacta del día de celebración ha sido objeto de controversias serias entre los diferentes sectores del judaísmo.

Se trata de una fiesta de acción de gracias por el feliz término de la recolección de los cereales y los primeros panes de la cosecha del trigo, los cuales ofrecían, como en la fiesta de la Pascua, juntamente con holocaustos y víctimas propiciatorias. Algunos exegetas suponen que esta fiesta fue instituida en memoria de la Ley que Dios les dio en el monte Sinaí.

La piedad judía se ha referido a este festejo de muy diversas maneras. Una de las más imaginativas y poéticas, entre otras muchas, es la idea de que el Dios del Sinaí e Israel, se casaron. Sin embargo, en el judaísmo tradicional ortodoxo, esta fiesta no ocupó un lugar relevante; Ezequiel no hace mención de ella al señalar el calendario de festividades solemnes (*cfr.* Ezequiel 45:18-25). Fuera de los textos litúrgicos, no se menciona en el Antiguo Testamento sino muy tardía e incidentalmente (2 Macabeos 12:31,32 y Tobías 2:1, ambos libros deuterocanónicos o apócrifos).

Tampoco la Mishná le consagra un tratado como hace con las otras fiestas anuales. Solo a partir del siglo II de nuestra era aceptaron los rabinos que Pentecostés conmemorase el día en que la Ley había descendido del Sinaí, aunque no todos los autores han dado por válida esta teoría. Ni las propias Escrituras, ni Filón, ni Flavio Josefo, ni la literatura talmúdica establecen dicha relación, que sí mantienen padres de la Iglesia como Jerónimo, Agustín de Hipona y León Magno.

Es notorio que la fiesta tiene un carácter eminentemente agrícola, recordando la liberación, en primavera, de la esclavitud en Egipto y la subsecuente peregrinación durante cuarenta años por el desierto, un tema que marcó indefectiblemente la historia de Israel.

Esta solemnidad recibe varios nombres, todos ellos íntimamente relacionados con su contenido y significado, así como con la fecha de su celebración. Fiesta de la Siega o de la Mies, del hebreo *hag-kak-kasir* (Éxodo 23:16); Fiesta de las Semanas, del hebreo *hag-shavaot* (Éxodo 34:22); Día de las Primicias, del hebreo *Yom jab-bik-kurim* (Números 28:26); Pentecostés, del griego *pentecosté* (Tobías 2:1, 2 Macabeos 12:31, Hechos 2:1, 20:16); *Aséret*, una palabra de muy diverso uso, empleada también para designar los Diez Mandamientos.

Para su celebración la Ley prescribía un solo día, aun cuando se permitía hacer sacrificios en los seis siguientes; con el tiempo se llegaron a guardar dos días festivos, al igual que en las fiestas principales, días en los que ni se trabaja ni se hacen negocios. La víspera se hacían sonar las trompetas, cuernos y bocinas. El día de la fiesta la multitud se agrupaba en el atrio del templo, ofreciéndose los sacrificios. Los levitas cantaban canciones y tañían los instrumentos musicales mientras el pueblo cantaba el *Hallel* (Salmos 112-117 o 113-118, según sea la numeración de los salmos en las diferentes versiones de la Biblia). A continuación se ofrecían dos panes amasados con el trigo nuevo, junto con siete corderos de un año, un macho cabrío en sacrificio propiciatorio y dos corderos de un año en acción de gracias. Luego los sacerdotes bendecían al pueblo mientras los levitas hacían sonar la música. A continuación, el pueblo se arrodillaba y hacía su oración (*cfr.* Levítico 23). Los buenos israelitas hacían la entrega de las primicias en el Templo.

Pentecostés pasó del judaísmo al cristianismo conservando aquella nota característica de «día de las primicias», si bien adquiere un significado espiritual, por darse en ese día las primicias de la naciente Iglesia, con la llegada del Espíritu Santo. Los cincuenta días que transcurren desde la Pascua hasta Pentecostés son para Lucas el tiempo de maduración pascual de la Iglesia, estableciendo un paralelismo entre la Pascua, como símbolo de la resurrección de Cristo, y Pentecostés, como el tiempo pleno para mostrar la presencia de Jesús de forma universal.

Una vez más nos encontramos con una relectura de los textos bíblicos por parte de Jesús, de sus apóstoles o de los evangelistas; una relectura libre, interpretando el texto veterotestamentario a la luz de la nueva realidad espiritual de la Iglesia. La Escritura se va haciendo Palabra de Dios en la medida en que se identifica con la revelación llevada a cabo en Jesús de Nazaret, reconocido como el Cristo, el Verbo encarnado de Dios. De esa forma, Pentecostés se convierte en la fiesta fundacional de la Iglesia, centrada en Jesús y sellada por el Espíritu Santo.

Fiesta de los Tabernáculos

La fiesta judía de los Tabernáculos se celebraba a partir del día 15 del mes *tisrí* o *etanim* (septiembre-octubre), el mes primero del año civil, después de la vendimia y la recolección de las frutas, en memoria de la protección que Dios dispensó a los israelitas en el desierto, donde vivieron en tiendas o cabañas de follaje. Era la última de las tres festividades de peregrinación, conocida igualmente con los nombres de *hag hassuccot o skenopegia* (tiendas o enramadas), haciendo referencia a que se celebraba bajo tiendas de ramas verdes, en memoria de haber vivido en tiendas en el desierto por espacio de cuarenta años. Es conocida, igualmente, como *sukkot*, fiesta de Las Cabañas, o como fiesta de la Recolección. El significado etimológico de su denominación principal apunta a «morada», «presencia de Dios».

La festividad de los Tabernáculos, que se menciona por vez primera en Éxodo 23:16, tenía, al igual que las otras fiestas mayores, un significado doble. En el calendario agrícola de Canaán era el fin de las cosechas, cuando todo el mundo se trasladaba al campo viviendo en tiendas, con el fin de acelerar el trabajo y terminarlo antes de que llegaran las lluvias invernales. Una fiesta que servía para señalar la demarcación entre el viejo y el nuevo año. La Biblia recurre a esta razón histórica al prescribir que debe vivirse en un lugar provisional erigido especialmente para su celebración; es una forma de recordar los cuarenta años de vida errabunda de los israelitas en el desierto, en su marcha hacia la tierra prometida.

Era la fiesta de las rogativas para obtener de Dios las lluvias tempranas a fin de comenzar la próxima sementera, concretamente en la segunda parte del mes séptimo (Levítico 23:34), es decir, del 15 al 21 de tisrí. Esta fue la fecha escogida por Salomón para celebrar la inauguración del Templo. Jeroboam mandó que en su reino se celebrase el mes siguiente (1 Reyes 12:32,33). La fiesta duraba, según Levítico, siete días, aunque en realidad se prolongó posteriormente a ocho, de los cuales eran de descanso el primero y el octavo (Levítico 23:35,36).

El historiador Josefo dejó dicho que esta fiesta era «la fiesta más santa y más grande entre los hebreos» (*Antigüedades* 8, 4, 1). Para algunos autores se trata de un paradigma importante de liberación; de ser una celebración cananea netamente agrícola, se convertirá en una remembranza en forma de culto de los hechos liberadores. Al igual que el resto de fiestas mayores, la de las enramadas tendría un valor mnemotécnico, que les ayudaría a recordar que fueron esclavos en Egipto (Deuteronomio 16:12).

Con el paso del tiempo, como ocurre con todas las prácticas y celebraciones judías, la fiesta de los Tabernáculos sufre cambios, adaptándose a la evolución natural de Israel que pasa de ser un pueblo peregrino, eminentemente agrícola, al sedentarismo de una nación establecida en un territorio urbano. Así, pues, en lugar de la celebración en el campo, terminaron levantando sus tiendas en los terrados de las casas, en los jardines o en los patios, en los atrios del templo o en las plazas, cubiertas las techumbres con ramas de árboles.

Los sacerdotes se encargaron de elaborar una complicada liturgia que acompañaba todo el proceso de esta celebración, en la que no faltaban ciertas plantas aromáticas, cánticos de salmos, desfiles, visitas al Templo, sacrificios de corderos y de un macho cabrío para la expiación. Una fiesta de gran alegría que se convierte en la fiesta nacional por excelencia. Era, por otra parte, una ocasión de exaltación de la esperanza mesiánica. Según Deuteronomio 31:10-13 es, además, una fiesta de renovación de la alianza de Yavé con su pueblo.

Fiesta de las Trompetas

La fiesta de las Trompetas era una festividad de año nuevo, observada el primer día del séptimo mes del año sagrado, el cual correspondía al primero del año civil, es decir, el mes tisrí. Su origen es probable que sea babilónico, pues precisamente en ese día se reunía en Babilonia el *E-sa-gil* o *Esagila* (templo, término aplicado también al Consejo de los dioses), cuya misión era fijar el destino del mundo para ese año, haciéndose sacrificios con el fin de obtener un feliz año. En Israel fue perdiendo su sentido politeísta y antropomórfico, pero también se ofrecían sacrificios en ese día, pidiendo a Yavé un venturoso año.

Como festividad de año nuevo, no tiene un fundamento firme en el Antiguo Testamento en cuanto a ritual y fecha de inicio. Encontramos una única referencia en Levítico 23:24. Sin embargo, a principios de la era cristiana, la Mishná le dedica un tratado. Es una fiesta de neomenia (luna nueva), que abre un mes sobrecargado de festejos (Expiación, Tabernáculos) y perpetúa el recuerdo del antiguo año civil y religioso que comenzaba en otoño, alrededor de la fiesta de la recolección. Con todo, en el Antiguo Testamento, si bien las trompetas tienen un uso frecuente en determinadas celebraciones, no se encuentra rastro de esta fiesta, salvo el dato mencionado en Levítico.

El día primero de tisrí se anunciaba el comienzo del año con el sonido de las trompetas. Era un día santo, solemne, en el que estaba prohibido toda clase de trabajo. Posteriormente se añadiría un día más a la celebración. Eran ofrecidos a Yavé en holocausto, aparte de las ofrendas y sacrificios diarios y mensuales, un novillo, un carnero y siete corderos, con las ofrendas habituales de harina y vino, así como un macho cabrío por los pecados. Era una fiesta de preparación para el gran Día de la Expiación y en él se conmemoraba, según los rabinos, la obra acabada de la creación.

Enseñaban los rabinos que «en el *Rosh Hashanah*, año nuevo, cuando todos serán juzgados, habrá tres libros abiertos en el juicio celestial: uno el de los malos, uno de los justos y uno de los que están entre los dos. El destino de los justos está escrito y sellado: vida. El destino de los malos está escrito y sellado: muerte. El destino de aquellos que están entre los dos queda en duda desde el Rosh Hashanah hasta el *Yom Kippur*. Si durante esos días muestran su valía a través de sus hechos, son inscritos y sellados para la vida; y si no, son escritos y sellados para la muerte».[7] En el Talmud se dice: «En el año nuevo todas las criaturas pasan delante de Él como ovejas, tal como es declarado: es Él quien moldea el corazón de todos ellos y considera todas sus acciones».

El sonido prolongado y fuerte de la trompeta indicaba el descendimiento de Yavé al monte Sinaí (Éxodo 19:16-19), y su palabra era transmitida por medio de los profetas y servía, según la enseñanza de algunos teólogos cristianos, para anunciar la segunda venida de Cristo.

---

7. A. Hertzberg: *Judaísmo*; Plaza & Janés (Barcelona: 1963); col.: Las grandes religiones del hombre moderno.

En torno a esta festividad se han elaborado diferentes analogías desde la fe cristiana, estableciendo conexiones proféticas con la segunda venida del Mesías y el Juicio final. Es muy probable que Pablo tuviera presente esta fiesta en sus escritos haciendo, como era habitual, una relectura ajustada a las enseñanzas de Jesús. (*cfr*. 1.ª Tesalonicenses 4:16; 1.ª Corintios 15:51, 52). Tampoco resulta extraña esta festividad al autor del Apocalipsis (*cfr*. 8:2).

La fiesta de las Trompetas es, probablemente, una de las conmemoraciones judías que más juego ha dado en el campo cristiano a quienes tienen la inclinación de interpretar los hechos históricos de Israel, así como las fiestas y celebraciones judías, como si de anuncios proféticos se tratara, cuyo cumplimiento se relaciona de esta forma con la vida y las palabras de Jesús.

Día de la Expiación

Desde el punto de vista espiritual, nos encontramos con la celebración más relevante de Israel. El Yom Kippur, el gran Día de la Expiación era –sigue siendo– día de penitencia general para el pueblo de Israel, como preparación a la fiesta de los Tabernáculos que se celebra cinco días más tarde. Un día de reposo total y ayuno; con el tiempo el ayuno quedó como lo más significativo de ese día. Todos los israelitas, excepto los niños y enfermos, estaban obligados a ayunar rigurosamente, hacer oración, confesar sus pecados y clamar insistentemente a Dios pidiendo misericordia, hasta la puesta del sol. Este día está considerado como el día más santo y más solemne del año.

Las disposiciones que regulan su celebración se encuentran en Levítico, capítulo 16. Su solemnidad es el día 10 del mes tisrí. Únicamente el sumo sacerdote podía oficiar en esta ocasión, y únicamente en ese día se le permitía entrar en el Lugar Santísimo. Es el día de las grandes prohibiciones. «En el Yom Kippur, comer, beber, lavarse, ungirse con aceite, usar sandalias, cohabitar sexualmente está prohibido. Un rey o una desposada pueden lavarse el rostro y una mujer que ha parido puede usar sandalias, de acuerdo con el rabino Eliezer. Pero los sabios lo prohíben».[8] Las razones que justifican tanto rigor son: «Un solo día al año el hombre intenta servir a Dios, no como hombre, sino como ángel. Los ángeles ni comen ni beben y su única ocupación es exaltar a Dios y vivir a la vista de Él. Así, en el Yom Kippur (el día de la expiación)

---

8. *Mishná Yoma*, 8, 1, cit. Hertzberg, A., *ibid*, p. 131.

el judío ni come ni bebe nada, observa el más estricto de los ayunos e invierte todas sus horas en el rezo».[9]

El Día de la Expiación no se menciona antes del exilio, razón por la que algunos autores suponen que es una incorporación de la época del cautiverio babilónico, bajo la inspiración de Ezequiel. Por otra parte, está el hecho de que Esdras, en la enumeración de las fiestas solemnes con motivo de la nueva Alianza en 444 a. C., no la menciona. Babilonia celebraba cada año la fiesta de la expiación a fin de ponerse en buenas relaciones con sus dioses; igual se hacía en Atenas; y en Roma se celebraba cada lustro (cinco años), la *lustración* de la ciudad. No es de extrañar que, al igual que las festividades anteriores al exilio, esta fiesta tenga una indudable influencia cananea. Esta y otras celebraciones, incorporadas con posterioridad a la estancia en Babilonia, asimilan claras influencias de la cultura babilónica.

Con todo, se trata de una festividad que llegó a convertirse en una de las grandes celebraciones de los judíos, de tal forma que al comienzo de nuestra era la fiesta del Yom Kippur tenía tal importancia que era conocida como «el día entre los días», que es el nombre que lleva el tratado *Yoma* que le dedica la Mishná.

Como ya hemos mencionado anteriormente, las características principales de esta fiesta son penitencia, ayuno y descanso absoluto. Solo la fiesta del Yom Kippur tiene como escenario de celebración el Lugar Santísimo, la única ocasión en la que, como ya ha quedado mencionado, el sumo sacerdote podía entrar en ese recinto sagrado.

Incluye esta fiesta dos ceremonias diferentes en cuanto a espíritu y origen. Por una parte está el ritual levítico: el ofrecimiento de un toro en sacrificio por el pecado del sumo sacerdote y «su casa» (los sacerdotes aarónicos); a continuación, es inmolado un macho cabrío por el pecado del pueblo. Tanto con la sangre del macho cabrío como con la del toro, habría de introducirse el sumo sacerdote en el *Santo de los Santos* y rociar el propiciatorio, una vez incinerado.

Se trata de un reconocimiento de las ideas de pureza y valor expiatorio, característicos del Levítico, pero se añade un rito particular dependiente de otras concepciones: el ofrecimiento, por suertes, de los dos machos cabríos, uno a Yavé y otro para Azazel.[10] El primero sirve

9. *Ibid*, p. 130.
10. «'Azazel' (enemigo de Dios), significa "demonio" del desierto. Es el nombre del ángel caído en la mitología hebrea. Según la tradición de los rabinos, el macho cabrío era conducido a Bet Hadudu o a Bet Harudún, la actual Hirbet Haraldan, que domina el valle del Cedrón, a seis kilómetros poco más o menos de Jerusalén». (*Cfr.* R. de Vaux: *Instituciones del Antiguo Testamento*; Ed. Herder; Barcelona: 1964).

para el sacrificio del pueblo; el que queda con vida se presenta «delante de Yavé» sobre cuya cabeza pone las manos el sumo sacerdote, cargándolo con todas las faltas, conscientes o no, de los israelitas. Luego es conducido al desierto llevándose consigo los pecados del pueblo. Quien conduce el macho cabrío queda contaminado por su contacto y debe purificar su cuerpo y sus ropas para quedar inmune y poder reintegrarse a la comunidad.

Este rito tiene muchas semejanzas con otro desarrollado en Babilonia el quinto día de la fiesta de año nuevo, el 5 de nisán. En lo que al desierto se refiere, aparece como lugar de maldición e imagen del infierno, y de ahí también, sea simbólica o literalmente, como mansión de los espíritus malignos (*cfr.* Isaías 13:21; Apocalipsis 18:2; Tobías 8:3; Mateo 12:43).

La liturgia del Yom Kippur prescribe que se recite diez veces la confesión de pecados. Es característico del judaísmo que la confesión incluya más pecados de los que puede haber cometido el mayor de los pecadores y que no se haga en singular, sino en plural. El mensaje es que, en el sentido más profundo, cada uno de nosotros es responsable de los pecados de todos los demás. Terminada la ceremonia, el sumo sacerdote da lecciones derivadas de la fiesta y pronuncia diversas alabanzas. Y, finalmente, imparte la bendición solemne a todo el pueblo.

El Nuevo Testamento jamás hace referencia a ese rito para explicar el sacrificio de Cristo, en contra de lo que algunos han querido inferir: ni siquiera Hebreos 13:11-13 puede aplicarse con rigor teológico al sacrificio de Jesús.

La fiesta de la Dedicación del Templo

El origen de la institución de la fiesta de *Janucá*, también denominada de la Dedicación, lo encontramos en los escritos judíos más recientes (1 Macabeos 4:36-56). Se trata de la única fiesta cuya institución se relaciona con un acontecimiento histórico indiscutible. No obstante, también en este caso la crítica ha querido ver su origen mezclado con influencias paganas, si bien aquí con escasas posibilidades de éxito.

Para poder tener una idea amplia de su procedencia y significado, nos ocupamos de ofrecer algunas de las notas más características de la situación política que la provocó. A mediados del siglo II a. C. el territorio israelita estaba bajo el dominio de los diádicos, generales herederos de Alejandro Magno, que dio paso al Imperio seléucida en el Oriente Medio. Subió al trono Antíoco IV (175-163), que se hizo llamar Epífanes

('Dios Manifestado'), entusiasta de la cultura griega, empeñado en propagar sus fiestas en sus dominios. Promulgó un edicto prohibiendo la práctica de la religión judía; los infractores eran castigados severamente y, a veces, con la pena de muerte. El Templo de Jerusalén se convirtió en santuario de Zeus Olímpico, ordenando Antíoco que se emplazara en el sitio una estatua del dios Zeus, a la que los judíos piadosos denominaron «la cosa abominable que causa horror». Se dice que la estatua presentaba el rostro del propio monarca. El día 25 del mes de *casleu* (*kisiew, kislev*) del año 167 o 168 a. C., según sea la fuente, fueron ofrecidos sacrificios paganos en el que había sido lugar sacrosanto de Yavé. El Templo se llenó de meretrices y se celebraron orgías tumultuosas. Como burla sacrílega, sobre el altar se derramó sangre de un cerdo, según algunas fuentes o, según otras, fue sacrificada una cerda, lo cual añadía mayor agravio al sacrilegio. Nunca antes había acontecido una cosa semejante, ni aún en las épocas de los malvados Acaz y Manasés cuando, a pesar de los desvíos, la adoración a Yavé continuaba en su templo. El altar idolátrico comenzó a construirse el 15 de casleu, inaugurándose solemnemente el 25 del mismo mes, por hacerlo coincidir con el natalicio del rey y las fiestas de Dionisio (2 Macabeos 6:7).

La fiesta de la Dedicación, o de Janucá, fue establecida por Judas Macabeo para conmemorar la purificación del Templo tres años después, una vez rescatado del dominio extranjero, labor iniciada por su padre Matatías, en la que se vieron enrolados sus cinco hijos de una forma activa y eficaz.

La Mishná solo le dedica alusiones, silencio que se explica por la hostilidad de los ambientes ortodoxos contra los asmoneos (nombre dado a los macabeos y sus descendientes). Los rabinos no querían favorecer una fiesta que había sido instituida por ellos. Pero la fiesta se hizo popular y los tratados rabínicos posteriores dan a propósito soluciones casuísticas y explicaciones peregrinas para justificarlo. Esta festividad guarda gran semejanza con la de los Tabernáculos.

Desaparecido el Templo, la celebración continúa, ahora en las sinagogas. La ceremonia consiste en ir encendiendo progresivamente las luces del candelabro de ocho brazos a lo largo de los días que dura la festividad. Se comienza el primer día por encender una sola luz de la Janucá, terminando por encender todas las luces al llegar al octavo y último día de la celebración. La tradición judía habla de un milagro en el que pudo encenderse el candelabro del Templo durante ocho días consecutivos con una exigua cantidad de aceite que alcanzaba solo para un día. Esto dio origen a la principal costumbre de la festividad.

La plegaria que va unida al acto es una oración de gratitud denominada *Por los milagros*, dirigida al Eterno agradeciéndole su protección al pueblo de Israel en los días de Judas Macabeo. Los fieles dan las gracias fervorosamente: «Hiciste que los débiles vencieran a los fuertes, los escasos a los numerosos». Y, rememorando el momento triunfal de la reinstauración del Santuario, exclaman: «Tus hijos penetraron en tu Palacio, purificaron tu morada santa y encendieron luminarias en tus atrios». En esta fiesta se leen públicamente los libros primero y segundo de Macabeos.

Cada día, a partir del 25 de casleu, se recita el Hallel (Salmos 112-117 o 113-118, según sea la numeración de los salmos en las diferentes versiones de la Biblia) y se lee una parte del Pentateuco. El sábado se lee el capítulo del libro de Números referente al candelabro de oro y el pasaje de Zacarías (capítulos 2 al 4). Se ofrecen sacrificios pacíficos acompañados de música y cánticos. A causa de la iluminación de las casas y sinagogas se llama también «Fiesta de las Luces». Recibe igualmente el nombre de «Fiesta de la Inauguración», «de la Renovación» y, como ha quedado reflejado en el epígrafe de inicio, «de la Dedicación». Llegó a convertirse en la gran fiesta de invierno. Es el día en el que los niños disfrutan de regalos, dulces y juegos especiales.

La fiesta de Purim

Los persas tenían la costumbre de echar suertes cuando tenían que tomar alguna decisión sobre cualquier asunto. Una vez decidida la suerte, era infrecuente que se volvieran atrás, aun cuando el resultado fuera contrario a sus deseos, o el cambio de circunstancias aconsejase una solución diferente. De ahí arranca el origen de la fiesta de *Purim*. «En el mes primero, que es el mes de nisán, en el año duodécimo del rey Asuero, fue echada Pur, esto es, la suerte delante de Amán, suerte para cada día y cada mes del año; y salió el mes duodécimo, que era el mes de *adar*» (Ester 3:7). Las intrigas palaciegas y los rencores de la reina Vasti y su valido Amán llevan al rey a emitir un decreto contra los judíos que señalaba que el día 13 del mes de adar, en todas las provincias de su imperio, se procediera a la matanza de todos los judíos.

Intrigas hay en una parte e intrigas en la parte contraria. Ester, que con la ayuda de Mardoqueo consiguió finalmente desplazar a Vasti y ocupar su lugar como esposa del rey Asuero, interviene delante del rey y logra que Amán sea condenado y ahorcado, consiguiendo Mardoqueo ocupar el lugar de privilegio que ostentara Amán. De nuevo fueron enviados correos reales a todas las provincias, autorizando a los judíos para defenderse el día 13 de adar.

Cuando llegó la fecha prevista, 13 de adar, los judíos mataron a muchos de sus enemigos, obteniendo Ester del rey que, en Susa, la capital, la matanza continuara el día 14. Después de esa matanza, los judíos descansaron el día 14 y en Susa el 15, celebrando día de alegría y festín. Mardoqueo escribió estos sucesos y ordenó que, todos los años, los días 14 y 15 de adar se celebraran festejos, cambios de regalos y socorros a los indigentes.

No haremos aquí ninguna valoración histórica o de carácter ético acerca de este relato; tan solo cabe recordar la importancia que tiene aproximarse a la Biblia, especialmente a los relatos del Antiguo Testamento, sabiendo que es preciso someterlos a una relectura que nos ayude a entender su significado y, sobre todo, la aplicación que puede tener a los efectos de ser considerados como mensaje divino. Sea como fuere, los hechos descritos, aun en forma resumida, son, a su vez, los que dan soporte a la fiesta de Purim.

Se trata de la fiesta más alegre del calendario judío; una fiesta que se celebra con grandes algarabías y extraordinaria alegría, así como intercambio de presentes entre parientes y amigos. Lamentan algunos autores[11] que la fiesta degenerara más tarde en una especie de carnaval. En esa fiesta, naturalmente, se lee el rollo *La Megillá de Ester* en las sinagogas. Cuando sale el nombre de Amán se arma un gran estrépito. Los adultos palmotean y patalean, los niños golpean los bancos con martillos y todos gritan «exterminado sea su nombre», haciendo sonar cencerros ruidosos. La comida y la bebida forman parte relevante de esta fiesta. Los rabinos concedían que se podía beber hasta no poder distinguir entre «maldito sea Amán» y «bendito sea Mardoqueo». Más tarde se añadió la práctica de disfrazarse, de modo que los Purim vinieron a ser el carnaval de los judíos.

Ante lo agresiva que resulta la historia narrada en el libro de Ester (por cierto, el único libro del Antiguo Testamento, junto con el de Nehemías, del que no se ha encontrado ningún fragmento en las cuevas del mar Muerto), se ha tratado de fijar su origen en Babilonia, dándole una explicación mitológica. Mardoqueo y Ester serían la pareja divina Marduk e Istar; Amán y Vasti, la pareja de dioses elamitas Umán y Masti, significando el relato de victoria del dios de

---

11. Puede consultarse J. B. Holzammer y I. Schuster: *Historia de la Biblia*. Tomo i, Ed. Litúrgica Española S. A. (Barcelona: 1946), p. 727.

la luz contra el dios de las tinieblas; Vasti reina 180 días, el tiempo del invierno. Y así, algunos otros paralelismos y simbolismos parecidos de indudable interés.[12]

La fiesta aparece por primera vez en 2 Macabeos 15:36 como «el día de Mardoqueo», fijado el 14 de adar. Esta fiesta no requería ningún sacrificio litúrgico, lo cual explica también su origen en país extranjero. En una época que no puede precisarse, se iniciaron reuniones en las sinagogas, durante las cuales se leían los capítulos 22-44 de Génesis. En el mismo día se destinaba dinero y especies a los pobres a fin de que también ellos pudieran celebrar la fiesta. Estaba prescrito un ayuno, en recuerdo del que observaron los judíos antes de la intervención de Ester cerca del rey de los persas. «El Templo puede faltar, pero el Purim jamás», es un proverbio judío.

Sábado

Dejamos para el final de este capítulo, no por ser de menor importancia, sino por su especificidad, el descanso sabático, posiblemente el signo más emblemático de Israel como nación y del judaísmo como religión. El sábado es el séptimo día de la semana, cuyo significado se vincula con la idea de cesar, pararse y, en sentido amplio, descansar. Otra corriente relaciona la palabra con un término acadio que significa «estar lleno».

Todos los códigos legales del Antiguo Testamento hacen referencia al sábado: el Decálogo (Éxodo 20:8-11; Deuteronomio 5:12-16), el Código de la Alianza (Éxodo 23:12), la Ley de Santidad (Levítico 23:3; 26:2) y el Código Sacerdotal (Éxodo 31:1217, 35:1-3 y otros). El Decálogo lo presenta como una institución social que tiende a favorecer sobre todo a los más débiles, a los inferiores y hasta a los animales domésticos.

Se declara como un día santo que pertenece a Yavé, por lo que no es compatible con el trabajo. Números 28:9 prescribe los sacrificios que han de ofrecerse el sábado. El primer relato de la creación vincula el descanso en sábado con el descanso de Dios por el trabajo de seis días; se trata de una institución divina.

Sin embargo, no existen evidencias de que la institución del sábado fuera conocida en Israel antes de Moisés, a quien se le atribuye la aplicación del precepto sabático. En realidad no está claro su origen. Algunos autores lo vinculan a las tribus semíticas nómadas;

---

12. Para un mayor detalle, R. de Vaux, *op. cit.*, pp. 645 ss.

otros buscan su origen en Babilonia; para otras fuentes se trata de una tradición recibida de los cananeos y, posteriormente, asimilada por los israelitas. Algunos creen que Moisés tomó la idea del sábado como día de descanso de los madianitas-quenitas. Sea como fuere y cual fuere su origen, lo cierto es que el sábado se convierte en un día emblemático para Israel.

La complicada casuística con que finalmente se arropa el descanso en sábado, determinando minuciosamente los detalles a tener en cuenta, incluidos los pasos que se podían dar en sábado, o la prohibición de defenderse en sábado ante un ataque enemigo, lo que posteriormente sería abolido, así como otras reglas que han llegado hasta nuestros días, es labor de los sacerdotes, levitas y rabinos posteriores.

La escrupulosidad normativa que marca la Mishná acerca de las prohibiciones que es preciso tener en cuenta en sábado es interminable. Por poner un solo ejemplo que debe resultar familiar a los lectores del Nuevo Testamento, en tiempos de Jesús los fariseos consideraban como violación del descanso en sábado el hecho de arrancar y restregar unas espigas, llevar a cuestas el camastro de un tullido o la curación de un enfermo, lo cual pone en evidencia, una vez más, cómo Jesús, al aproximarse a estos textos, lleva a cabo una relectura de las Escrituras, distinguiendo en los libros sagrados lo sustancial de lo adulterado.

En realidad, antes del destierro, el sábado era simplemente un día de fiesta y regocijo dedicado al culto divino; con posterioridad al exilio, las instituciones religiosas lo transforman en un signo de identificación de Israel entre los pueblos. Después del destierro, Nehemías actuó enérgicamente contra los transgresores del precepto del sábado (*cfr.* Nehemías 13:15-22).

Una vez más, y sobre todo en un tema tan sustancial para la tradición judeocristiana como es el referido al día de descanso, llamamos la atención de nuestros lectores acerca de lo importante que es leer el texto en su contexto, es decir, hacer una relectura ajustada a cada libro, a cada circunstancia y a cada época o situación en la que haya sido escrito. En el caso que nos ocupa, saber que no tiene idéntico valor normativo lo referido al sábado si se encuentra en un pasaje preexílico, posexílico, de la época macabea o en tiempos de Jesús. Y no es lo mismo leerlo bajo el prisma judío que bajo la posición cristiana, aún encontrándose en la Biblia todos y cada uno de los hechos a los que hacen referencia los pasajes. Se impone, una vez más, llevar a cabo una relectura bíblica.

Calendario judío

Los judíos se regían por dos calendarios distintos: el sagrado y el civil. El primero empezaba en nuestro marzo-abril (según la luna), el mes de la redención de Israel de Egipto, mientras que el año civil empezaba en septiembre-octubre, al principio de la sementera. Los profetas empleaban el año sagrado, pero los comerciantes, agricultores y el resto de profesiones que integraban la vida cotidiana usaban el año civil.

El año se dividía en doce meses lunares, a los que se añadía uno adicional aproximadamente cada tres años. Hasta el retorno del cautiverio de Babilona, los meses se distinguían solo por número, salvo el primero, que se llamaba abib, o sea, «el mes de las espigas verdes», o nisán, «el mes de la huida» (*cfr.* Ester 3:7). El primer mes del año sagrado era aquel cuya medialuna seguía el equinoccio de la primavera.

Puesto que el año judío consistía en 354 días, distribuidos en 12 meses de 30 y de 29 días alternativamente, faltaban casi once días y cuarto para completar el verdadero año solar, de modo que en un ciclo lunar de 19 años, el error llegaría a ser como de 213 días y cuarto. Para corregir esta tendencia, se intercalaba el mes de *ve-adar* (el segundo adar) que se añade al mes adar de siete años de ciclo. La intercalación del mes adicional era anunciada por los sacerdotes cuando observaban que, de no prolongarse el tiempo, las primicias de la cosecha de cebada no podrían presentarse el día 16 de nisán.

* * *

Podrían añadirse otras fiestas menores a las ya mencionadas: *Shavuet*, fiesta de la entrega de la Torá; de Acra; conmemoración de la destrucción de Jerusalén; ofrenda de la leña; día de Nicanor; otros ayunos especiales; el año sabático; el año jubilar, y otras incluso ya más modernas, pero entendemos que sobrepasa la finalidad que nos hemos propuesto, si bien hacemos referencia a alguna de ellas en el calendario que ofrecemos a continuación. En dicho calendario se indica la correspondencia entre año sagrado, año civil, nombres dados a cada mes, relación con nuestro calendario y festividades celebradas en esas fechas.

Calendario judío y festividades

Año sagrado	Año civil	Nombre	Relación con nuestro calendario	Día	Festividad
1	7	Abid o nisán (30 días): Ex 12:3; 13:4; Esd 7:9; Neh 2:1; Est 3:7. Mes de las espigas verdes.	marzo-abril	14	La Pascua. Se inmola un cordero.
				15-21	Días del pan sin levadura.
2	8	Iyar (ijar) o zif; primitivamente ziw o zio (29 días): (1 R 6:1). Mes del esplendor, o de las flores	abril-mayo	16 (o 17, si el 16 es sábado)	Presentación primicias cosecha cebada. Desde esta fecha se cuentan las siete semanas hasta Pentecostés.
				14	La segunda Pascua para quienes no pudieron celebrar la primera.
				23	Fiesta de Acra. Establecida por Simón Macabeo (141 a. C.).
3	9	Siván o sibán (30 días): Est 8:9.	mayo-junio	6	Pentecostés. Primicias del trigo y de toda la tierra.
4	10	Tamuz o adonis (29 días).	junio-julio		
5	11	Ab (30 días): Esd 7:9.	julio-agosto	9	Conmemoración construcción Jerusalén(duelo y ayuno).
				15	Ofrenda de la leña (Nehemías 10:34, 13:31).

Año sagrado	Año civil	Nombre	Relación con nuestro calendario	Día	Festividad
6	12	Elul (29 días): Neh 6:15.	agosto-septiembre		
7	1	Tisrí (tisrhí) o etanim (30 días): 1 R 8:2.	septiembre-octubre	1	Año nuevo (Ro's ha-sanah). Fiesta de las Trompetas.
				10	Día de la Expiación (Yom Kippur).
				15-21	Fiesta de los Tabernáculos (Sukkot). Primicias vino y aceite.
8	2	Marschesvan (marqueshvan), maarsuan o bul (30 días): 1 R 6:38. Mes de las lluvias.	octubre-noviembre		
9	3	Quisieu, kislev o casleu (30 días): Zac 7:1; Neh 1:1.	noviembre-diciembre	25	Fiesta de la Dedicación del Templo.
10	4	Tebet (29 días): Est 2:16.	diciembre/enero		
11	5	Sebat, schebat o sabbat (30 días): Zac 1; 7.	enero-febrero		
12	6	Adar (29 días): Esd 6:15.	febrero-marzo	13	Día de Nicanor. Desde tiempos de Judas Macabeo hasta siglo VIII. Eclipsado por coincidir con Purim.
		Ve-adar (segundo adar).		14-15	Fiesta de Purim

4. Prácticas judías más relevantes

No siempre resulta sencillo distinguir entre la cultura concreta de un pueblo determinado y los principios universales de conducta o los valores básicos de una determinada confesión religiosa. El judaísmo está impregnado de cultura babilónica, cananea, egipcia, siria, persa, griega; a su vez, ha influido culturalmente en el cristianismo; el cristianismo europeo, por su parte, tanto el español como el inglés o el irlandés, ha marcado indeleblemente a las iglesias surgidas en el continente americano, así como a las de otros lugares adonde envió sus misioneros. Los conquistadores cristianos han afrontado sus gestas en el pasado con la Biblia en una mano y la espada, símbolo del poder, en la otra; y otro tanto han hecho los musulmanes con el Corán, por referirnos tan solo a las dos grandes religiones monoteístas.

Las misiones protestantes contemporáneas, tanto procedentes de Gran Bretaña como las que han tenido su origen en los Estados Unidos, han predicado un Evangelio envuelto en la cultura anglosajona; y algo semejante hacen en la actualidad las misiones latinoamericanas que llevan de vuelta el Evangelio a Europa, proyectando una mezcla de la cultura del norte del continente que ellos mismos han recibido y asimilado como propias con las nuevas incorporaciones ideológicas de trasfondo latino.

Resulta utópico pensar que puede predicarse una determinada religión de forma aséptica a pueblos que tienen una cultura diferente. Nuestras tradiciones y nuestras costumbres forman parte indeleble de nuestra personalidad y no siempre resulta sencillo distinguir si su origen forma parte del corpus doctrinal con vocación de trascendencia, o se trata de adherencias culturales que muy bien pudieran ser sustituidas por otras, en función del medio cultural en el que se desenvuelvan.

Lavarse las manos antes de comer o enjuagar los pies al huésped que se recibe en nuestra casa; ingerir o no determinados alimentos; utilizar vino o mosto como parte de las libaciones litúrgicas; orar a Dios de rodillas, de pie, con las manos en alto o de bruces en el suelo; la prohibición de mezclar alimentos lácteos con otros cárnicos; cubrirse la cabeza parcial o totalmente según sea hombre o mujer el feligrés... Son algunos ejemplos que forman parte de costumbres que nada tienen que ver con el propósito final de establecer comunicación con Dios. Se trata de normas profilácticas unas, dietéticas otras, de urbanidad o simplemente de respeto algunas de ellas, que pueden tener un profundo sentido en determinados contextos sociales y ambientes culturales o religiosos, mientras que en otros carecen de significado. Normas impuestas en sociedades teocráticas, por lo regular gobernadas por criterios religiosos, para conseguir de esa forma que su cumplimiento sea más efectivo y se dejen sentir sus efectos beneficiosos.

Nos ocuparemos aquí brevemente de algunas de las prácticas judías que o bien tienen un gran significado para el propio judaísmo, o bien han sido transferidas en alguna forma a la religión cristiana, o bien se trata de costumbres y prácticas que se prodigan en el Antiguo Testamento o Nuevo Testamento y pueden ser motivo de inquietud para los lectores actuales de la Biblia. Algunas de ellas como el *Bar Mitzvah* o, de tradición más reciente, el *Bat Mitzvah* («hijo de los Mandamientos»), son la ceremonia que se hace a los niños, la primera, y a las niñas, la segunda, al cumplir los doce años de edad en el caso de las niñas y los trece en el de los niños, símbolo de que ya son religiosamente adultos, formalizando su pertenencia a la comunidad judía. A partir de ese momento, los niños son considerados responsables de sus actos. Algunas ramas del cristianismo tienen una ceremonia que pudiera encontrar su antecedente en la práctica judía mencionada: la confirmación, que suele practicarse, igualmente, en la adolescencia a los creyentes que recibieron el bautismo siendo niños y, una vez llegados a esa edad, desean confirmar su fe por ese medio.

Hay cuatro prácticas del Viejo Testamento de las que vamos a ocuparnos, precisamente con el propósito de remarcar la idea central que seguimos en este ensayo, que pretende hacer relevante la necesidad de leer y valorar el texto en su contexto, un contexto social e incluso religioso, que no es estático, y no lo es, especialmente, en el papel que para el cristianismo ocupan las Escrituras.

Circuncisión

La práctica de la circuncisión no es algo exclusivo de los judíos. Culturas africanas, amerindias y australianas la practican. Los judíos la tomaron, probablemente, de los egipcios, entre quienes era una costumbre habitual en el imperio antiguo. No la practicaban los filisteos y los pueblos cananeos, ni los asirios. Los israelitas la aplicaron solo a los niños varones. Consiste en la ablación completa del prepucio que cubre el glande del miembro viril.

Nadie discute que su origen está motivado por razones médicas; a ello se une, en determinados entornos, un significado propio de rito de pubertad, ceremonia de iniciación o consagración al matrimonio. En Israel se establece que sea practicada a los ocho días de su nacimiento, confiriéndole un sentido religioso. Su práctica se atribuye a Abraham, y se concibe como señal de la alianza (*cfr*. Hechos 7:8), como signo de sumisión a Yavé (*cfr*. Éxodo 4:25) o de pertenencia a la comunidad religiosa (*cfr*. Éxodo 12:48). Para los israelitas es un signo distintivo con respecto a otros pueblos. Con el paso del tiempo, la ceremonia fue acompañada de la imposición de nombre, como signo de identidad.

Hasta tal punto la circuncisión se convierte para los judíos en un ritual religioso que, muy pronto, *incircunciso* es un término equivalente a inútil o rebelde; alcanzó un sentido metafórico (árboles incircuncisos, incircunciso de labios, de oído, de corazón). En ese sentido metafórico es *releído* o interpretado de forma reiterada por los autores del Nuevo Testamento. Pablo, por ejemplo, polemiza apasionadamente con quienes querían aplicar el rigor de la norma a los gentiles convertidos a Cristo (*cfr*. Romanos 4:12; Gálatas 2:2, 5:6, 6:15; Colosenses 2:11).

El tema fue formalmente presentado en el Concilio de Jerusalén (*cfr*. capítulo 15 de Hechos de los Apóstoles); después de un duro debate, sería finalmente adoptado un acuerdo para liberar a los nuevos creyentes no pertenecientes a Israel de esa costumbre. Fue una forma de separar el cristianismo del judaísmo y convertirlo en una religión autónoma y universal. Si Pablo se hubiera doblegado a las exigencias de los tradicionalistas de origen judío y no hubiera hecho una relectura de esta práctica ceremonial, el cristianismo podría haber sido otra cosa; sencillamente, una rama más del judaísmo, tal y como era visto por los romanos.

Dentro de la Iglesia cristiana, el bautismo ha sustituido de algún modo a la circuncisión. También el islam conoce y practica esta ceremonia como signo de iniciación, purificación o fecundidad.

Poligamia

Una de las costumbres que hoy en día más llama la atención a los lectores del Antiguo Testamento, desde una cultura occidental contemporánea, es la concepción de familia que sustentaban los patriarcas del pueblo hebreo, especialmente en lo que al matrimonio se refiere; más concretamente, la práctica institucionalizada de la poligamia.

Salvo algunas excepciones, como ocurre con los mormones y otros grupos sectarios, los lectores literalistas de la Biblia no suelen plantear ninguna objeción en aplicar un criterio contextualizado en este tema y arguyen que se trata de una costumbre extendida en aquella época que no hay razones suficientes para trasladarla a nuestro tiempo. Es decir, aceptan el método de releer la Biblia para aplicar su enseñanza y contenido a nuestros días, pero se niegan a utilizar ese mismo criterio en lo referido a otros pasajes de la Biblia, igualmente conflictivos, aunque sea por razones diferentes, pasajes propios de la cultura hebrea o, incluso, de culturas que nada tenían que ver con el pueblo hebreo.

Siempre ha habido sectores, incluso algún padre de la Iglesia como Agustín de Hipona, que han procurado encontrar explicación a la poligamia de los patriarcas bíblicos; Agustín lo justificaba a causa de cierta necesidad reproductiva de aquellos tiempos, aunque sostenía como criterio a seguir mantener una sola esposa.

En la cultura en la que se desenvuelven los patriarcas, el matrimonio no es un asunto ni religioso ni civil, sino un tema puramente privado entre dos familias; ni siquiera los contrayentes son protagonistas de su propio destino, sino los padres de ambos. Se trata de una transacción entre familias, semejante a la que podía hacerse con otras propiedades, como el ganado o un bien raíz. Tanto el Pentateuco como el resto de las Escrituras plantean una extensa casuística en torno a la práctica de esta costumbre, en cuyo análisis no vamos a detenernos, no porque resulte falto de interés, sino porque se desvía de objetivo central de nuestro estudio.

En la cultura del Antiguo Testamento hay un fin claro y determinante para el matrimonio: la procreación de los hijos, sobre todo varones. La falta de hijos es una desgracia y un peligro para la estabilidad del matrimonio, ya que la mujer puede ser repudiada u orillada al no cumplir con su fin primordial. Hay que tener en cuenta estas ideas para poder entender la práctica de la poligamia y otras costumbres anexas, como el levirato, propias de una época y un determinado contexto social. El amor como elemento central del matrimonio, no es relevante en esa época, aunque pueda producirse y desarrollarse en el ejercicio de la vida en común.

El Antiguo Testamento presenta como algo normal que el hombre pueda tener dos, tres o cuatro esposas, aparte de otras concubinas o, incluso, esclavas. En algún caso especialmente llamativo, como es el de Salomón, el total entre esposas y concubinas resulta incontable. El número de esposas, que marca el nivel del estatus social del hombre, solo está limitado por razones económicas, aunque llegó a fijarse en cuatro como máximo. No existe en la Biblia, por el contrario, ninguna referencia a casos de poliandria.

Una vez más hay que recordar que el Antiguo Testamento ni, por extensión, el conjunto de la Biblia, presenta un pensamiento único sobre este y otros temas referidos a las costumbres y prácticas relacionadas con el judaísmo, entre otras razones porque dependen en muchos casos de la época en la que se produzcan. Efectivamente, también podemos observar en el propio texto bíblico cómo evoluciona hacia la monogamia la idea que sobre el matrimonio van adquiriendo las nuevas generaciones, una práctica que ya es un hecho jurídicamente normalizado en la época de Jesús. La sociedad grecorromana en la que se desarrolla el cristianismo era formalmente monógama.

Sírvanos lo dicho para afianzar nuestra tesis que reivindica la necesidad de aplicar a la lectura de la Biblia criterios selectivos a partir de una hermenéutica neutra que nos ayude a analizar el texto de forma objetiva, dentro de su contexto, precisamente para poder encontrarnos directamente con la Palabra de Dios.

Esclavitud

Otro tema conflictivo que se proyecta del Antiguo Testamento al Nuevo Testamento y plantea una seria confrontación con nuestro código ético y jurídico actual es el referido a la esclavitud. Las Escrituras no solo conviven con esta práctica abominable que repugna la sensibilidad de nuestra sociedad occidental, al margen de los principios o prácticas religiosas que se cultiven, sino que la asumen como algo normalizado y estructurado en las normas tanto jurídicas como éticas que rigen la vida del pueblo que se identifica como pueblo escogido por Dios.

En Israel, al igual que ocurría en los pueblos vecinos, los prisioneros de guerra no israelitas eran vendidos como esclavos. Había mercados de esclavos en Tiro, Gaza, Akko... Intermediarios dedicados al comercio de esclavos eran los fenicios, ya que a los israelitas les estaba prohibido el mercado de personas. También los israelitas podían caer en la situación de esclavitud bajo otro israelita, si bien había modos de redención.

En tiempos de Jesús, la esclavitud entre los judíos era una institución normalizada. Incluso Jesús introduce en alguna de sus parábolas la figura del esclavo (*cfr*. Mateo 24:4551 y otros). En el contexto del Nuevo Testamento, nos encontramos con un Pablo que no muestra ninguna actitud crítica a la relación amo-esclavo existente entre Filemón y Onésimo, aunque, sin señalar una condena explícita, enfatiza la necesidad de incorporar las buenas prácticas del amor fraternal (*cfr*. epístola a Filemón).

Se trata, pues, de un tema que conduce, nuevamente, a plantear la necesidad de contextualizar y releer el texto con un sentido renovado, que ayude a separar la enseñanza esencial de la envoltura con la que se presenta, ya que mantener el criterio de que la esclavitud es una institución sancionada bíblicamente y, por lo tanto, que es lícito que siga en vigor, como han defendido cristianos de todo cariz eclesial hasta fechas muy recientes,[13] muestra el fanatismo y la contumacia con los que algunas personas pretenden justificar en unos casos sus intereses y, en otros, su ignorancia.

Desde la mentalidad occidental del siglo xxi, y a la luz de la Declaración Universal de los Derechos Humanos, resulta absolutamente inconcebible e inaceptable pensar que haya cristianos que sean capaces de justificar la esclavitud mediante el texto bíblico, por muy fundamentalistas que sean o por muy biblistas que se definan. Resulta lógico concluir que la esclavitud no se compadece con la enseñanza de Jesús, quien no hace acepción de personas y que, por esta razón, en manera alguna puede estar en los planes de Dios, ya que no existen unas razas superiores a otras con el derecho de esclavizar a quienes consideran inferiores, aunque sigan existiendo personas que están dispuestas a defender esta idea.

Al establecer un criterio semejante al mencionado en el párrafo anterior, se está realizando una relectura del texto bíblico de cuya nueva lectura se deriva que no todas las palabras, relatos, costumbres e incluso normas que aparecen en la Biblia son Palabra de Dios, sino que muchas de ellas son el ropaje con el que los autores se expresan, utilizando el lenguaje, las costumbres, las leyes y las ordenanzas propias de su época, mejorables, en todo caso, como se ha demostrado con el paso del tiempo.

Sacrificios

Los sacrificios son una práctica común en la gran mayoría de las religiones, siempre considerados como «cosa santa», como ofrenda a la divinidad; una forma de establecer comunión entre el oferente y Dios. Sus raíces son tan profundas y extendidas en culturas diversas que resultaría tedioso e innecesario entrar en excesivos detalles acerca del origen y alcance de esta práctica.

En Israel los sacrificios de animales vivos suelen ir acompañados de la imposición de manos del sacerdote, símbolo de esa comunión entre

13. Sobre este tema, invitamos a los curiosos lectores a leer nuestro libro *Protestantismo y derechos humanos*, ADG-N-Universidad Carlos III (Valencia: 2011), especialmente el apartado dedicado al protestante Julio Vizcarrondo y Coronado (pp. 160-164), defensor del abolicionismo en la España del siglo xix.

el hombre y Dios, que se lleva a cabo con la intermediación sacerdotal, quien sustituye en esta práctica al padre de familia. La víctima, un cordero o un carnero, según los casos, ocupa en el acto sacrificial el lugar de quien ofrece el sacrificio, sea a título personal o colectivo, por lo que adquiere un sentido expiatorio para reparar la falta cometida y borrar las impurezas del pecado, que vuelve al estado de inocencia. En otras ocasiones la víctima es una o varias palomas. Se trata, pues, de un sacrificio vicario que sustituye a la antigua costumbre, heredada de culturas mesopotámicas, del sacrificio de seres humanos, especialmente de los hijos primogénitos.

Los israelitas, en su origen, así como los babilonios, los egipcios y otros pueblos vecinos, mantenían la creencia de que la divinidad necesitaba alimentarse y creían que por este motivo tenían que ofrendarle alimentos. Y esa creencia se proyecta en la convicción de que, ingiriendo parte de esos alimentos una vez dedicados a la divinidad, se está siendo partícipe y receptor de una gracia especial que los identifica con el dios receptor de la ofrenda. En esa idea ambivalente se mueve el Salmo 59:9-13, en el que se escenifica una especie de disputa entre Dios y su pueblo, si bien en los textos más tardíos el sacrificio físico va percibiéndose de forma diferente, como signo de un sacrificio espiritual, de «olor grato», algo que sí agrada a Dios.

El sacrificio frustrado de Isaac, según la tradición judía, o de Ismael, conforme a la creencia islámica, por parte de Abraham, su padre, pone de manifiesto una práctica que ha sido común en muchas culturas y, entre otras, también entre los ancestros de Israel: el sacrificio de seres humanos para calmar o dar satisfacción a la divinidad.

Los patriarcas viven ideológicamente conectados a las culturas en las que se han desenvuelto, pero muy pronto Israel comienza a desarrollar una percepción diferente en lo que a Yavé se refiere. Incluso en la monarquía de Saúl, época en la que siguen siendo muy frecuentes los sacrificios vinculados a las prácticas antiguas, el profeta Samuel pone el dedo en la yaga en torno a ese tema: «¿Se complace Yavé tanto en los holocaustos y víctimas como en que se obedezca a las palabras de Yavé? Ciertamente, el obedecer es mejor que los sacrificios, y el prestar atención, que la grosura de los carneros» (1 Samuel 15:22). Con todo, el pueblo no estaba aún preparado para entender y asimilar el alcance de estas palabras que muestran un progreso importante en la percepción de la revelación divina, pero que todavía no ha sido interiorizado suficientemente, algo que, a pesar de la insistencia de algunos profetas, no sería fácil de asimilar.

En Israel los sacrificios adquieren igualmente un sentido de ofrenda; se llevaban a cabo también por medio de oro, plata, aceite, harina, pan y otros objetos y productos valiosos, sin olvidar la práctica precedente de ofrecer a los propios hijos, como ya hemos apuntado (*cfr.* Miqueas 6:7; Jueces 11:29-39; 1 Reyes 16:34; 2 Reyes 16:3, 21:6). Estos sacrificios se ofrecen como cumplimiento de promesas hechas a Yavé, siguiendo con ello no solo el ejemplo no consumado del patriarca Abraham, sino una costumbre que durante mucho tiempo permaneció siendo habitual entre los hebreos.

Estos hechos nos reafirman en la necesidad de hacer una relectura crítica de esos textos que se encuentran tan alejados del mensaje, de la ética y de la enseñanza de Jesús. Es preciso distinguir, una vez más, entre revelación divina e interpretación humana. Resulta evidente que a los israelitas les costó trabajo entender que Yavé abominaba los sacrificios humanos (*cfr.* Levítico 18:21; Jeremías 7:31) y, por extensión, el resto de sacrificios cruentos.

Una vez que los hebreos dejaron de ser nómadas y se convirtieron en agricultores y ganaderos estables, introdujeron como sacrificio u ofrenda a Yavé los primeros y mejores frutos del campo, árboles y ganados, es decir, las primicias, lo cual supone un significativo progreso en la comprensión del mensaje de Dios, quien lo que realmente está demandando de su pueblo no es otra cosa que la sumisión completa a su voluntad; sumisión que, una vez pasada por el tamiz de la revelación suprema en Jesucristo, se interpreta como una adoración «en espíritu y en verdad» (*cfr.* Juan 4:24) en la que incluso los sacrificios de animales son excluidos.

La legislación sacerdotal llegó a distinguir entre sacrificio de alabanza, sacrificio de voto, sacrificio voluntario, sacrificio de purificación, sacrificio de reparación, sacrificio expiatorio por los pecados y otras muchas intenciones o finalidades. El más importante y trascendente de todos es el sacrificio por el pecado o, dicho con otras palabras, un sacrificio para reparar la lesión a los derechos de Yavé o de un semejante, que lleva implícito el sacrificio de expiación, algo que tiene raíces profundas en la cultura y en la religión judía, una enseñanza que será proyectada nítidamente al cristianismo, si bien ahora adquiere una dimensión propia en la persona de Jesús.

El acto supremo del cristianismo –la muerte de Jesús en la cruz– no podría comprenderse si no lo relacionamos con los antecedentes judíos, entendiendo que el sacrificio litúrgico, cualquiera sea la forma que adquiera, es un signo del sacrificio interior mediante el cual el ser humano se entrega a sí mismo a Dios; un sacrificio de índole espiritual. La enseñanza de Jesús es que él ha venido al mundo para ocupar el papel de chivo expiatorio en el lugar de la humanidad. En algunas de las tradiciones cristianas se perpetúa el sacrificio mediante la eucaristía, si bien se define como un sacrificio incruento.

5. La mujer en Israel

Veamos ahora el papel de la mujer en la Biblia y su proyección en la sociedad actual. La Biblia, aparentemente, afirma que la mujer debe estar sometida a su marido. Lo dice Pedro, un judío ortodoxo de esos que hoy diríamos que defienden sus convicciones a machamartillo: «Asimismo, vosotras, mujeres, estad sujetas a vuestros maridos» (1.ª Pedro 3:1). Pablo, a quien muchos críticos han tachado de misógino, a pesar del himno a la igualdad que evoca en la Carta a los Gálatas 3:28 («Ya no hay judío ni griego; no hay esclavo ni libre; no hay varón ni mujer; porque todos vosotros sois uno en Cristo Jesús»), escribe en los términos siguientes a los corintios: «La mujer no tiene potestad sobre su propio cuerpo, sino el marido; ni tampoco tiene el marido potestad sobre su propio cuerpo sino la mujer» (1.ª Corintios 7:4); un texto que plantea un plano de igualdad hombremujer, utilizando un lenguaje poético. Dividir el versículo y quedarnos con una sola parte, sería una aberración interpretativa que nos conduciría a establecer una exegesis errónea. Pablo, en este texto, no establece ningún tipo de jerarquía del hombre sobre la mujer ni de la mujer sobre el hombre.

Más conflictivo resulta, sin embargo, el versículo 34 del capítulo 14 de la misma epístola: «Vuestras mujeres callen en las congregaciones; porque no les es permitido hablar, sino que estén sujetas, como también la ley lo dice». Y, por último, 1.ª Corintios 11:7-9, donde el Apóstol de los gentiles se expresa en los términos siguientes: «El varón […] es la imagen y gloria de Dios; pero la mujer es gloria del varón. Porque el varón no procede de la mujer, sino la mujer del varón, y tampoco el varón fue creado por causa de la mujer, sino la mujer por causa del varón…», un texto subordinado claramente al mito del edén, en el que la mujer es creada de una costilla del varón.

Si tanto la Epístola a los Gálatas como las enviadas a los corintios fueron escritas por el mismo Pablo y, en una primera lectura, encontramos en ellas un mensaje tan contradictorio, tendremos que sospechar que alguna clave interpretativa se nos está escapando. Una vez más, la sospecha hermenéutica y la contextualización, así como la precaución de no tropezar en la trampa de formular doctrinas o criterios teológicos basándose en versículos aislados, debe guiar nuestra exegesis a fin de no caer en un saduceísmo manipulador del texto.

Insistimos en que al hablar del Antiguo Testamento y no digamos si además incluimos el Nuevo Testamento, estamos haciendo referencia a un largo período de tiempo y, por ello, de diferentes situaciones políticas y sociológicas. Añadir, por otra parte, que no es lo mismo la época patriarcal (Abraham, Isaac, Jacob), que la de los jueces; ni es igual la época de los jueces que el período posterior al regreso de la deportación, cuando se va conformando el judaísmo como religión y se establecen reglas muy rigurosas; ni es comparable esa época con la de los macabeos o el período de dominio romano.

Si perdemos de vista esta suma de realidades, nos veremos abocados a problemas de interpretación semejantes a lo que supondría mezclar y confundir la sociedad y los escritos de la Patrística con los de la Edad Media y la escolástica, o con las demandas sociales y culturales en el contexto religioso del siglo XXI; o la Iglesia de Roma de corte medieval con la Iglesia que surge de la Reforma o la que dibuja el Concilio Vaticano II.

Por lo regular, en el antiguo Israel las mujeres compartían con los hombres la gracia de Dios como miembros de la comunidad del pacto. Participaban en la actividad religiosa, en el culto del pueblo y, en casos excepcionales, asumían papeles de dirección. Tenemos ejemplos muy elocuentes de mujeres que ejercieron funciones relevantes, como fueron María la profetisa, hermana de Aarón; Débora, en época de los jueces; Hulda, durante el reinado de Josías; Rebeca y las doncellas; Noemí, Ruth, Ester... Más adelante, en la época en la que se configura el judaísmo como religión, el papel de la mujer se va opacando progresivamente hasta llegar a posiciones irrelevantes.

Con todo, la realidad es que la mujer siempre ocupa un lugar de segundo nivel, como ocurre, por poner un ejemplo, en el caso de las herencias. La ley permitía que la mujer heredara las propiedades del padre cuando este moría sin heredero varón si la hija cumplía ciertas condiciones (por ejemplo, casarse con un varón de la tribu). En general, las mujeres vivían en la sombra en el Israel del Antiguo Testamento como en el del Nuevo Testamento. Era un mundo masculino. El ambiente cultural era claramente patriarcal: los hombres gobernaban y las mujeres obedecían en todos los aspectos decisivos de la vida. Una hija permanecía bajo la autoridad del padre hasta que quedaba bajo la autorizad del hombre a quien había sido dada en matrimonio.

El derecho de ser dada a un hombre le pertenecía al padre. La mujer era una pertenencia como lo eran la casa, los animales o los esclavos. Era costumbre que el novio pagara por la esposa con dinero, con animales o con trabajo (*cfr.* el caso de Jacob). La mujer se convertía en propiedad del hombre. Si el hombre, una vez casado, encontraba «alguna indecencia» en la mujer, podía extenderle carta de divorcio y arrojarla de su casa (*cfr.* Deuteronomio 24:1). No ocurría algo semejante en los casos contrarios. Bajo la autoridad del marido se requería estricta fidelidad. La ley concedía muy pocos privilegios a la mujer.

Una mujer que no daba hijos a su marido, que era estéril, era considerada una fracasada y podía ser repudiada. Si tenía recursos, siempre le quedaba la opción de tener hijos por delegación a través de sus esclavas (¿vientres de alquiler?), como fue el caso de Sara.

En el templo erigido por Salomón y en el que posteriormente levantaron los repatriados que regresaron del cautiverio bajo Ciro, concedieron a la mujer los privilegios del pacto de pleno estatus, pero con el paso del tiempo la situación volvió a ser de exclusión. En el templo edificado bajo el mandato de Herodes, las mujeres fueron excluidas del patio de los hombres. Josefo, en su libro *Antigüedades,* menciona el área destinada a las mujeres en el Templo y usa para describirlo la misma palabra que los griegos usaban para referirse al harén. Ese lugar estaba ubicado más alejado del lugar santísimo y unos escalones más bajo.

Las sinagogas fueron construidas de tal forma que los hombres y las mujeres no podían estar en contacto. La mujer ni siquiera era contada como miembro de la congregación. Para que existiera una congregación, era necesario que tuviera, por lo menos, diez hombres; nueve hombres más todas las mujeres de Israel no era suficiente. Mujeres, niños y esclavos debían guardar silencio en las asambleas litúrgicas.

Se consideraba como una pérdida de tiempo dar una esmerada educación religiosa a las mujeres. «El que enseña la ley a una hija le enseña lujuria» (rabino Eliezer ben Hyrcanus (45-117 d. C., uno de los más prominentes rabinos de la época). Esta situación produce en el judaísmo un manifiesto desprecio hacia las mujeres, tal y como se refleja en la oración matutina siguiente: «Dichoso aquel cuyos hijos son varones y desdichado aquel cuyas hijas son mujeres».

Las mujeres no están capacitadas para enseñar a nadie, ni siquiera a los niños. Su testimonio no es válido. (Una curiosidad: Pablo no menciona a las mujeres cuando hace recuento de los testigos de la resurrección, aunque las primeras en verlo fueran mujeres, tal y como nos muestra 1.ª Cor 15: 5-8).

Hay evidencias de que estaba muy mal visto mantener una conversación con una mujer en la calle, fuera del hogar. Esta costumbre condujo a establecer reglas restrictivas para regular su aparición en público. Es conocido el dicho del rabino Judá ben Elaí, que muestra el desprecio hacia las mujeres: «Uno debe pronunciar tres doxologías diarias: ¡Te alabo, Dios, porque no me hiciste pagano! ¡Te alabo, Dios, porque no me hiciste mujer! ¡Te alabo, Dios, porque no me hiciste analfabeto!». Las mujeres fueron enseñadas a orar simplemente: «¡Te alabo, Dios, porque me has creado!». Al ser creado superior como persona, el hombre tenía que gobernar y la mujer tenía que obedecer.

Partiendo de este contexto histórico, resulta altamente sorpresivo y de una tremenda relevancia el trato que Jesús dio a las mujeres de su entorno a partir de una relectura bíblica que conduce a posturas radicalmente diferentes a las que propugnaban los rabinos con las Escrituras en la mano.

En cuanto a los textos mencionados anteriormente, formando parte ya del Nuevo Testamento, se deja sentir, además, la postura personal de sus autores. Pedro, apenas si ha salido del ámbito cultural de Galilea, de un entorno de pescadores y con un temperamento rigorista, autoritario y excluyente hacia quienes no piensan y actúan como él. Pablo, por su parte, es un rabino con amplia formación intelectual, viajero incansable, conocedor de otras culturas y él mismo ciudadano romano. Por otra parte, no debemos perder de vista que los textos mencionados están dirigidos a tres colectivos diferentes y diferenciados entre sí; colectivos que atraviesan circunstancias sociales y personales distintas y plantean problemas concretos, a los que los autores de las cartas pretenden dar respuesta.

Pues bien, esos textos, escritos hace más de veinte siglos, hay que situarlos en nuestro medio social si queremos que sigan teniendo un mensaje liberador para las gentes de nuestra generación; hay que contextualizarlos y hacerlos inteligibles a una sociedad en la que nos regimos por una Declaración Universal de los Derechos Humanos que establece un plano de absoluta igualdad entre hombres y mujeres; una sociedad en la que el concepto «dominio», sea del hombre hacia la mujer o viceversa, está seriamente sancionado como algo aberrante. Una sociedad como la nuestra, en la que muchísimas familias están siendo sostenidas por el esfuerzo y el trabajo de las mujeres y no pocas instituciones públicas son regidas por mujeres en un plano de igualdad con los hombres, en unos casos, y superioridad en otros.

El ejemplo de Jesús, una vez más, es elocuente. No se conforma con seguir las pautas marcadas por una lectura restrictiva de los textos sagrados. Rompe con el patrón machista implantado no solo entre los judíos, sino también en otras culturas contemporáneas (¡y en la nuestra!) y afronta el tema de la mujer a partir de una relectura de los textos que le llevan a implantar un comportamiento radicalmente diferente. El hecho de que entre sus discípulos y seguidores se encontrara un grupo de mujeres, algunas pertenecientes a un nivel social respetable y otras de dudosa reputación, supone una revisión crítica de los textos referidos al sometimiento y dependencia de la mujer con respecto al varón; pero el hecho más relevante es que habla con ellas, las instruye, se entrevista con ellas en solitario y mantiene relaciones de amistad.

Vamos a hacer referencia a algunos ejemplos concretos en relación con el papel asignado a la mujer. En primer lugar, nos referimos a la creación recordando, antes de nada, que el texto de Génesis que nos introduce en el inicio de los tiempos se supone que pudo ser escrito en su formato original en el siglo IX a. C, si bien en su formato actual está fechado entre el 950 y el 500 a. C.; es decir, no se trata de un relato notarial de testigos presenciales, sino de la transmisión de un mito (téngase en cuenta la definición positiva que anteriormente hemos hecho del concepto «mito», a fin de no darle un sentido peyorativo) en un determinado lenguaje y en un contexto social específico.

Se dice que Dios había creado a la mujer con un propósito: «ser ayuda idónea» para el varón (*cfr*. Génesis 2:4–3:24); y se añade que la responsabilidad derivada de la desobediencia a Dios fue exclusivamente de la mujer, a la que se percibe como fuente de problemas –el prototipo de la perdición del varón–, por lo que era normal que se tomaran precauciones para acercarse a ella y, en cualquier caso, debería estar sometida al varón, tema que se encargan de recordar frecuentemente los propios varones (*cfr*. Proverbios 5:1-23; 9:13-18).

Otro estereotipo transmitido de generación en generación, por supuesto con el correspondiente soporte bíblico, al que ya nos hemos referido, hace referencia a que la mujer es propiedad del varón y, consecuentemente, tiene que estar sometida o bien al padre, o bien al esposo, o bien, en última instancia, al hermano o pariente más cercano. Y encontramos un rosario de textos que avalan esta postura, aunque el más significativo está en el propio Decálogo, en el que la mujer es presentada, junto a la casa, al siervo, al buey y al asno como propiedad ajena que, todos ellos por igual, no deben ser deseados por el devoto judío.

Una forma añadida de sometimiento era considerar a las mujeres como impuras (*cfr*. Levítico 15:19-30), con lo cual no solo eran aisladas socialmente, sino que fueron excluidas del sacerdocio y de participar en el Templo al mismo nivel que los varones. En resumen, a la mujer se la convierte en un ser inferior, fuente de problemas e impurezas a quien no debe tenerse en cuenta fuera de las funciones propias de su sexo, es decir, dar satisfacción a su marido, parir, criar hijos y atender el hogar.

Toda esa herencia cultural y normativa acompaña a Jesús durante su vida. En pocas palabras, el mensaje es que la mujer es inferior al hombre. Pues bien, Jesús no se conforma con la lectura rabínica de los textos sagrados y hace una lectura liberadora de todos esos pasajes hasta dotar a la mujer de una dignidad similar a la del varón y, basándose en esa relectura, la sitúa a idéntico nivel. Sin embargo, a pesar del ejemplo, sus propios discípulos tuvieron dificultades para entender la enseñanza del Maestro; incluso Pablo, el más liberal, cae en tópicos culturales al demandar que «la mujer calle en la congregación» (*cfr.* 1.ª Corintios 14:34-35) hasta que vuelve a «caer del caballo», cuando escribiendo a los cristianos de Galacia les dice: «… no hay varón ni mujer: porque todos vosotros sois uno en Cristo Jesús» (Gálatas 3: 28).

Con independencia del peso de la cultura y de las tradiciones, Jesús pasa por alto los estereotipos que han ido formándose en torno a la mujer, supuestamente apoyados en el texto sagrado. Percibimos el cambio de interpretación que realiza aun a pesar de que nos aproximemos a su conducta y actuación a través de fuentes escritas por varones que se expresan con un lenguaje sexista que nubla parcialmente el sentido de la narración. Esos textos hablan de «niños», de «discípulos», siempre en masculino y, a lo largo de veinte siglos, los teólogos que han explicado el texto han hecho una lectura igualmente masculina argumentando falazmente que actúan en conformidad con lo que determinan las Escrituras.

No dejamos de apreciar y valorar en lo que significa que Jesús da un trato distintivo y respetuoso a la mujer y, con ello, hace una lectura de las Escrituras que no se ajusta a los cánones transmitidos por la propia Torá, explicados y afianzados por la Mishná judía.

CAPÍTULO III
El mundo grecorromano

Importa, y mucho, conocer el contexto histórico en el que se forma y desarrolla el pueblo de Israel, así como su configuración ideológica, política y social, para comprender algunas claves necesarias que nos ayuden a entender el contenido de la Biblia, especialmente los libros que integran el Antiguo Testamento. Pero no resulta menos importante tomar conciencia de cuál era el mundo en el que se estructura y desarrolla el nacimiento de Jesús y la elaboración del Nuevo Testamento, ya bajo dominio del Imperio romano.

Se trata de un tema sobradamente estudiado y conocido por los expertos que se ocupan de trasladar el contenido de las Escrituras al lenguaje y a la cultura de nuestros días, pero escasamente tomado en consideración por los lectores menos avezados en las ciencias bíblicas, ya que estos lectores suelen caer en la trampa de leer los libros del Nuevo Testamento con idénticas claves interpretativas, en lo que a contexto social y religioso se refiere, que leen los libros del Antiguo Testamento. Por nuestra parte, fieles en el empeño propuesto de aproximar al lector al mundo bíblico, ofreceremos algunas pistas en torno al ámbito geográfico, político, social, cultural y religioso, que identificamos como el mundo del Nuevo Testamento. Tan solo unas notas básicas, ya que el tema, repetimos, ha sido ampliamente tratado por especialistas a los que los lectores más avezados o con mayor nivel de curiosidad pueden acudir y consultar.[1]

1. Sociedad helenista

Es un hecho aceptado de forma universal que los libros del Nuevo Testamento están enraizados en los valores de antiguas sociedades

---

1. Por no marear al lector con una dilatada bibliografía sobre el tema, que existe, pero innecesaria a todas luces en este contexto, nos limitamos a recomendar un solo libro escrito por dos de los biblistas españoles contemporáneos más conspicuos: Antonio Piñeiro y Jesús Peláez, *El Nuevo Testamento*, Ediciones el Almendro de Córdoba, S. L., (Madrid: 1995), que brinda a los lectores más exigentes un documentado tratado sobre el tema de forma exhaustiva.

mediterráneas que se han nutrido a su vez de una herencia transcultural muy diversa en la que confluyen virtudes y vicios orientales y aportes renovadores de la civilización grecorromana. Por consiguiente, para entender el texto resulta indispensable el conocimiento del alcance que tienen esos valores y su influencia en la elaboración del texto neotestamentario en los inicios del cristianismo. Recordamos que un texto leído fuera de su contexto suele conducir a interpretaciones erróneas, cuando no a lamentables herejías.

Los documentos más antiguos dan testimonio de la existencia de cristianos procedentes del judaísmo que mostraban dos tendencias enfrentadas entre sí: los conservadores, aferrados a las tradiciones judías, y los liberales o progresistas, abiertos a la influencian grecorromana, influidos a su vez por la cultura helena en su conjunto. Los unos asidos al idioma arameo, mientras que los otros cultivaban la lengua griega como vehículo de cultura y comunicación intelectual.

Nos encontramos, por consiguiente, con un mundo cosmopolita en el que conviven tres culturas claramente diferenciadas en su origen: la oriental, la griega y la romana. Tres culturas que se han fundido en una sola, motejada despectivamente por los judíos ortodoxos, que se esfuerzan en mantener sus raíces culturales sin contaminar, como propia de gentiles, sinónimo de no judío. En realidad, la cultura griega había penetrado la cultura del Imperio en todas sus dimensiones: social, mercantil, religiosa, artística, filosófica y familiar, por lo que el mundo en el que se desenvuelve el cristianismo, aun siendo judío en sus inicios, está fuertemente afectado por la cultura griega y romana, es decir, nace y se desarrolla en el marco grecorromano.

La filosofía griega se deja sentir de forma prevalente en el mundo romano, que aporta por su parte valores organizativos, políticos, administrativos y jurídicos, pero que no es capaz de imponerse en el ámbito filosófico. Incluso la lengua griega es a la sazón una lengua de uso prácticamente universal. Hasta tal punto que los libros del Nuevo Testamento, aun siendo de autores judíos, fueron escritos en lengua griega, a pesar de ser Roma el corazón del mundo latino. En la Palestina contemporánea se hablaban cuatro lenguas: hebreo, arameo, griego y latín, prevalentemente el arameo hablado y el griego escrito. Algunas fuentes plantean la posibilidad de que determinados proto-Evangelios fueran escritos en arameo, una idea que otros autores matizan afirmando que el idioma utilizado en algunos de esos libros es en realidad una mezcla, lo que denominan judeogriego, lo cual pone de manifiesto el ámbito de penetración de la cultura helena.

El poder era de Roma, pero la cultura estaba bajo la influencia griega fuertemente vinculada a la herencia oriental. Los griegos modelaron la vida intelectual de romanos y judíos, así como la de otros pueblos incluidos en la llamada *pax romana*.

La cultura grecorromana se convierte, de esta forma, en el vehículo de expansión del cristianismo ya que, como hemos indicado, la influencia griega dominaba la cultura del mundo civilizado; un mundo políticamente romano y culturalmente griego. Así, pues, el mundo del Nuevo Testamento se desarrolla bajo dos influencias determinantes: el judaísmo como substrato común, el helenismo y el romanismo como marco político, jurídico y social.

En cuanto a la comprensión de la literatura del Nuevo Testamento, además de precisar el idioma en el que cada uno de los libros fue escrito, nos ayudará a situar y entender su contenido el delimitar el contexto literario en el que se produce. A esos efectos Piñeiro y Peláez señalan como referentes necesarios para entender el contexto en el que se produce, lo siguiente: «El marco histórico-cultural, los influjos más lejanos de la religión irania, la herencia de la Biblia hebrea, la literatura qumránica, los escritos apocalípticos, la literatura rabínica con sus métodos de interpretación de la Biblia, el movimiento gnóstico y la cultura helenística». Y añaden: «A la luz de este contexto, se iluminan los textos del Nuevo Testamento, haciéndose notar unas veces las coincidencias con otros movimientos religiosos de la época y otras, marcando las diferencias y poniendo de relieve la originalidad de los nuevos planteamientos».[2] Una llamada de atención que nos hace valorar la importancia de acudir a la lectura de la Biblia, en este caso del Nuevo Testamento, con respeto, rigor y humildad, aprovechando las valiosas aportaciones que ponen a nuestro alcance las ciencias bíblicas y sociales para un mejor entendimiento de las Escrituras.

El mundo mediterráneo de cultura grecolatina en el que se configura el Nuevo Testamento es un mundo compacto política, jurídica y socialmente bajo el dominio romano; existe, igualmente, un marco religioso común, aunque plural, en el que se respetan, por lo regular, las creencias y las prácticas religiosas de las culturas prerrománicas, salvo el culto emergente al emperador que trata de convertirse en el aglutinante identitario del Imperio y que sería el causante de tantos martirios cristianos.

---

2. *Ibid.*, p. 207.

2. Jerusalén en tiempos de Jesús

Jerusalén es el símbolo y el corazón de la nación hebrea antes, durante y después de Jesús. Con el fin de situarnos en el marco en el que discurrió la vida de Jesús y establecer una perspectiva del lugar donde da comienzo la Iglesia cristiana y desde donde, probablemente, se escriben algunos libros o los primeros fragmentos del Nuevo Testamento, nos ocupamos ahora de ofrecer unas pinceladas descriptivas sobre la llamada Ciudad Santa en la época de Jesús. Es y ha sido la ciudad judía por excelencia desde época inmemorial.

En tiempos de Jesús, Jerusalén formaba parte de la provincia romana de Judea; era el centro religioso y cultural de Palestina, tanto de los residentes como de los judíos de la diáspora. Políticamente, la provincia de Judea y demás provincias judías estaban sometidas a la autoridad del gobernador de Siria y dependían de ella. Las autoridades romanas exigían tributos personales y territoriales para el césar y aportes en especie para el mantenimiento de sus tropas de ocupación. Los romanos oprimían al pueblo judío hasta la extenuación y Jerusalén era el escenario principal de los abusos romanos y, consecuentemente, de todo tipo de revueltas. Los propios líderes religiosos hacían la situación aún más onerosa a causa de las cargas que hacían recaer sobre el pueblo. Efectivamente, la casta sacerdotal formaba parte de una élite de familias acaudaladas, por lo regular bien avenidas con el poder romano, que contribuían a crear un clima de permanente crispación.

Especialmente en la época en la que se escriben los Evangelios y las cartas paulinas, la exaltación patriótica ha llegado hasta tal extremo que provocará entre los judíos una rebelión contra los poderes dominantes que culminaría en la guerra del 66-73, que convirtió en ruinas la ciudad, arrasó su templo y produjo tal diáspora de israelitas que pareció sentenciar para siempre la desaparición de Israel.

Una de las características de Jerusalén es que se trataba de una ciudad amurallada. El lugar más prominente y símbolo de la nación hebrea era el Templo, construido en el monte Moria, que ocupaba más de la quinta parte de la superficie de la ciudad, si bien en tiempos de Jesús aún estaba sin terminar de construir. En la parte exterior del recinto sagrado se hallaba el Patio de los Gentiles o Explanada de los Gentiles, lugar reservado a los extranjeros.

Jerusalén se dividía en aquella época en dos grandes núcleos, la zona alta, ubicada al oeste, y la zona baja. La característica fundamental de ambas zonas era que en ellas se disponían los bazares o puestos de venta de los distintos grupos de artesanos y comerciantes, unidas las dos por un enjambre de calles transversales que constituían un auténtico laberinto. En esa red de callejuelas, la mayoría sin empedrar y sumidas en un pestilente olor, mezcla de aceite quemado, guisotes y orines arrojados al centro de la vía, se hacinaban miles de viviendas, casi todas de una sola planta.

El contraste entre ricos y pobres se hacía patente. Las dos calles principales desembocaban finalmente en otra mucho más ancha, llamada la calle de la Piscina porque confluía en la famosa piscina de Siloé. En las zonas de paso, como los portones y las proximidades de las murallas, se disponía también otro grupo numeroso de gentes en aquellos días presentes en todas las ciudades: los mendigos (cojos, lisiados, leprosos, ciegos…).

Jerusalén era el centro de la vida política judía. La gran atracción que ejercía sobre los extranjeros se explica por estos tres hechos: era la antigua capital, la sede de la Suprema Asamblea y la meta de las peregrinaciones festivas. En la Suprema Asamblea tenía sus sesiones el Sanedrín, que, por su origen y naturaleza, era la primera autoridad del país y cuya competencia se extendía a todos los judíos del mundo. Así era por lo menos teóricamente; su prestigio de suprema instancia le garantizaba el ser escuchado por todos los judíos, aunque difícilmente podía usar medios coercitivos fuera de Judea.

Así, pues, dada la importancia de Jerusalén como centro de la vida política judía acudían a ella numerosas personas, tanto por asuntos públicos como privados. Y la importancia política de la ciudad también influyó directa e indirectamente en el comercio. Por su parte, el Templo atraía tres veces al año a Jerusalén a enormes multitudes de peregrinos. Sobre todo en la Pascua, acudían judíos de todas partes del mundo, aunque resulta difícil hacerse una idea de la cuantía de los congregados con motivo de las tres fiestas anuales de mayor relevancia. Un número aproximado puede ser 125 000 peregrinos para la fiesta de Pascua y unos cincuenta mil habitantes propios en la ciudad. Es decir, que la afluencia de peregrinos casi triplicaba a la de la población local.

3. El gnosticismo

El sistema de comunicación tan dinámico establecido por Roma en su imperio (son famosas aún en nuestros días las huellas de las calzadas romanas en territorio español) permitió establecer una interrelación dinámica desde el punto de vista religioso, facilitando notablemente la extensión de las ideas cristianas. La escena que recoge la experiencia de

Pablo en Atenas en torno al altar erigido al dios no conocido es paradigmática al respecto (*cfr*. Hechos 17:23). Pero entre todas las tradiciones y prácticas religiosas que circulaban en los tiempos en los que se establece y expande el cristianismo, destaca con luz propia el *gnosticismo*, que plantea la existencia humana en sus aspectos positivo y negativo como el resultado de una lucha entre dos posturas espirituales contrarias.

Igualmente destacable son las enseñanzas gnósticas sobre los ángeles y su concepto en torno a la salvación, que muestra la idea de un hombre divino preexistente, depositario del poder, que desciende del cielo para salvar a los hombres. Temas cruciales en el contenido del Nuevo Testamento, novedosos en cuanto a la herencia del Antiguo Testamento se refiere.

La palabra 'gnosis' nos remite a la idea de «conocimiento religioso revelado», un término conectado con una sabiduría suprahumana otorgada por la divinidad a una élite de escogidos. El desarrollo y extensión del gnosticismo, filosofía-religión de procedencia indoirania, cuyos vestigios están muy presentes en las antiguas creencias persas, se produce y extiende en el ámbito mediterráneo, pareja al cristianismo, en el siglo I. Y hasta tal punto llegan a mezclarse gnosticismo y cristianismo en esa primera etapa de la expansión cristiana, que ambas formas de pensamiento llegaron a identificarse como una sola, hasta que el gnosticismo fue declarado herético, superada la etapa de ambigüedad en la que alcanzó un gran prestigio entre muchos intelectuales cristianos.

Procurando ser muy sintéticos, digamos que el gnosticismo defendía la idea de que los seres humanos se salvan no por el sacrificio de Cristo, sino por el conocimiento (*gnosis*) de la divinidad. Una mística que, como ya hemos apuntado, se forma a partir de las creencias orientales vía Persia y de la filosofía griega, especialmente el platonismo. Su concepción dualista del bien frente al mal, del espíritu frente a la materia, de dos seres supremos enfrentados entre sí, del cuerpo frente al alma, contrasta con la creencia unitaria procedente de la cultura hebrea, incidiendo en buena medida en la configuración dogmática del corpus doctrinal del cristianismo.

Una lectura atenta de los libros del Nuevo Testamento, especialmente los más tardíos, permiten descubrir huellas de la presencia del gnosticismo en su elaboración en unos casos y, en otros, una notable influencia de la filosofía griega, como es el caso del Evangelio de Juan.

Hasta tal punto llega a convivir el gnosticismo con el cristianismo en los primeros siglos, que bien puede hablarse de un «gnosticismo cristiano», si bien estructurado en diferentes escuelas. Escapa de nuestro propósito hacer una exposición detallada de sus énfasis doctrinales y su influencia en determinadas doctrinas condenadas posteriormente como heréticas (docetismo, adopcionismo) o el papel relevante del demiurgo,[3] fuera de lo ya expresado anteriormente, destacando la creencia muy arraigada en el ámbito cristiano de los primeros siglos del papel relevante de la gnosis, el conocimiento, un don reservado a los iniciados, para penetrar en los arcanos divinos.

El lector avezado del Nuevo Testamento no debe perder de vista la existencia de este tipo de creencias que, directa o indirectamente, están presentes en la mente de sus autores con el fin de aprender a discriminar el mensaje evangélico de sus adherencias culturales.

4. La religión en Roma

El mundo grecorromano está habitado por infinidad de dioses de diferentes tipos. Cada gremio, cada colectivo social, cada pueblo, incluso cada familia, tenía sus propios dioses, en muchos casos íntimamente ligados a la magia y a la angelología o demonología. La culta y vanguardista ciudad de Atenas (cfr. Hechos 17: 16-23) es uno de los paradigmas más destacados de politeísmo, llegando incluso a levantar un altar dedicado a ese dios que, sin conocerlo, piensan que deben venerar. Los romanos llegaron a adoptar el panteón de dioses griegos, si bien cambiándoles de nombre para adaptarlos a su propio trasfondo cultural. En el mundo del Nuevo Testamento, en contraste con el monoteísmo del pueblo hebreo, la superstición religiosa y la magia eran algo habitual.

Debido a la expansión del Imperio y a la falta de dioses propiamente nacionales, los romanos fueron abriéndose al sincretismo copiado de Oriente, cobrando protagonismo las nuevas divinidades. Además, de los dioses griegos, Roma adoptó a dioses etruscos y de otras procedencias orientales, para terminar acogiendo, después de un largo período de persecución e intolerancia, al cristianismo.

La religión en la Roma imperial tiene un carácter comunitario y social, de tal forma que los individuos entran en relación con los dioses desde la pertenencia a su comunidad. Para participar del culto es

---

3. En la filosofía platónica y gnóstica, el demiurgo es el artífice o alma universal que es principio ordenador de los elementos preexistentes, antítesis y culmen de la degeneración progresiva de los seres espirituales, y origen del mal. En su maldad, el Demiurgo crea el mundo, la materia, encadenando la esencia espiritual de los hombres a la prisión de la carne. En este escenario se libra una batalla entre los principios del bien y el mal, la materia (apariencia) y el espíritu (sustancia).

indispensable pertenecer al cuerpo de ciudadanos, lo que implica que practicar la religión romana no es el resultado de una creencia o elección personal, sino de la situación social. Como consecuencia de ello, la mayoría de los ciudadanos se limita a asistir y consentir, mientras que el protagonismo de la ceremonia corresponde al sacerdote o al magistrado que la preside y que actúa como representante de la comunidad. Las fiestas religiosas son la manifestación máxima del carácter colectivo de la religión.

Cada ciudad tenía sus propias fiestas dedicadas a cada una de las divinidades protectoras. El calendario estaba en íntima relación con ellas, pues había una sucesión de fiestas vinculadas a las estaciones y al ritmo agrícola y de la guerra. No se establecía distinción entre festividades religiosas y festividades civiles; el sentimiento religioso se confunde con la devoción a la *Polis* y al Estado. En las fiestas de la comunidad es donde ritos y mitos encuentran una completa trabazón. Las fiestas y los ritos marcan las etapas de la vida del individuo y los ciclos anuales, de la vida en común.

Por lo regular, las religiones en Roma, al igual que en Grecia, se manifiestan en las prácticas del culto y en unos relatos que conocemos como mitos. En torno a los centros de culto se desarrollan complejos mítico-rituales. El mito trata de explicar el conjunto de actos del ritual y dar cuenta del origen del culto.

El caso de culto más emblemático al que podemos hacer referencia, por las connotaciones que muestra con respecto al cristianismo, es el del dios Mitra, dios del Sol de origen mesopotámico, que pasó a formar parte del Imperio romano en el año 62 a. C. y compitió con el cristianismo hasta el siglo IV. Se le representa como un hombre joven, con un gorro frigio, matando con sus manos un toro.

El culto a Mitra se desarrolló como una religión mistérica, y se organizaba en sociedades secretas, exclusivamente masculinas, de carácter esotérico e iniciático. Gozó de especial popularidad en ambientes militares. Obligaba a la honestidad, pureza y coraje entre sus adeptos. No son pocos los autores que establecen una cierta conexión entre los rituales cristianos y los practicados en el mitraísmo, especialmente en lo que se refiere al bautismo, debido al rito mediante el cual los que se iniciaban en la religión de Mitra, recibían un baño de la sangre del toro sacrificado sobre una parrilla bajo la cual se situaba el prosélito. Su culto estaba muy extendido entre el ejército. La práctica del mitraísmo, como la de todas las religiones paganas, fue declarada ilegal en el año 391 por el emperador Teodosio.

Por último, haremos una mención al culto al emperador. Una vez fallecidos, era frecuente que los emperadores romanos fueran venerados como dioses; incluso algunos de sus familiares también eran divinizados. En el 44 a. C., Julio César permitió una estatua suya con la inscripción «El dios no vencido» y se proclamó a sí mismo dictador vitalicio. Pero fue Domiciano (51-96), último emperador de la dinastía Flavia, el que se declaró a sí mismo como dios mientras aún vivía, con no poco escándalo de muchos romanos. Esa proclamación llevaba implícita la implantación del culto y su observación con carácter obligatorio por parte de todos los ciudadanos bajo la autoridad del Imperio, fueran o no ciudadanos romanos.

Esta creencia en la divina autoridad del emperador condujo al requerimiento de un sacrificio como señal de lealtad. La exigencia de sacrificio al emperador se convirtió en una fuente significativa de conflicto con los primeros cristianos, que rehusaron adorar al emperador como a un dios y, por lo tanto, no le ofrecían sacrificios. Se negaron, incluso, a aceptar la costumbre establecida por los funcionarios de emitir a su favor un recibo justificativo de haber efectuado el sacrificio, mediante el pago de una tasa especial, sin que el sacrificio se llevara a cabo en realidad, fórmula que llegó a ser aceptada por otros ciudadanos igualmente remisos a efectuarlo sin ningún tipo de escrúpulos, pero fue rechazada con rotundidad por los cristianos por atentar contra la ética de ser fieles a la verdad.

Esta situación condujo a la persecución de los cristianos por parte de las autoridades romanas que hacían cumplir la práctica o conducían a los rebeldes ante los tribunales. El período de adoración de emperadores romanos como dioses continuó hasta el siglo IV d. C., después de que el emperador Constantino el Grande (272-337) se «convirtiera» al cristianismo y, en el 391 d. C., Teodosio el Grande (347-395) prohibiera definitivamente la práctica de religiones paganas en Roma.

5. La vida de un judío llamado Jesús

Sobre la vida de Jesús existe el convencimiento de que no es posible escribir una biografía que pudiera responder a los criterios que sobre ese género literario tenemos en la actualidad. No seremos nosotros los que lo intentemos; tan solo plantear algunos datos que ayuden al lector a hacer más accesible la lectura de los Evangelios y de la Biblia en general. Para ello se necesita tener acceso a algunas claves apropiadas para ayudar en el empeño, a partir de una obviedad que no debe perderse de vista: Jesús fue un hombre judío. Una obviedad que pasa normalmente desapercibida debido, en buena medida, al antisemitismo que se introdujo en la cristiandad europea tras las cruzadas y los concilios lateranenses, que motejaron a los judíos como deicidas, «asesinos de Jesús». Ser judío se convirtió en lo contrario de ser cristiano y viceversa; es más, los judíos fueron elevados a la categoría de enemigos del cristianismo. En realidad el conflicto entre ambos colectivos tiene su origen en una fecha muy temprana, cuando se rompe la convivencia inicial en la que se configuraron las primeras comunidades cristianas en torno a las sinagogas.

A partir de ahí, la vida de Jesús se va difuminando históricamente hasta desdibujarse su condición de judío. Sin embargo, si queremos tener una visión correcta de Jesús y, sobre todo, si aspiramos a hacer una relectura de sus enseñanzas que resulte medianamente inteligible y efectiva, que ayude al lector de la Biblia a interpretar las metáforas y las parábolas que utiliza, será totalmente necesario que no olvidemos el hecho histórico e incuestionable que evidencia que Jesús era judío. Tanto su comportamiento social como su enseñanza se ajustan a los parámetros culturales de los habitantes de la Palestina del siglo I.

Los Evangelios pasan de puntillas sobre la infancia, ignoran la juventud y se centran en apenas dos años y medio de la vida pública de Jesús de Nazaret. Sin olvidar, por otra parte, que se trata de unos relatos fruto de la transmisión oral, escritos posteriormente por discípulos de segunda o tercera generación (entre 40 y 70 años después de su crucifixión); discípulos que escriben desde la plataforma de una fe que ya está arraigada y que interpreta el pasado a través del filtro que ofrece esa fe en Jesús ya percibido como el Cristo resucitado.

No podemos sustraernos a la pregunta: ¿en qué medida transformó la fe los recuerdos que se guardaban de Jesús, de sus palabras y de sus actos, influyendo de esta forma en el contenido de los hechos que se narran en los Evangelios? ¿Cómo remontarnos hasta el Jesús de la historia a partir de una elaboración teológica que ha convertido a Jesús de Nazaret en el Cristo kerigmático de la fe?

Es obvio que Jesús está en el origen de los Evangelios, pero la historia del inicio de los textos solo comienza realmente con la fe que desarrollan las comunidades de creyentes en la resurrección, cuyo referente documental más antiguo, hasta donde se conoce, es la llamada «comunidad Q», en referencia al *Documento Q*, compuesto en su mayor parte por dichos de Jesús y algún relato breve de sus hechos. La mayoría de los autores están de acuerdo en que el *Documento Q* sirvió de apoyo, junto con el Evangelio de Marcos, para escribir los Evangelios de Mateo y Lucas. Sea como fuere, no podemos sustraernos al hecho de que el Cristo de la fe ensombrece al Jesús histórico. Las palabras de Jesús se mezclan con la confesión de la comunidad, por lo que acrecienta la dificultad de encontrarnos con la esencia del Jesús histórico.

También resulta evidente que Jesús dejó un gran impacto entre sus discípulos; un impacto que los impulsó a transmitir con vehemencia sus vivencias y recuerdos. Unido esto a que se trata de transmisiones orales en su origen, hechas por escritores orientales poseedores por lo regular de una imaginación creativa, nos pone sobre aviso de que es conveniente ajustar y relativizar el rigor histórico de los datos que tratan de reproducir una reseña biográfica de Jesús, lo cual no invalida la fe ni devalúa el hecho histórico.

Es común la creencia entre los exegetas más notables de que hubo un período de unos veinte años en el que los recuerdos de los dichos relativos a la misión de Jesús circularon en forma oral antes de que comenzasen a aparecer versiones escritas de esas tradiciones, seguramente bajo la demanda de las iglesias nuevas que iban formándose con la segunda generación de creyentes, fuera ya de la influencia directa de los apóstoles.

Ahora bien, en armonía con lo que acabamos de decir, y ante la sospecha de que la memoria oral pueda o pudiera ser vulnerable en exceso, debemos recordar a su favor que se trata, por lo general, de una memoria colectiva, comunitaria, una memoria grupal, lo cual le da mayor fiabilidad que si se tratara de un recuerdo exclusivamente personal y aporta mayor tranquilidad en lo que se refiere a su verosimilitud.

Resulta innegable que los evangelistas no se proponen escribir una biografía, sino poner en orden «los dichos y hechos de Jesús»; unos dichos y unos hechos que, como hemos apuntado anteriormente, circulaban ya en versiones diversas entre las comunidades de discípulos, motivo por el que puede apreciarse entre los diversos relatos diferencias notables tanto de contenido como de ubicación temporal o geográfica.

Sin embargo, cada uno de los cuatro evangelistas pone su mirada en algún rasgo específico: Mateo presenta al gran predicador y maestro; Marcos al vencedor de Satanás; Lucas al amigo de los pecadores; Juan lo muestra como aquel que desenmascara los errores de la religión judía y vence al mundo infiel a Dios. Y, de entre los cuatro, destaca la lejanía de Juan, que afronta el tema histórico como un hecho subsumido ya por la revisión teológica, superponiendo definitivamente el Cristo de la fe al Jesús de Nazaret.

No obstante, llegar a la conclusión de que los cuatro Evangelios son fruto exclusivo de la fe es algo inaceptable por cuatro razones básicas: 1) por la repercusión social que la vida de Jesús, especialmente su pasión y muerte, tuvo en la población, dejando «una nube de testigos» tanto en tierras de Israel como entre los judíos de la diáspora; 2) por la cercanía de la fecha en la que se escriben los sinópticos, que a su vez dependen de documentos anteriores, directamente vinculados con los testigos presenciales; 3) por las aportaciones de Pablo, los escritos más cercanos a los hechos, procedentes de alguien que ha recogido del testimonio inmediato de los testigos la fe que transmite; y 4) por la capacidad de transmisión oral de los autores que, aunque no necesariamente sujetos a la literalidad narrativa de los hechos participan, como ya hemos apuntado, de una depurada cultura de transmisión oral que garantiza suficientemente la fidelidad a la esencia de los hechos, aunque sean expresados con palabras y a veces con datos diferentes.

El propósito de los Evangelios es dar cuenta de la buena nueva de Jesús como Mesías, Señor e Hijo de Dios, una creencia que, aunque en la fecha en la que son redactados los Evangelios aún no está suficientemente consolidada en todos los ámbitos en los que se han asentado las comunidades cristianas, iría fortaleciéndose a lo largo de los tres primeros siglos o imponiéndose a través de los concilios respaldados por la autoridad del Imperio, a partir del siglo iv.

Existen suficientes evidencias para saber que antes del arraigo y de la consolidación oficial de las doctrinas que reclaman su fundamento en los Evangelios, las comunidades cristianas tuvieron que rebatir y luchar contra determinadas posturas no coincidentes con la línea oficial que, al ser derrotadas, serían calificadas como heréticas, destacando entre otras, en la primera etapa, el gnosticismo, al que ya hemos hecho referencia.

Efectivamente, en su proceso de formación, especialmente entre los años 70 y 150, la Iglesia (las iglesias, ya que no existe una estructura unitaria) va reconfigurando la percepción de Jesús, quien de ser visto como el galileo Jesús de Nazaret, predicador itinerante al que seguía un puñado de discípulos y que finalmente fue muerto como un delincuente en una cruz, pasa a ser el Mesías, el Cristo histórico y, posteriormente, el Cristo kerigmático, convirtiéndose en Jesucristo, que representa el culmen de la fe de la Iglesia, lo cual proporciona la clave hermenéutica decisiva para la comprensión de la Biblia.

Ya en los escritos del Nuevo Testamento observamos un proceso evolutivo de la forma como se percibe la imagen de Jesús. En la epístola a los Hebreos (una homilía más que una carta), Jesús es percibido como sumo sacerdote celestial (*cfr.* Hebreos 3:1) con la clara intencionalidad por parte del autor de establecer una analogía que encaje con la figura religiosa más emblemática de la religión judía, apuntando hacia su función intercesora.

En el cuarto Evangelio, escrito ya desde la plataforma de la fe de una comunidad establecida, bajo la influencia directa de la filosofía helena, se le representa como Verbo encarnado, convirtiendo el capítulo primero de dicho Evangelio en el epicentro de la revelación, centrada ahora no ya en imágenes y relatos humanos, sino en un fenómeno que marca toda la espiritualidad cristiana: «Y aquel Verbo fue hecho carne y habitó entre nosotros» (Juan 1:14).

Posteriormente, a lo largo de las distintas fases del cristianismo, a Jesús se le ha percibido de diferentes formas: como Luz de luz, el que encubre nuestra culpa, el arquetipo de la moralidad humana, el modelo de una verdadera humanidad, como nuestro hermano, como el libertador; ha sido visto como «Niño Jesús» o como «Cristo Rey» al frente de un regimiento de guerrilleros; se ha venerado directamente su Corazón y se le ha encumbrado como libertador. La imagen de Jesús se ha utilizado para llevar a cabo los actos más nefastos y las acciones más nobles. Imágenes todas ellas que proyectan la percepción de la realidad que se tiene en cada momento, producto de una sociedad y una religiosidad cambiante.

Otro aspecto significativo es fijarse en los nombres de Jesús. Fray Luis de León, con su magistral genio poético, se ocupó en profundidad del tema.[4] Ciertamente el nombre no es solo una palabra; no lo era para los judíos que procuraban dar al recién nacido un nombre que pudiera responder al ideal de persona al que los padres aspiraban que fuera, lo que se esperaba de él o de ella, pasando a formar parte de su identidad. Cada uno de los nombres asignados a Jesús pretende resaltar algún rasgo de su personalidad, fruto de un proceso teológico mediante el cual se va perfilando la figura de Jesucristo. Los estudiosos del tema encuentran, solo en la Biblia, hasta doscientos nombres o títulos, resultado que no deja de ser fruto de una visión retrospectiva a partir de un determinado posicionamiento teológico.

Sobre la naturaleza de Jesús se dice que es «la piedra angular» del edificio que es la Iglesia (Efesios 2:20); el primogénito de toda creación (Colosenses 1:15), puesto que todas las cosas fueron creadas por él; la

---

4. Fray Luis de León, *De los nombres de Cristo.* (Múltiples ediciones). Entre los nombres reseñados están: Pimpollo, Cara de Dios, Camino, Pastor, Rey, Príncipe de Paz, Esposo, Hijo de Dios, Amado, Cordero…

cabeza de la Iglesia (Efesios 1:22, 4:15, 5:23); Emmanuel, Dios con nosotros (Mateo 1:23); Santo, Juez, Rey de reyes y Señor de señores, Luz del mundo, Príncipe de paz, Hijo de Dios, Hijo del hombre, el Verbo encarnado, o Verbo de Dios... Otros atributos asignados se aplican a su posición en la Trinidad o a su obra en la tierra, como autor y consumador de nuestra fe, el Pan de Vida, el Buen Pastor, sumo sacerdote...

Ahora bien, ni los críticos más conspicuos ponen en duda la existencia histórica de Jesús de Nazaret, aunque dispongamos de escasas referencias a su vida fuera de los propios textos cristianos. De lo que no cabe duda es que los Evangelios presentan a Jesús como un hombre de carne y hueso, sujeto a las necesidades físicas de cualquier otro hombre: sed, hambre, sueño y expuesto a tentación.

El Jesús histórico precede a la predicación apostólica, al Cristo kerigmático predicado por sus seguidores, es decir, al Cristo de la fe. Sin embargo, no es este un tema menor, ya que los padres de la Iglesia lo tuvieron sobre la mesa de debate en los primeros concilios, tratando de dilucidar si Jesús era «hombre verdadero», si era «Dios verdadero» o si era ambas cosas.

La Iglesia naciente percibe desde el principio la trascendencia preexistente de Jesús a partir del convencimiento de que una vez crucificado no ha sido retenido en el sepulcro y ha resucitado de entre los muertos. De ese convencimiento surge la idea de que no se trata únicamente de alguien que «anduvo haciendo bienes», sino del Mesías esperado por los judíos como cumplimiento de las promesas divinas. Y sobre ese convencimiento, que lleva implícito un plan de salvación, se fundamenta la predicación apostólica y, consecuentemente, la construcción de la Iglesia cristiana.

A partir de asumir ese hecho como un dogma de fe, se plantea el problema derivado de determinar cuál era la naturaleza de Jesús. El proceso vivido por la reflexión teológica que este tema conlleva, conducirá finalmente a establecer que, efectivamente, siendo Dios, se hizo hombre, habitó entre los hombres, cumplió su misión redentora y, una vez finalizada, volvió al seno paterno, por lo que la conclusión es que es verdadero hombre y es verdadero Dios, adoptando la figura de Hijo de Dios.

Se trata de un dogma de fe que la Iglesia asume y enseña, convencida de que está siendo guiada por el mismo Espíritu de Dios que es el que guía y vela por su Iglesia. Un dogma de fe que costó superar grandes enfrentamientos de los teólogos padres de la Iglesia, desde el Concilio de Nicea en el año 325 hasta ser admitido y declarado como axioma definitivamente en el Concilio de Calcedonia, en el año 451.

La percepción de Jesús como Hijo de Dios ya aparece en el Evangelio de Marcos (1:1,11) en fecha muy temprana. El problema teológico de armonizar Padre-Hijo-Espíritu Santo en lo que vino en denominarse Santísima Trinidad, llevaría algún tiempo hasta que en el Primer Concilio de Constantinopla del año 381 se adoptó como dogma de fe, ratificado posteriormente en el Concilio de Calcedonia del año 451. Un tema que fue motivo de duros enfrentamientos entre los padres conciliares y que, incluso en nuestros días, aunque se trata de un dogma aceptado mayoritariamente por cristianos de diferentes confesiones, es rechazado por algunos otros grupos cristianos minoritarios. Como no ha dejado de ser igualmente conflictivo otro de los decretos aprobados en Calcedonia, este dirigido a María, en el que se la denomina como *Theotokos*, es decir, «Madre de Dios», un dogma rechazado frontalmente por la Reforma protestante.

La identificación como Mesías, Cristo en su versión griega («el ungido de Dios»), conectado con el título de Hijo de Dios, encuentra igualmente soporte en el Evangelio de Marcos 14:61-62, el de mayor antigüedad, que pone en boca del propio Jesús el reconocerse ante el sumo sacerdote como tal, un texto sujeto a revisión como posible adición posterior. Ahora bien, resulta curioso que, salvo en esa situación extrema en la que se ve presionado por el sumo sacerdote, Jesús opta por denominarse a sí mismo como «hijo del hombre», reivindicando de esa forma su humanidad por encima de cualquier otra consideración. Por fin será Juan, el evangelista más tardío (en torno al año 100), quien muestra que la idea de Jesús como Hijo de Dios, es más, como unigénito Hijo de Dios, está ya suficientemente asumida por las comunidades cristianas y forma parte de lo que podríamos considerar como la primera dogmática cristológica ya sistematizada.

En definitiva, si bien es evidente la existencia del Jesús histórico, no lo es menos que la aproximación a un ser tan singular no puede llevarse a cabo desde la antropología sino desde la cristología, y así lo entendieron las generaciones que siguieron las huellas de los apóstoles, que fueron las que pusieron en papel los recuerdos y las vivencias de los discípulos. Tan solo unas décadas después de su muerte se va velando la figura humana representada por Jesús de Nazaret para dar paso al Cristo resucitado. Y de ello se desprende una verdad ontológica: la única respuesta a la pregunta ¿quién fue Jesús? solo puede ser contestada desde la fe, una fe que es capaz de relacionar racionalmente lo humano y lo divino en el Cristo teológico, admitiendo la unidad de ambas naturalezas en la persona de Jesucristo.

Si algo resulta totalmente evidente es que la figura de Jesús no solo no pasó desapercibida en su época, más allá del impacto que produjo en sus discípulos inmediatos, sino que su magnetismo llegó a tal punto que la fuerza emergente que se produjo en las comunidades de sus seguidores fue de tal calibre, por encima de su inicial falta de relevancia social, que hizo cambiar las estructuras de un imperio que, hasta entonces, no se había visto afectado por ninguna de las muy diversas corrientes ideológicas que tuvo que ir asimilando en la medida en la que expandía sus dominios por nuevos territorios.

Ese magnetismo ha llegado hasta nuestros días, superando persecuciones, guerras intestinas, desvíos teológicos, protagonismos políticos y épocas de flagrante descomposición interna de la propia institución. La figura de Jesús, en cuyo nombre y memoria se ha configurado la cultura occidental, con serias incursiones en otras culturas, sigue siendo altamente seductora, objeto de estudio incluso para los no creyentes, después de haber superado los veinte siglos de historia.

CAPÍTULO IV
Claves para entender la Biblia

Tal y como apuntamos en otro lugar, la Biblia es el libro más vendido, seguramente el más leído y, con toda certeza, el que ha acaparado a lo largo de los siglos mayor atención; le han sido destinados los más ingentes recursos tanto humanos como económicos para conseguir su difusión universal y, también, ha recibido las mayores críticas y ataques por parte de sus detractores. Un libro, o conjunto de libros, que no resulta indiferente a nadie, pero que muchos son incapaces de encontrar las claves necesarias para conseguir aproximarse a él, sin el desdén de quienes lo denigran o la devoción irracional de aquellos que lo idolatran.

Dada su complejidad, el lector necesita contar con algunas claves que le permitan identificarlo, distinguiendo, en última instancia, el contenido del continente, es decir, la Palabra de Dios del soporte en el que se presenta.

1. Un libro de religión

La primera aclaración necesaria, aunque pudiera parecer redundante dada su obviedad, es que la Biblia, como su propio nombre indica, no es *un* libro, sino *un conjunto* de escritos; 66 en la versión protestante: 39 el Antiguo Testamento y 27 el Nuevo Testamento y, en lo que al Antiguo Testamento se refiere, 46 en la versión católica y 51 en la tradición ortodoxa. Un conjunto de libros en el que hay diferentes géneros literarios: épica o narrativa que presenta hechos legendarios, como la historia de Noé; lírica, mediante la cual se transmiten sentimientos, emociones o sensaciones respecto a una persona u objeto de referencia, cuyo ejemplo principal son los salmos; drama, con tragedias, como la de Jacob luchando con el ángel o la de Jonás tragado por un gran pez; fábulas, como la de la burra de Balaam, que pretende transmitir una moraleja dentro de un estilo eminentemente didáctico; hay alegorías, parábolas, canciones, himnos, oratoria, biografía, etcétera.

No estamos, por lo tanto, ante un libro compacto, redactado por un solo autor, sino ante un conjunto de obras muy diferentes entre sí en estilo, lenguaje, género y propósitos, lo cual nos alerta del riesgo que se corre al tratar de aplicar a todos los libros y a todas sus partes un mismo criterio interpretativo. Se trata de un conjunto de escritos que a menudo no concuerdan entre sí. A nadie debería resultar extraño que, al tratarse de obras tan diferentes, encontremos en ellas tensiones y divergencias teológicas, incluso contradicciones, ya que cada una de ellas tiene sus propios objetivos y se plantea desde ideologías no necesariamente convergentes.

En estos libros encontramos relatos que nos introducen en la historia de un pueblo semita que se siente llamado por Dios a ocupar un papel relevante en los anales de la humanidad; un pueblo que se forma convencido de que ha sido escogido para cumplir una tarea mesiánica, liderando un nuevo orden espiritual en el mundo. Se trata de libros que ofrecen mensajes de justicia social, de acogida al extranjero, de defensa de la dignidad de los marginados, de igualdad de género, de exaltación y protección de la infancia y, en paralelo, actos de venganza, de crueldad desmedida, de infidelidades de toda índole, de engaños institucionalizados, de falta de ética, de traiciones y de abuso de poder.

Esta realidad, tan dispar y contradictoria, nos alerta acerca de la dificultad que entraña dar respuesta a la pregunta ¿qué es la Biblia?, ya que encierra no pocos conflictos armonizar todos estos textos, como para concluir diciendo que la Biblia es la Palabra de Dios de una forma acrítica. Será preciso profundizar algo más en su origen y en su contenido para poder llegar a establecer una conclusión coherente al respecto.

En cualquier caso, muchos de los libros que integran la Biblia muestran el propósito central de revelar la imagen de «un Dios vivo» (*cfr.* Jueces 8:19, 1 Reyes 17:1 y 1 Samuel 17:26-36) que se relaciona con su pueblo generación tras generación (*cfr.* Deuteronomio 6:20-25), lo cual nos autoriza a afirmar que, en su conjunto, es un libro de religión que busca establecer un puente de comunicación entre Dios y los seres humanos. Por lo tanto, en la medida en la que nos acercamos más a la Biblia, más nos acercamos a Dios.

Uno de los propósitos de los autores de la Torá o Pentateuco es fijar la identidad del pueblo bajo la dirección de Dios, aunque en el relato histórico se remonte a Abraham, incluso se establezca una línea genealógica hasta conectar con el origen de los tiempos, reformulando de esta forma una cosmología propia apoyándose en las tradiciones que arrastran desde sus ancestros caldeos, arameos y egipcios. Se trata de relatos que reivindican para Israel su verdadera configuración como pueblo a partir de los patriarcas. De ser un clan errante, se convierte, habitando en tierra egipcia, en una comunidad con intereses comunes, aunque termine cayendo en la esclavitud y, en el desierto, reafirma su propia identidad, que le permite determinar de dónde viene y hacia dónde se dirige. «Mi padre era un arameo errante», confiesa el autor del libro de Deuteronomio (26:5b).

Una vez establecidos en la tierra de Canaán, un territorio arrebatado en unos casos y compartido en otros a sus pobladores originarios, se hace necesario establecer los fundamentos históricos y jurídicos de ese conjunto de tribus con vocación de ser una nación que no solo justifique sus acciones guerreras, sino que los reafirme como pueblo con identidad propia, y así van surgiendo los relatos recogidos en los libros de Génesis, Éxodo, Levítico, Números y Deuteronomio, formando todos ellos el corpus histórico, jurídico y religioso sobre el que terminará configurándose la nación hebrea y, con posterioridad al cautiverio, la religión judía, mediante la nueva Alianza.

El resto de los libros, los Escritos y los Profetas, irían surgiendo en función de ese proceso en el que, salvo en períodos muy cortos y, por lo general, escabrosos, se reconfigura el concepto de pueblo más que de nación; un pueblo cuya identidad terminará respondiendo más que al aspecto racial o nacional, al religioso. Figuras emergentes como Jeremías y Ezequiel jugarán un papel importante en la restauración de la identidad perdida, recuperando y restaurando el orgullo de sentirse un pueblo escogido por Dios.

Todo esto nos pone sobre aviso de lo necesario que es tener una visión clara de lo que es y de lo que no es la Biblia partiendo de una evidencia que la propia Biblia aporta, mostrándonos que no es un conjunto de libros entregados directamente por Dios o, en su caso, por un ángel emisor, como creen los musulmanes que ocurrió con su libro sagrado, según hemos indicado anteriormente. Convertir la Biblia en un código cerrado de normas literalmente ordenadas por Dios, palabra a palabra, de forma atemporal, sin aplicar los necesarios criterios de interpretación, y hacerlo de una manera acrítica, fuera del contexto histórico y social en el que se producen, es fuente de fanatismos y formulaciones teológicas ajenas al sentido holístico de las Escrituras.

Por el contrario, cuando la lectura de la Biblia toma en cuenta los procesos históricos y los somete a un análisis crítico, mediante una hermenéutica desprovista de apriorismos y condicionantes confesionales capaz de trasladar la acción que narra el texto bíblico a nuestro contexto histórico, se torna en una lectura profética para el tiempo en que vivimos. Porque, a fin de cuentas, el resultado perseguido no es «leer la Biblia», sino interpretar y aplicar lo leído.

El problema de los fanatismos militantes es confundir la devoción a Dios con la devoción y sometimiento a la Biblia, que se convierte de esa forma en un objeto en sí mismo más que en un medio para encontrarse con Dios. Se ha definido esta forma de aproximación a la Biblia como «bibliolatría».

Desde otra perspectiva, podemos decir que la Biblia trata de Dios en relación con el hombre. Según todas las evidencias internas, la Biblia se presenta como el medio a través del cual Dios se revela al hombre para que este lo conozca y, como acción derivada, se conozca a sí mismo. La tesis general que se percibe en el texto bíblico es que el ser humano solo puede llegar a conocerse a sí mismo cuando conoce realmente a Dios; de ahí la idea de ser hecho a imagen de Dios (*imago Dei*).

El nudo gordiano de ese reconocimiento frente a la imagen de Dios es descubrir que el ser humano ha caído, se ha desprendido de Dios y le es necesaria una forma de reconciliación y de restauración, tarea que en el Nuevo Testamento le es atribuida a Jesús. Este es el hecho antropológico que subyace en la Biblia, planteado desde una reflexión teológica, lo cual no nos exime de seguir planteando la pregunta que da sentido a este apartado: ¿qué es la Biblia?

La sutileza de la lengua hace que el uso de un simple artículo sea capaz de incorporar un sentido diferente a una oración determinada. No es lo mismo decir que la Biblia es *la* Palabra de Dios, que afirmar que la Biblia es Palabra de Dios o, incluso, enseñar que *en la* Biblia está la Palabra de Dios. Nos detendremos en aclarar el contenido de cada una de estas expresiones y el alcance teológico que encierran, un ejercicio nada sencillo, ya que nos obliga a movernos entre la fe y la razón.

La razón, por su propia naturaleza, es especulativa, mientras que la fe, por su parte, es intuitiva. Ambas pretenden descubrir la verdad. Son dos formas de búsqueda que algunos pretenden que convivan mientras que, para otros, son absolutamente irreconciliables y se relacionan en permanente conflicto. La fe admite lo absoluto sin necesidad de una demostración científica; la razón se fundamenta en la evidencia demostrable y comprensible, en el análisis de los hechos para el entendimiento humano. La fe conduce al dogma; la razón convive permanentemente con la duda en busca de la confirmación o demostración científica.

El propósito de muchos científicos cristianos es hacer compatibles fe y razón. Tal es el caso del belga Georges Lemaître (1894-1966), sacerdote, cosmólogo y astrofísico, conocido especialmente por sus aportaciones en torno a la teoría de la expansión del universo (*Big Bang*) quien habla de «los dos caminos» para llegar a la verdad: ciencia y fe. Por supuesto que otros muchos autores contemporáneos bregan con el mismo tema. Francis S. Collins (n. 1950) –genetista norteamericano nombrado director de los National Institutes of Health de Estados Unidos por el presidente Barack Obama, quien lo consideró como uno de los mejores científicos del mundo, premio Príncipe de Asturias de Investigación Científica y Técnica por su trabajo en el descubrimiento de la secuencia del genoma humano– ha abordado, al frente de su fundación BioLogos, temas centrados en la ciencia y la religión, haciendo hincapié en que ambas son totalmente compatibles; su libro de referencia en esta materia es *¿Cómo habla Dios? La evidencia científica de la fe*.[1] Por mencionar tan solo a un científico más, hacemos referencia al inglés Michael Ruse (n. 1940), filósofo de la ciencia que ha trabajado en el campo de la filosofía de la biología y, especialmente, sobre la discusión entre el creacionismo y la biología evolutiva. Ruse es autor de *¿Puede un darwinista ser cristiano? La relación entre ciencia y religión*,[2] en el que debate sobre si puede alguien que acepta la teoría darwinista de la selección natural suscribir a su vez las afirmaciones básicas del cristianismo. Ruse nos ofrece una alternativa conciliadora y revela algunos paralelismos sorprendentes entre el darwinismo y pensadores tradicionales como san Agustín. Ambos autores muestran cómo y por qué son compatibles la fe en la creación y la teoría de la evolución de las especies.

Siguiendo este hilo conductor, somos conscientes de que el dilema que algunos científicos plantean es la dificultad de que un científico riguroso sea a la vez un creyente en Dios trascendente o, *sensu contrario*, la postura de algunos teólogos cristianos se centra en cuestionar que un creyente en Dios pueda hacer suyos determinados postulados científicos; para Collins, Ruse y otros científicos que militan en este terreno integrador, los principios de la fe son complementarios de los principios de la ciencia, por lo que no encuentran dificultad en hacer compatibles la evolución de las especies y la fe en un Dios creador del mundo, ya que se sitúan en dominios distintos.

Recordemos, en cualquier caso, que la Biblia no es un libro de ciencia, por lo que descubrimos que el conflicto se presenta cuando pretendemos elevar a la categoría de tratado científico determinados apuntes

---

1. Francis Collins: *¿Cómo habla Dios? La evidencia científica de la fe*; Ediciones Temas de Hoy (Barcelona: 2007).
2. Michael Ruse: *¿Puede un darwinista ser cristiano? La relación entre ciencia y religión*; Siglo xxi de España Editores (Madrid: 2007).

de la Biblia, sobre cuyos frágiles cimientos científicos se pretende edificar definiciones complejas que algunos convierten en dogmas de fe, con lo que terminan actuando en menoscabo de la religión.

Ciertamente, hay fronteras que la ciencia no es capaz de sobrepasar y es totalmente legítimo que el creyente se aproxime a ellas desde la plataforma de la fe, asumiendo el principio de que Dios es el creador del universo; pero deberá hacerlo siempre con humildad, ya que Dios ha dotado al ser humano de un potencial inteligente capaz de ir descubriendo y explicando determinados «misterios» de ese universo infinito y, en su comprensión, puede encontrar matices o explicaciones que anteriormente no entendía.

La afirmación anterior nos ayuda a entender, entre otros temas complejos, lo que ocurrió con la teoría del heliocentrismo propuesta por Copérnico (1473-1543), que produjo tantos quebraderos de cabeza a la Iglesia de su tiempo, aferrada al geocentrismo. Esa postura convirtió a la Iglesia en enemiga de Galileo Galilei (1564-1642), en quien descargó todo el peso de su poder represivo. Posteriormente, la evidencia científica hizo que la Iglesia se retractara de su empecinamiento.

Sea como fuere, hay algo que el creyente está obligado a aceptar: las pruebas científicas no pueden ser frenadas por la fe, aun cuando a veces parezca que vayan en contra de la representación que de determinados hechos pueda tener el creyente. Y, por cierto, no deberíamos olvidar que tanto Copérnico como Galileo eran cristianos.

Otro aspecto importante que es preciso afrontar a la hora de tratar de explicar qué es la Biblia es la crítica, a veces acerba, que se ha hecho y se hace acerca del llamado Dios del Antiguo Testamento, como consecuencia de los relatos que se registran en los textos bíblicos. Críticas que se han producido desde muy diferentes frentes, tanto a la Biblia en su conjunto como a la imagen divina que proyecta. Autores como Ernest Renan (18231892) en su *Vida de Jesús*, Giovanni Papini (1881-1956) en *Historia de Cristo* o, más modernamente, José Saramago (1922-2010) en *In nomine Dei* o *El Evangelio según Jesucristo*, por nombrar tan solo a tres escritores relativamente contemporáneos, centran sus análisis críticos básicamente en la figura de Jesús, pero sin perder de vista que las mayores descalificaciones se dirigen al Dios del Antiguo Testamento.

Son tantas y tan diversas las diatribas vertidas al respecto, ya desde la época de los Padres de la Iglesia, que no pretendemos hacer una reseña de todas ellas ni siquiera de las más importantes, aunque nos puede ayudar a resumirlas la que hace uno de los escritores coetáneos más incisivos en sus sarcasmos al Dios veterotestamentario, como es

Antonio Muñoz Molina (n. 1956), un autor contemporáneo de éxito, no alineado en el grupo de los teólogos, pero profundo conocedor de la Biblia. Un resumen de sus ideas, que coinciden con las de otros críticos, lo encontramos en un artículo reciente titulado *Ficciones convenientes*, publicado el 27 de septiembre de 2014 en el suplemento «Babelia» del diario *El País*.

Como introducción a su crítica, que aunque duela y parezca desmedida a los creyentes merece ser conocida, ya que no deja de representar el pensamiento de muchos lectores de la Biblia, Muñoz Molina afirma lo siguiente: «El Dios del Antiguo Testamento es quizás el personaje más inquietante que ha inventado nunca la literatura, el más desmedido, el más aterrador». Resalta que este Dios es celoso de la lealtad de sus súbditos, lo que hace que, a causa de sus deslealtades, busque más infligirles castigos por sus desvíos que ofrecerles un ámbito de felicidad. Acusa al Dios bíblico de no ser ecuánime, ya que es capaz de aceptar unas ofrendas y rechazar otras, y que atormenta a quienes más fielmente lo sirven. Un Dios, según Muñoz Molina, a quien «le complace el olor del humo de los sacrificios que hace en su honor Abel, pero le desagradan los de Caín, y su visible rechazo provoca en el hermano desfavorecido un resentimiento que lo empujará al crimen». Acusa a Dios de ser un déspota caprichoso y angustiado que crea al ser humano y luego se arrepiente de lo que hizo al ver las iniquidades que los hombres hacen, lo cual provoca que los castigue con el Diluvio. Resalta Muñoz Molina que una vez que Dios elige al pueblo judío como suyo, se siente tan ofendido por su idolatría que no tiene «el menor escrúpulo en enviarle ejércitos exterminadores de enemigos que arrasan sus ciudades y sus campos y lo someten a la cautividad». Señala que «Dios se regocija en el espectáculo de los recién nacidos de los idólatras estrellados contra una roca o un muro, en el calor de una batalla». Y continúa su propio análisis para reafirmarse en el hecho de que el Dios del Antiguo Testamento actúa de forma arbitraria y que «el gran edificio de la civilización se asienta sobre un cierto número de ficciones, o más bien flota precariamente por encima de ellas, como esos personajes de los dibujos animados que seguían corriendo en línea recta al llegar a un precipicio, y solo se caían al mirar hacia abajo y descubrir que avanzaban sobre el vacío».

Podemos despachar la lectura que de la Biblia hace este autor, calificándolo como el vómito de un ateo irredento o bien detenernos a reflexionar en que una lectura literal del Antiguo Testamento –atribuyendo al texto el calificativo absoluto de que es la Palabra de Dios, desde la primera a la última página, sin más adjetivos ni distinciones– puede provocar, razonablemente, un rechazo visceral hacia un Dios que, a través de esos relatos, se muestra tan ajeno al sermón del monte que encarna Jesucristo.

En otras palabras, es preciso hacer una relectura del texto a partir de una hermenéutica que aplique claves de interpretación adecuadas, entendiendo que lo que el Antiguo Testamento refleja es la percepción que de Dios tienen los autores que van dando forma a cada uno de los escritos, dentro de una cultura determinada y huérfanos de la revelación encarnada en Jesucristo que es, a fin de cuentas, según la fe cristiana, la verdadera Palabra de Dios, el Verbo hecho carne.

Nos encontramos, por otra parte, con la enorme diferencia de enfoque que existe entre el Antiguo Testamento y el Nuevo Testamento. Una realidad tan evidente que ha dado motivo para que no falten quienes, desde un planteamiento cristiano, hayan querido negar al Antiguo Testamento su condición de colección de libros inspirados. El escritor Fernando Díaz-Plaja (1918-2012) lo expresa en los términos siguientes: «El héroe del Antiguo Testamento era Josué, que mataba a miles. El héroe del Nuevo Testamento es Jesús, que se deja matar. El héroe del Antiguo Testamento es Salomón, con setecientas mujeres; el del Nuevo es Jesús practicando la pureza. El héroe del Antiguo Testamento es Jacob engañando a Labán; el del Nuevo es Jesús dejándose engañar a sabiendas por sus enemigos. David acaba con cien mil, pero Jesús desarma al irascible Pedro y pide a su padre que perdone a sus enemigos porque no saben lo que hacen».[3]

Volvemos una vez más sobre la pregunta que da sentido a este apartado: ¿qué es la Biblia? Una respuesta rápida es afirmar que la Biblia es un libro de religión. Pero para poder entender el verdadero alcance de lo que pretendemos afirmar, será preciso señalar igualmente lo que no es. La Biblia no es un libro de historia, ni de antropología, ni de astronomía, ni siquiera una cosmología. Y todo ello, aunque los autores bíblicos se tomaran muy en serio esas materias y trataran en su caso de ser fieles a los conocimientos científicos de la época, en la medida de sus posibilidades intelectuales, de tal forma que hicieron suyas las ideas acerca del mundo y de la historia que prevalecían en su tiempo.

Claro que nos referimos a una época y a un contexto histórico en los que todo estaba revestido de un sentido mágico-religioso, por lo que la

---

3. Fernando Díaz-Plaja: *La Biblia contada a los mayores*; Plaza & Janés Editores, S. A. (Barcelona: 1985), pp. 6-7.

descripción de los hechos o la visión del mundo se plantean normalmente con categorías y con fines religiosos. Los autores bíblicos hablan el lenguaje de la época, dentro de la cultura del tiempo que les toca vivir, para ser entendidos por los hombres y mujeres contemporáneos. Pero con un matiz importante: se trata de una literatura antigua oriental, un dato que no debemos perder de vista, ya que tiene sus propias peculiaridades.

Un error en el que debemos procurar no caer es proyectar sobre el texto bíblico nuestros deseos, nuestras creencias previas o nuestros prejuicios, una tentación en la que han caído las diferentes generaciones de cristianos, como les ocurrió a los judeocristianos del primer siglo, que incorporaron a la imagen de Jesús todas las esperanzas mesiánicas que venían acumulando desde hacía varios siglos, tanto religiosas como civiles. En idéntico error han vuelto a caer los cristianos en las diversas etapas de la historia y siguen cayendo en nuestros días aquellos colectivos que vuelven a la idea de hacer de Jesús un taumaturgo al servicio de sus excentricidades o intereses, aunque siempre tratando de justificarse con el texto bíblico.

Y ahora una referencia a la relación existente entre el texto y el autor. ¿Qué conexión existe entre los diversos escritos bíblicos y los autores a los que han sido atribuidos? A Moisés se le adjudica la autoría del Pentateuco; a David, convertido en poeta, la de los Salmos; de los profetas se cree que redactaron sus mensajes a semejanza de la forma utilizada por los predicadores actuales cuando componen sus sermones antes o inmediatamente después de pronunciarlos; el libro de Isaías es contemplado como una especie de tratado de teología prospectiva escrito por una sola persona... Se olvida un elemento sustancial muy importante: que los libros de la Biblia son, sobre todo, resultado de una experiencia comunitaria que fue formándose y consolidándose como exponente de una práctica colectiva del pueblo y que, en última instancia, fue recopilada por uno o varios redactores finales que pueden ser considerados como representantes de la comunidad más que como autores individuales.

Los textos del Nuevo Testamento, salvo las cartas apostólicas, responden, en su mayoría, a ese mismo criterio colectivo que representa la comunidad anónima. Por supuesto, también los Evangelios, aunque en su redacción final lleven la firma de un evangelista, bien sea porque haya adoptado el nombre del apóstol o discípulo prevalente en la comunidad, o bien porque, efectivamente, lo respaldara con su aquiescencia para darle credibilidad y conferirle autoridad en el conjunto de las diferentes comunidades a las que se haría extensible su mensaje.

Es la comunidad de fe la que confiere trascendencia a los textos en la medida en que reflejan y confirman la experiencia comunitaria. Además, de ser esta una práctica habitual en otros campos, tenemos constancia de que la fidelidad a las fuentes y el respeto a la autoría individual que en la actualidad ha alcanzado un rango de legalidad escrupulosamente protegida, así como la sanción ética que implica el no respetar esas normas, no era pauta de conducta en los tiempos en los que fueron escritos los libros de la Biblia y, mucho menos, en lo que se refiere a los tratados religiosos, considerados en todo caso como patrimonio colectivo.

Teniendo presente lo dicho anteriormente, debemos entender que las diferentes escrituras están vinculadas al ambiente social y religioso en el que se desarrollan; muestran el grado de madurez religiosa y espiritual alcanzado por la comunidad, sea judía o cristiana, en su caso. Esto tiene sentido, además, por el hecho de que en el ámbito del «pueblo escogido», jamás se vivió la religión como una experiencia individual, sino que siempre fue un fenómeno colectivo. Y así se transmitió a la incipiente comunidad cristiana, nacida en el seno de las sinagogas y receptora, por lo tanto, de las tradiciones judías. En resumen, tanto la comunidad del Antiguo Testamento como la del Nuevo Testamento tienen conciencia de ser depositarias de una tradición que deben conservar íntegra y viva, siempre idéntica y siempre actual al mismo tiempo.

La Reforma del siglo XVI, influenciada por el Renacimiento e influyendo a su vez en la Ilustración, puso un énfasis desmedido en el individuo, dejando de lado en buena medida el papel que juega la comunidad en el plano de la salvación. Bien es cierto que este énfasis en resaltar el papel protagonista del individuo en su relación con Dios surge como reacción a la marginación que la Iglesia medieval había hecho del creyente para centrar su teología en la supremacía de la Iglesia-institución. Esa restauración del individuo hasta ensombrecer a la comunidad contribuyó a vaciar el mensaje bíblico de su contenido histórico; énfasis individualista que induce al creyente a vivir fuera de la historia, al margen de la comunidad, convencido de que es autosuficiente en su vinculación y asunción del plan de salvación.

Se pierde de vista que la comunidad de creyentes juega un papel sustancial tanto en la recepción como en la depuración, interpretación y transmisión del mensaje. La fe del creyente se gesta básicamente en la comunidad, y la aproximación y entendimiento de la palabra revelada se produce bajo el paraguas de la Iglesia. Es cierto que esa fe surge a veces en ámbitos ajenos a la comunidad, como es el caso que narra el libro de los Hechos de los Apóstoles, capítulo 8, versículos 26-39, acerca del etíope al que evangeliza Felipe en el desierto, camino de su país natal, pero el desarrollo de esa fe incipiente y su consolidación, aún en estos casos, se produce en el seno de la comunidad de creyentes, la comunidad de fe.

Despojando la cita a la que vamos a hacer referencia del contenido exclusivo y excluyente que le diera el papa Bonifacio VIII en el año 1302, podemos afirmar que *extra ecclesiam nulla salus*, es decir, la fe se desarrolla y fortalece en el seno de la Iglesia, llamada a ser instrumento de Dios, vehículo y canal de su gracia.

De la inapelable condición comunitaria de la Iglesia nace la relevancia de la liturgia y la preeminencia de los liturgos oficiantes, responsables de conducir y confirmar colectivamente el depósito de la fe, que justifican como necesarios, ya en el cristianismo primitivo, las confesiones de fe y los credos, comenzando con el conocido como *Credo Apostólico*.

Y siendo esto así, nos preguntamos: ¿tal vez esta realidad le resta autoridad a los libros de la Biblia? Todo lo contrario. El hecho de que detrás de un libro como el de Isaías, o un Evangelio como el de Marcos, no veamos la mano en solitario de un solo autor, sino que alcancemos a comprender que se trata de un documento que refleja la concepción y la madurez colectiva de una comunidad de creyentes, confiere al texto una autoridad superior; una autoridad que pone de manifiesto la importancia del fenómeno de la tradición, sea oral o escrita, tema al que habremos de referirnos en otro lugar. Se asume que tras de esos escritos hay una intervención divina que ha permitido que se consolide como un corpus doctrinal determinado, depurado por el paso del tiempo y la experiencia colectiva.

Como quiera que este libro está diseñado especialmente para lectores que han entrado en la etapa de madurez cristiana o intelectual, que ya no se conforman con biberones espirituales, sino que anhelan alimentarse con viandas sólidas (*cfr.* 1.ª Corintios 3:1-9), aún dando por supuesto que la Biblia ocupa la centralidad de su fe, o precisamente por ello, alertamos que, sin menoscabo de que la Biblia sea la única regla de fe y conducta en la vida cotidiana, puede ser leída de forma incorrecta, tergiversando el mensaje central. Y, aún tratándose de personas sinceras y devotas, puede fracasarse al tratar de aplicar las enseñanzas de la Biblia a su vida y ministerio. Conferir a la Palabra de Dios la autoridad única para encaminar fe y conducta entraña la ineludible responsabilidad de cerciorarse muy bien de qué es y qué no es Palabra de Dios, causa por la que no dejamos de insistir en la necesidad de tomar en consideración las claves interpretativas que ofrecemos.

Finalmente, la Biblia, en su conjunto, es presentada y es recibida como un libro en el que se encuentra la verdad. Buscar la verdad es el anhelo supremo del ser humano. Fue la gran pregunta de Pilato a Jesús y sigue siendo la inquietud de filósofos y científicos de todo tipo. La verdad ontológica, la verdad lógica y la verdad moral; la verdad científica y la verdad espiritual. La Biblia pretende presentar la verdad acerca de Dios. La tarea del lector es precisar lo que en el lenguaje cristiano se ha denominado como Palabra de Dios diferenciándolo de las explicaciones históricas, antropológicas, teológicas o circunstanciales que se encuentran en esos escritos. Es más –y esto no deberían olvidarlo quienes han caído en la confusa aseveración de catalogar el conjunto de libros en todo su contenido, de forma indiscriminada, como «texto sagrado» en el sentido de ser Palabra de Dios–: ninguno de esos libros reclama para sí tal título y su inclusión en el Canon ha estado sometida en todo tiempo a criterios humanos, como veremos en el capítulo correspondiente.

2. Géneros y giros del lenguaje

Los libros de la Biblia, tanto del Antiguo Testamento como del Nuevo Testamento, no están escritos con los mismos criterios lingüísticos que se escribe en la actualidad. Incluso en una misma época, pongamos la nuestra, no todos los autores tienen idéntico método para componer sus obras literarias. Algunos hacen uso y abuso de ambigüedades, de anécdotas, de analogías; los hay que son proclives a escribir siguiendo un método circular, otros, lineal; algunos se recrean en el uso de circunloquios, otros son más directos. No podemos leer de forma idéntica los poemas de Góngora que las sátiras de Quevedo, a García Márquez y sus *Cien años de soledad* que a Unamuno y su *Vida de don Quijote y Sancho* o *San Manuel Bueno, mártir*. Cada uno tiene su estilo, y es preciso introducirse en su particular forma de estructurar su pensamiento para poder entender su contenido.

Por otra parte, el hecho de que, especialmente en el Antiguo Testamento, encontremos diferentes estilos o géneros literarios: poesía, prosa, épica, lírica, etcétera, introduce una dificultad que es preciso tener presente. Existen claves distintas para adentrarse en cada uno de estos géneros. La poesía, por ejemplo, permite unas licencias que la narrativa histórica no admite. Además, hay que tener presente los quiasmos[4]

---

4. El quiasmo es una figura retórica basada en la repetición. Se trata de un paralelismo cruzado, es decir, de la repetición de una estructura sintáctica, con la particularidad de que en el caso del quiasmo los elementos que se repiten aparecen primero en un orden (por ejemplo, AB) y luego en el orden contrario (siguiendo el ejemplo, BA).

(*cfr*. Mateo 7:1-6), tan abundantes en los textos bíblicos, así como las analogías o metáforas con hechos ajenos a nuestra cultura actual que es preciso contextualizar, como veremos más adelante.

Pero el elemento tal vez más significativo que debemos tener en cuenta es el que se refiere a la literatura apocalíptica, un género literario que surge en Israel durante el período de dominación heleno y romano, en los siglos II y I a. C., y que se prolonga dos siglos más durante el proceso de la formación de las comunidades cristianas, una época de persecución e intolerancia a las ideas judías en principio y a las cristianas después. Vamos a dedicar una atención especial al género apocalíptico, dada su especificidad y las dificultades que entraña su lectura.

Las situaciones conflictivas anunciadas anteriormente hacen que se recurra a emitir los mensajes por medio de símbolos (como el uso del número 1000 y sus múltiplos para indicar algo incalculable), parábolas, imágenes y complejas metáforas; un lenguaje escatológico centrado especialmente en anticipar el fin de los tiempos, en el caso del Apocalipsis neotestamentario. Intentar descifrar este tipo de literatura, sin la necesaria e imprescindible preparación, supone un signo de inconsciencia conducente a establecer deducciones fuera del sentido que encierra el propio texto.

Y un dato más: la literatura apocalíptica está escrita por autores orientales dotados de una exuberante fantasía. A través de estos recursos literarios, lo que se pretende es poner de manifiesto el sufrimiento de los seguidores afines, sean judíos o cristianos, y ofrecer la esperanza de liberación puesta en una intervención mesiánica capaz de salvarlos de la situación de opresión en la que se encuentran. Y todo ello en un lenguaje que resultaba inteligible únicamente para los iniciados.

La palabra 'apocalipsis' significa «revelar, descorrer el velo, descubrir», y se refiere a una literatura revelada a personas iniciadas, aquellos que por su formación y proximidad ideológica y cultural son capaces de descifran los símbolos y las claves utilizados. Pero sin olvidar un aspecto significativo: revelar mediante la acumulación de símbolos, de cifras y de colores, sin preocuparse de su aparente incoherencia, con el objeto de que quede oculto para los extraños y sea inteligible tan solo para los afines ya iniciados en ese lenguaje, por lo que los detalles más o menos sorprendentes ocupan un lugar absolutamente irrelevante a los efectos de descifrar el sentido del mensaje transmitido.

Al igual que en el Antiguo Testamento se utiliza la figura del *profeta* para denunciar el castigo derivado de la conducta frecuentemente torcida del pueblo escogido, o bien para predecir las consecuencias que acarrean determinadas formas de vida, en la literatura apocalíptica se usa la figura del *vidente*, centrado especialmente en señalar el futuro, a partir de una descripción criptográfica, secreta, hasta cifrada, inteligible solo para iniciados, a diferencia del profeta que se dirige por lo regular al pueblo en su totalidad. El profeta, habla; el vidente, escribe.

Otro rasgo importante de los apocalipsis es la ocultación de la identidad del autor, por razones obvias, aunque posteriormente se hayan adjudicado a algún autor en particular, como ocurre con el recogido en el Canon del Nuevo Testamento, atribuido al apóstol Juan,[5] una ficción literaria muy común entre los textos bíblicos que busca reforzar la autoridad del escrito identificando el texto con algún personaje acreditado. Nada hace creer que los datos y fechas que se utilizan hagan referencia a hechos concretos.

Para arropar su mensaje de esperanza, en tiempos de desolación en los que se augura el fin del mundo, se recurre a ese género y se utilizan, incluso, figuras tomadas de concepciones míticas babilónicas, persas y griegas (por ejemplo, todo lo relativo a la angelología y la demonología), unidas a la escatología judía para afianzar su confianza en la intervención divina ofreciendo un destino glorioso como recompensa a los fieles y el castigo ineluctable a los infieles. Una vez más, el lenguaje es una herramienta para transmitir un mensaje, en este caso, de esperanza en medio de la desolación.

En la Biblia tenemos varios libros dentro de este estilo literario. El más importante del Antiguo Testamento es el libro de Daniel, de la época de Antíoco IV Epífanes (175-164 a. C.), que enlaza con la sublevación de los macabeos (166-160 a. C.), una época dura para los judíos, que sufren la humillación de la profanación del Templo bajo la tiranía de los invasores griegos. Igualmente forma parte de este género literario una porción del libro de Isaías (24–27; 33–35); algunos pasajes de Ezequiel, Zacarías y Joel. Pueden incluirse en este género los mensajes escatológicos de Marcos 13, Mateo 24 y Lucas 21, así como algunos pasajes de las cartas de Pablo a los Tesalonicenses.

Ahora bien, el ejemplo más notable de literatura apocalíptica es el Apocalipsis del Nuevo Testamento, que pudo ser escrito a finales del siglo I o principios del II, una época en la que los judíos y los cristianos, consumada la invasión de Jerusalén y la destrucción del Templo por las tropas romanas, habían sido y estaban siendo duramente castigados

---

5. A título simplemente de curiosidad, digamos que si el libro del Apocalipsis fue escrito en torno al año 100, el apóstol Juan debería tener por esas fechas al menos 120 años, si es que vivía. Resulta improbable pensar que fuera el autor material de ese libro.

por la maquinaria del Imperio (Tito, Nerón, Domiciano), lo que obliga a las comunidades cristianas a vivir su fe ocultas en las catacumbas, buscando formas de relación discretas a fin de protegerse de sus enemigos.

Otros libros, en este caso no incluidos en el Canon, que responden a este género, son los siguientes: el libro de Enoc (canónico para algunas iglesias ortodoxas), Cuarto Libro de Esdras, que figura como apéndice en la Vulgata latina y es aceptado por la Iglesia armenia, La Vida de Adán y Eva, Salmos de Salomón, el Apocalipsis de Pedro, Oráculos sibilinos, el Segundo Libro de Enoc, el Libro de los Jubileos, atribuido a Moisés, el Testamento de los Doce Patriarcas, atribuido a los doce hijos de Jacob, así como otros de diferente origen y contenido.

Una literatura que encierra estas características no puede ser leída como si de un libro de historia, o de poesía, o de doctrina catequética se tratara. La literalidad del texto nos conduce, inevitablemente, a establecer deducciones falsas, fuera del sentido que el propio texto pretende ofrecer. Otra cosa es que se quiera buscar en su lectura una aplicación devocional en momentos de tribulación, aunque, eso si, sin perder de vista el tipo de escrito de que se trata y el objetivo que pretende: generar esperanza en momentos de gran abatimiento y falta de perspectiva, como era la situación en la que se encontraban los creyentes a quienes van dirigidos esos libros, en una época de intolerancia y extenuación que amenaza convertirse en el fin de toda esperanza. En ningún caso, haciendo una lectura literal de las figuras literarias de que se sirve a fin de elaborar algún tipo de doctrina o establecer conclusiones escatológicas.

Otro elemento de atención importante, en este caso referido a los Evangelios, es el concepto *reino de Dios* o *reino de los cielos*, al que Jesús hace referencia de forma recurrente; si bien encaja dentro del terreno teológico propiamente dicho, plantea igualmente la necesidad de interpretar conceptos y giros de una cultura en otra muy diferente. ¿A qué estaba aludiendo Jesús cuando habla del reino de los cielos o enfatiza que «el reino de Dios está entre vosotros»? ¿Qué entendía Jesús por reino de Dios? Es cierto que Dios ha sido concebido como rey, más aún, como rey de reyes, pero en los Evangelios el reino de Dios parece más bien identificarse más con su propia presencia y acción entre los hombres.

El Bautista lo anuncia y afirma que «se ha acercado» (Marcos 1:15) exigiendo, con tal motivo, arrepentimiento; en boca de Jesús se dice que ya está entre vosotros (Lucas 17:21); y, con la oración modelo, enseña a pedir «venga tu reino». En los Evangelios sinópticos (Mateo, Marcos y Lucas), el uso de esta locución es amplísimo, aunque con intensidad diferente; en Juan, el Evangelio de la reflexión teológica, escrito ya en el seno de unas iglesias con una historia acumulada en torno al medio siglo, las dos únicas referencias que se hacen al reino de Dios son para indicar las dificultades de «acceder» a él, como un lugar ajeno, distinto al espacio en el que habitamos. «... El que no naciere de nuevo no puede ver el reino de Dios. [...] El que no naciere de agua y del Espíritu no puede entrar en el reino de Dios» (Juan 3:3 y 5). Y en Juan 18:36 se afirma tajantemente: «Mi reino no es de este mundo».

Volvemos a la pregunta: ¿qué entendía Jesús por reino de Dios? O, si se prefiere, ¿cómo fue evolucionando este concepto en el seno de las comunidades cristianas, hasta llegar a la más elaborada percepción que muestra el tardío Evangelio de Juan? En los Evangelios se utilizan cinco figuras, por medio de cinco parábolas, para intentar explicar lo que es el reino de Dios o reino de los cielos. Veamos en qué consisten y saquemos las consecuencias derivadas.

> «... el reino de los cielos es semejante a un tesoro escondido en un camino, el cual un hombre halla, y lo esconde de nuevo; y gozoso por ello, va y vende todo lo que tiene, y compra aquel campo» (Mateo 13:44).

> «... el reino de los cielos es semejante a un mercader que busca buenas perlas, que habiendo hallado una perla preciosa, fue y vendió todo lo que tenía, y la compró» (Mateo 13:45-46).

> «Así es el reino de Dios, como cuando un hombre echa semilla en la tierra, y duerme y se levanta, de noche y de día, y la semilla brota y crece sin que él sepa cómo. Porque de suyo lleva fruto la tierra, primero hierba, luego espiga, después grano lleno en la espiga; y cuando el fruto está maduro, enseguida se mete la hoz, porque la siega ha llegado» (Marcos 4:26-29).

> «¿A qué haremos semejante el reino de Dios, o con qué parábola lo compararemos? Es como el grano de mostaza, que cuando se siembra en tierra, es la más pequeña de todas las semillas que hay en la tierra; pero después de sembrado, crece, y se hace la mayor de todas las hortalizas, y echa grandes ramas, de tal manera que las aves del cielo pueden morar bajo su sombra» (Marcos 4:30-32).

> «¿A qué compararé el reino de Dios? Es semejante a la levadura, que una mujer tomó y escondió en tres medidas de harina, hasta que todo hubo fermentado» (Lucas 13:20-21).

Jesús acude a la parábola o a la metáfora para enseñar a los discípulos el sentido último de su mensaje. Fijémonos ahora en la parábola del buen samaritano (*cfr*. Lucas 10:3037). Jesús ve el reino de Dios en la compasión de un odiado samaritano; una persona que no es sacerdote, ni levita, ni asiste a los servicios del Templo, ni siquiera pertenece al pueblo de Israel. En pocas palabras, es un enemigo. Jesús rompe con la tradición más ortodoxa que exige que los buenos israelitas no se relacionen con gente impura. Tanto el sacerdote como el levita cumplen fielmente con la enseñanza de los rabinos intérpretes de las Escrituras, pero Jesús introduce un elemento nuevo, distorsionante: la compasión, que no llega de la mano de los amigos, sino de los enemigos.

Se trata de una relectura desconcertante. Frente a la rigidez de una justicia inmisericorde, Jesús establece el nuevo paradigma de la compasión y la misericordia altruista y generosa. Una vez más, la relectura de la historia y de las normativas bíblicas puede causar una revolución y un desafío. El resumen de la relectura que Jesús muestra a través de esta parábola, como exigencia del reino de Dios, es que hay que ser compasivos como el padre acogedor, como el samaritano misericordioso.

En realidad, las parábolas son, en el fondo, una relectura de las enseñanzas y normas vertidas en el Antiguo Testamento. Jesús se enfrenta a la mentalidad sectaria y excluyente de los judíos mostrando una exegesis que a ellos se les antoja herética. La parábola de la oveja perdida y de la moneda perdida (*cfr.* Lucas 15:4-6, Lucas 15:8-9), muestran que para entrar en el reino de Dios es necesario que todos sientan como suya la preocupación de Dios por los perdidos y su alegría al recuperarlos.

En definitiva, la lectura de las Escrituras que hacen los rabinos es excluyente de todos aquellos que no pertenecen al pueblo de Israel, mientras que Jesús hace una lectura diferente, una lectura universal de acogimiento. Jesús se identifica con el reino de Dios y, consecuentemente, reinterpreta el concepto «el Dios de los justos» como «el Dios de los que sufren»; un Dios que sana en lugar de un Dios que castiga.

En el segundo Libro de Samuel (5:8) se dice: «Ciego ni cojo no entrarán en la casa». Sobre la lectura de este y otros textos semejantes, los seguidores de la comunidad del Qumrán elaboran la normativa siguiente: «Quien no ve ni oye no sabe practicar la ley de Dios». Jesús hace una nueva lectura de esos textos y enseña que Dios es ante todo el Dios de los que sufren el desamparo y la exclusión, y recibe a los cojos, a los ciegos, a los sordos… para darles sanidad. Él dice a todos, sin distinción: «Venid, benditos de mi padre» (Mateo 25:34).

Para Juan se trata de un tema teológicamente asimilado por la comunidad cristiana, por lo que no le presta una atención especial. Y, a partir de ahí, se identifica el reino de Dios con Jesús resucitado, una concepción escatológica equiparada con la vida del mismo Jesús; un premio, un destino para aquellos que creen en Jesucristo.

El mensaje de la Iglesia bascula entre dos conceptos básicos: el Evangelio, equivalente a «buenas nuevas» y el reino de Dios, expresión que recoge el estado de bienestar espiritual de quienes han creído en Jesucristo, que se identifica con el paraíso, cuyo significado, desde el uso que de esta palabra hizo Jenofonte (431-354 a. C.) en su *Anábasis*, se relaciona con jardines preciosos y bien arreglados, aludiendo en este caso al jardín del edén, al que se accede o regresa después de la muerte.

Si buscamos una síntesis del Evangelio, llegamos a la conclusión de que Jesús centra su actuación en dos tareas fundamentales: anunciar la buena noticia del reino de Dios y curar las enfermedades y dolencias del pueblo (*cfr.* Mateo 4:23). Y esa es la misión encomendada a los discípulos (*cfr.* Lucas 9:2).

Aún hay otro detalle al que debemos hacer referencia: los relatos acerca de la vida y hechos de Jesús, aún pudiendo tener un soporte histórico, apoyados en la narración procedente de los testigos presenciales, son relatos estereotipados y desarrollados por discípulos que incorporan una visión teológica determinada, bien se trate de escritos dirigidos a judíos, a gentiles o pretendan un enfoque de carácter universal.

Es cierto que la figura histórica de Jesús es un hecho universalmente aceptado, al margen de las conclusiones a que se llegue en lo que a su naturaleza se refiere. El historiador judío Flavio Josefo habla de Jesús como de un hombre sabio que fue autor de hechos asombrosos. Pero no debemos perder de vista que el relato histórico que se ocupa de narrar una parte de su vida y enseñanzas está hecho bastantes años después de producirse los hechos y desde la admiración y la fe de discípulos de segunda o tercera generación. Una cosa son los relatos biográficos y otra muy diferente la composición literaria a partir de una fe determinada o una tradición ya elaborada. Un ejemplo elocuente de lo que estamos señalando tiene que ver con la infancia de Jesús, según la presentan los evangelistas Mateo y Lucas, una composición efectuada a la luz de la fe en Cristo resucitado, sin que aparentemente los autores dispongan de una información o documentación aparente.

Una vez que hemos renunciado a la pseudocreencia de que los libros de la Biblia sean textos dictados por Dios, una postura que los propios lectores deben hacer suya si lo consideran oportuno –posibilidad la del «dictado» que jamás ha sido defendida por ninguna escuela teológica o tradición eclesial, a lo que añadimos las dificultades propias de la traducción y de la trasmisión–, debemos admitir que esas narraciones pudieran estar contaminadas por influencias culturales o por determinados posicionamientos teológicos o interpretaciones de tipo personal, tema que tuvieron muy en cuenta los rabinos judíos con respecto al establecimiento del Canon del Antiguo Testamento y también los llamados padres de la Iglesia cuando desecharon algunos de los Evangelios y otros libros escritos sobre la vida de Jesús, considerándolos apócrifos o heréticos. Fue de esa forma como se llegó a dar forma a un «canon oficial» del Nuevo Testamento sobre el que no siempre se pusieron de acuerdo los diferentes sectores de la Iglesia y que ningún concilio ecuménico se tomó el trabajo de cerrar, salvo el ya tardío catolicorromano Concilio de Trento en el siglo xvi.

Con frecuencia resulta complicado poner de acuerdo al historiador, al teólogo sistemático y al teólogo pastoralista a la hora de afrontar determinados textos bíblicos. No obstante, dada su configuración, entendemos que en el propósito de los autores, especialmente los del Nuevo Testamento, prevalece sobre otros el criterio pastoral. Este criterio se traduce en ofrecer a los lectores una enseñanza y un reto espiritual que les lleve a un encuentro personal con Jesucristo.

Se trata de textos que encierran una intención kerigmática de la misión de Jesús de Nazaret, percibido ya como el Cristo, lo cual justifica suficientemente que incluso entre los cuatro Evangelios encontremos énfasis diferentes orientados, como es obvio, a atender las necesidades específicas de los lectores a los que van dirigidos, procedentes de trasfondos culturales y religiosos diferentes. El contraste resulta más llamativo si comparamos los Evangelios con los escritos paulinos que, como sabemos, están datados en fecha anterior. A Pablo no le preocupa en absoluto recuperar la figura histórica de Jesús y se ocupa directamente de su dimensión cristológica.

En lo que al historiador se refiere, los criterios a seguir a la hora de escribir la historia son muy diferentes en nuestros días de lo que eran en los tiempos bíblicos. Hoy, a los historiadores les interesa prioritariamente descubrir los hechos tal y como han podido ocurrir, desnudos de cualquier otra consideración. Los filósofos y los sociólogos extraerán de la historia enseñanzas o consecuencias, pero eso ya no es historia propiamente dicha. En cambio, el narrador bíblico adopta ante los acontecimientos una actitud muy diferente; lo que pasaba apenas si tenía relevancia, o al menos mucho menor que el sentido profundo y simbólico de lo que significaba. De ahí que los evangelistas no titubeen a la hora de echar mano incluso de los relatos de ficción en forma de «historia» si con esto pueden arrojar luz sobre el significado de la «auténtica historia», que sí estaba en el fondo, pero que escapaba a una comprensión inmediata y superficial. Un ejemplo contundente lo tenemos en los propios Evangelios, con versiones o matices tan diferentes entre sí que encontramos en ellos una forma de narrar la historia que en nuestros días resultaría totalmente inaceptable.

3. Un libro traducido

La Biblia no solo es un libro interesante de alcance universal, se trata también de un libro exótico desde el punto de vista lingüístico, literario y cultural. Constituye un objeto particularmente atractivo desde muy diversas perspectivas; una colección de libros muy diversos, tanto por la variedad de autores como por la época de su composición y por los diferentes géneros literarios en los que esos libros han sido escritos y transmitidos. Dos son los elementos que justifican su identificación: el primero, que hace referencia a un área geográfica y cultural relativamente homogénea, aunque muy reducida; y, en segundo lugar, el tema religioso, predominante en los libros que integran la Biblia, común a toda la colección.

Nos encontramos ante una colección de libros que ha seducido al mundo durante más de veinte siglos; un libro traducido prácticamente a todas las lenguas principales del mundo, incluso a aquellas que tienen un reducido número de hablantes. Y aquí nos encontramos con la palabra clave: *traducido*. El contenido de la Biblia ha sido trasladado de una a otras lenguas, algunas de ellas lenguas muertas, lo cual implica una serie de condicionantes que debemos tener en cuenta a la hora de realizar su lectura.

Quien afronta la tarea de traducir un libro asume el reto de hacer de mediador entre un texto y sus nuevos destinatarios; pero su tarea no es solo trasladar palabras de un idioma a otro, sino reproducir sentimientos, provocar sensaciones, visualizar diferentes cosmovisiones –una interpretación del mundo y su realidad–, lo cual exige una alta cualidad interpretativa y entraña un riesgo importante.

En ese proceso influye no solo el dominio de ambas lenguas, la transmisora y la receptora, sino el estado de ánimo del traductor y el conocimiento de determinadas ciencias instrumentales, como la arqueología, la historia, la antropología o la filología; y, sobre todo, su capacidad de mantener una exquisita neutralidad ideológica, propósito harto difícil de lograr, ya que la lengua refleja necesariamente las características psicológicas de quien habla o escribe.

Y todo ello sin perder de vista los aspectos teológicos que subyacen en cada relato bíblico. Unos hechos y unos sentimientos que hay que adaptar al lenguaje y a la mentalidad actual en un contexto social y cultural muy diferente al originario. Y hacerlo no mediante paráfrasis, salvo que el texto traducido en sí mismo lo exija, sino respetando el estilo y el contenido del original.

El deseo de fidelidad al texto, que todos los lectores de la Biblia coinciden en que ha de ser algo incuestionable, no siempre responde a un criterio unívoco. Los traductores, en especial en lo que se refiere a las traducciones bíblicas, utilizan dos técnicas diferentes para llevar a cabo su trabajo. Por una parte, está la técnica denominada de *correspondencia formal*, que se orienta principalmente hacia el idioma de las fuentes, es decir, su interés se centra en trasladar el mensaje en su formato original, procurando conservar lo más fielmente posible sus características gramaticales, la estructura del lenguaje y la propia equivalencia de las palabras; por otra parte, está la técnica conocida como *equivalencia dinámica*, que se orienta principalmente hacia el impacto que produce sobre el receptor y, en consecuencia, trata de lograr la forma más eficaz de comunicar la misma idea del original, el contenido del mensaje, en el lenguaje contemporáneo. Es evidente que no son pocos los casos en los que ambas técnicas se superponen y utilizan indistintamente.

Las sociedades bíblicas modernas, salvo excepciones, suelen trabajar con el método de la equivalencia dinámica. Llama la atención, sin embargo, que haya lectores de la Biblia, a los que podríamos calificar de pseudoexegetas, que aplican un tipo de lectura tan literalista, que los conduce a establecer posicionamientos teológicos sobre determinadas doctrinas apoyándose en una palabra, en una oración gramatical o en un versículo aislado, sin tener en cuenta ni el contexto ni la posibilidad de que se trate de la transcripción de un texto que en su versión original pudiera encerrar otros matices o posibilidades interpretativas. La Biblia, insistimos, hay que interpretarla en su conjunto, girando toda ella en torno al eje que marca la revelación suprema producida en Jesucristo.

Ciertamente, al traducir un texto de una lengua a otra, se producen pérdidas irremediables de información. Cuando trasladamos, por poner un ejemplo, los términos *filia*, ágape o *eros* del griego al español 'amor', recurriendo al único vocablo que la lengua castellana tiene para expresar esos sentimientos, es evidente que estamos perdiendo muchos de los matices que cada uno de ellos encierra. Al término 'amor' aplicado a *eros*, utilizado originalmente para designar al dios responsable de la atracción sexual y la fertilidad, le faltan referencias al deseo, a la apetencia sensual; si nos referimos a *filia* y utilizamos el término simplemente como 'amor', lo despojamos de su dimensión fraterna, afectiva, tal vez apasionada, pero carente del tipo de connotaciones que sugiere el vocablo *eros*; finalmente, si la palabra a traducir del griego al español es ágape, su sentido original nos obliga a recurrir a adjetivos que complementen el alcance de la palabra 'amor', que resulta insuficiente para expresar que se trata de un término que describe un amor incondicional y reflexivo en el que el amante tiene en cuenta solo el bien del ser amado y que algunos filósofos utilizaron para designar, por contraposición al amor personal, el amor universal, entendido como amor a la verdad o a la humanidad y que posteriormente, ya en el cristianismo, adquiere otras formas como amor a la esposa, a la familia o, incluso, un sentido litúrgico derivado de la fraternidad y expresado en una comida, «un ágape».

Tengamos en cuenta que una palabra puede ofrecer varios giros semánticos en función del contexto, del tiempo verbal o de ciertos modismos propios de una región que difieren de los de otras en las que formalmente la lengua de origen o destino es la misma, modificando sustancialmente el mensaje transmitido.

Pongamos un ejemplo, uno solo, de cómo de una a otra versión bíblica el sentido de una oración puede cambiar radicalmente. Tomamos como referente el Salmo 51:5b. Veamos diferentes traducciones:

> RV60: «… en pecado me concibió mi madre…».
> La Palabra (coincide): «… en pecado me concibió mi madre…».
> La Biblia del 2000 (en catalán): «… *la meva mare m'engendrà pecador*…».
> La Biblia de Estudio: «… soy pecador desde el seno de mi madre…».
> Nueva Versión Internacional: «… pecador me concibió mi madre…».
> Nácar Colunga: «… mi pecado está siempre delante de mí…».

Según las dos primeras versiones, puede deducirse que la madre del salmista no era un dechado de honestidad, o bien que el acto mediante el cual fue engendrado el hijo, era en sí mismo pecaminoso. La versión catalana califica al propio salmista como pecador desde el momento de haber sido engendrado, algo totalmente diferente a las versiones anteriores, con cuyo criterio coinciden la Biblia de Estudio y la Nueva Versión Internacional. Nácar Colunga, por su parte, brinda una nueva posibilidad, apuntando hacia la conciencia del salmista quien, consciente de su pecado, a cuyo origen no hace referencia, muestra su dolor y apunta claramente hacia el arrepentimiento.

Tal vez nos preguntemos cuál sea la versión verdadera. La respuesta es: todas y ninguna. El traductor hace un esfuerzo en trasladar no solo las palabras, sino los sentimientos del salmista, pero se encuentra con serias dificultades a la hora de dar sentido al conjunto de esas palabras que, en muchos casos, ofrecen opciones diferentes y brindan la posibilidad de darle giros heterogéneos.

Las reflexiones anteriores nos llevan a la necesidad de distinguir entre traducción e interpretación y a tomar en consideración los diferentes tipos de traducción interpretativa, así como los riesgos y dificultades que implica caer en un literalismo bíblico o biblicismo propio de las corrientes fundamentalistas. La interpretación literal de la Biblia, tanto si la hace el traductor como cuando la realiza el lector, es propia de un análisis hermenéutico que ignora todas las vicisitudes por las que pasa el texto bíblico; supone una negación de los diferentes aspectos literarios, de género, o de las figuras literarias (la parábola, la alegoría, el símil o la metáfora).

Sin duda, el traductor debe reunir unas cualidades profesionales extraordinarias para conseguir mantener la fidelidad tanto al texto como a las ideas que el texto encierra. En definitiva, para traducir es preciso no solo conocer las palabras sino que es necesario estar al tanto también de las circunstancias que concurren, de los lugares donde se producen, de las costumbres y, aún con todo ello, persiste la dificultad.

Resultaría absurdo pretender traducir un texto bíblico sin antes haberlo comprendido, como puede resultar igualmente absurdo tratar de asimilarlo o explicarlo sin tener en cuenta las diferentes posibilidades que encierra. No olvidemos que la Biblia no es una realidad literaria homogénea. En ella, como ya hemos apuntado anteriormente, hay muy diversos géneros y subgéneros literarios, tantos como autores. Hay poesía y hay prosa; hay épica, lírica, drama; hay textos didácticos y otros lúdicos, narrativos, históricos, jurídicos… Sin embargo, respetando su origen, en nuestras traducciones nos encontramos con una realidad literaria bastante homogénea, debido a que es fruto de uno o varios traductores que mantienen entre sí muchas afinidades culturales de tiempo, espacio y lengua, por lo que el resultado siempre resulta ser más homogéneo de lo que pudiera haber sido el original, hasta el punto que nos hace pensar que la Biblia fuera fruto de *un* mundo y *una* época más que de mundos y épocas muy diferentes y bajo situaciones dispares, debido a que son varios los siglos que separan la composición de los diferentes libros.

Estas y otras dificultades y consideraciones, que lleva implícitas la tarea de trasladar un texto de una lengua a otra, a las que se une el conflicto que entraña tratar de traducir emociones o sentimientos, ha hecho que en el islam no sea reconocido como libro sagrado el Corán fuera de la lengua original en la que fue escrito. Una exigencia que obliga a todos los fieles musulmanes a estudiar árabe, aunque no sea su lengua materna, con el propósito de poder leer legítimamente el texto que reconocen como revelado. Si los cristianos, a semejanza del islam, participaran de idéntico criterio, en lugar de destinar tanto dinero y esfuerzos humanos a traducir la Biblia a todas las lenguas y dialectos del mundo para difundir su fe, deberían consagrar su empeño en enseñar el griego y el hebreo, incluso el arameo, y ofrecer las Escrituras en sus lenguas originales.

Otra importante consideración que es conveniente señalar tiene que ver con determinar el tipo de relación existente entre la palabra hablada y la palabra escrita. En el mundo antiguo, y de forma particular entre los pueblos semitas, los «textos» (himnos, oraciones, relatos históricos, leyes, festividades, etcétera) no se transmitieron durante siglos en formato escrito, sino oral, mediante la repetición de las tradiciones familiares y colectivas, bien fuera en grupo o individualmente, tanto en los hogares como en los foros públicos o religiosos. Los propios himnos eran, en última instancia, expresiones litúrgicas, relatos familiares, leyendas comunitarias, expresiones de las tradiciones colectivas.

Ahora bien, dada la capacidad mnemotécnica a la que estaban habituados tanto los hebreos como otros pueblos afines, la transmisión de narraciones solía tener un elevado nivel de fidelidad con el mensaje original, pero resulta obvio pensar que no se daban los criterios de fiabilidad que hoy en día se exigen y se producen en la transmisión escrita. Y así, generación tras generación hasta que, finalmente, fueron vertidos en formato escrito y, más tarde, en nuestra propia lengua.

Naturalmente, nadie debería esperar que los datos referidos a la vida de Abraham, al resto de los patriarcas, a la estancia en Egipto, al período del Éxodo, etcétera, incluidos diálogos y detalles acerca del momento en que fueron llevados a cabo, transmitidos de forma oral durante siglos, recojan en su literalidad las palabras exactas de cada uno de ellos. No obstante, el sentido de los relatos puede ser suficientemente fiable sin que las palabras sean absolutamente coincidentes.

En definitiva, y sin por ello agotar el tema, a la hora de trasladar el texto bíblico a una lengua moderna, los traductores tienen que enfrentarse con otras muchas dificultades, como es el tratamiento que debe darse al lenguaje cuando se encuentran con metáforas, costumbres culturales difícilmente identificables, parábolas basadas en un determinado contexto cultural, pasajes con un doble sentido o mayor número de posibilidades, la incorporación de vocales a un texto que originalmente no las contemplaba, o el uso de signos de puntuación (interrogación, admiración, etcétera) no existentes en los textos traducidos; todo lo cual conduce a enfrentarnos a opciones diferentes de interpretación, según sea la versión de la Biblia que consultemos y en función del tipo de lenguaje al que se desee trasladar el mensaje, sea este culto o popular, tal y como queda demostrado en las diferentes versiones puestas al alcance de los lectores, de cuyo hecho hemos referido anteriormente un ejemplo detallado.

Otro motivo de conflicto se presenta cuando el traductor se encuentra con términos abstractos que representan una verdadera dificultad para la comprensión del texto y se ve obligado a adoptar un criterio que, en cualquier caso, encierra una buena dosis de subjetividad, por muy técnico, honesto y profesional que sea. Así mismo, es preciso tomar en consideración la influencia que puede ejercer sobre el propio escritor y, por ende, sobre el traductor, la dependencia histórico-cultural o la evolución teológica que el texto haya podido desarrollar con el paso del tiempo que, con frecuencia, puede llevar al traductor a afirmar lo que el texto no dice; o bien puede introducir cierta ambivalencia que reduce la contundencia del pasaje.

Pongamos otro ejemplo para aclarar algunos aspectos de lo dicho hasta aquí. En 2.ª Timoteo 3:16, Pablo afirma: «Toda la Escritura es inspirada por Dios, y útil para enseñar, para redargüir, para corregir, para instruir en justicia». Por otra parte, el Evangelio de Juan apostilla lo siguiente: «Estas cosas se han escrito para que creáis que Jesús es el Cristo, el Hijo de Dios, y para que, creyendo, tengáis vida en su nombre» (20:3). La segunda epístola de Pablo a su discípulo Timoteo está datada en el año 67; el Evangelio de Juan, entre el año 90 y el 105, tal vez el 95; y el Evangelio de Marcos, que es el más antiguo de los cuatro Evangelios, a finales de la década de los 60 o, con menor probabilidad, a principios de los 70, por lo que resulta evidente que la afirmación de Pablo, aunque posteriormente pueda ser asumida como axiomática por las iglesias cristianas aplicándola a toda la Biblia, no puede hacer referencia en sí misma al conjunto de libros del Nuevo Testamento, aún por escribir, ni aún siquiera a los propios escritos del apóstol de los gentiles. Afirmar lo contrario es hacer decir al texto lo que en realidad está muy lejos de sugerir y, mucho menos, de afirmar.

Pablo es un rabino judío y, como tal, al referirse a la Escritura, lo hace con su mentalidad judía, pensando en la Torá, es decir, el Pentateuco, que es el conjunto de libros sagrados que los judíos aceptan como referente dogmático; el resto, «los escritos» y «los profetas», estaban catalogados en otro nivel inferior. Por su parte, Juan, con «estas cosas», está refiriéndose en exclusividad al conjunto de lo escrito en su Evangelio, en una época en la que ya circulaban corrientes heréticas, como el gnosticismo, que pretendían distorsionar las enseñanzas de Jesús.

Bien es cierto que las palabras de Juan podrían aplicarse a todas las escrituras consideradas sagradas, pero ese alcance no cabe, por sí mismo, en el texto que nos sirve de referencia. Deducir de ambos pasajes que Pablo y Juan estaban refiriéndose al conjunto de libros que integran la Biblia, cuando el Canon del Antiguo Testamento no sería sancionado hasta el año 90 por los rabinos judíos y el del Nuevo Testamento tardaría décadas, incluso centurias, en ir siendo asumido como texto sagrado de forma universal por el cristianismo, es atribuir a la Biblia lo que ella misma está muy lejos de afirmar. Dicho en términos hermenéuticos: es usar el texto como pretexto para afianzar determinadas ideas teológicas preelaboradas.

Otro aspecto importante que es preciso tener en cuenta es que, para el traductor, afrontar el reto que plantea trasladar un texto oscuro de difícil comprensión teológica supone una dificultad añadida que, en ocasiones, se ve obligado a resolver con notas a pie de página y, en otras, intentando amoldar de tal forma el lenguaje que, al menos sutilmente, permita al lector percibir el sentido último del pasaje; y todo ello cuidando, escrupulosamente, de mantener el criterio de fidelidad al original.

Dicho lo que antecede, estamos en condiciones de afirmar que la traducción nos sitúa ante la inevitable confrontación que plantea el reto de plasmar un texto procedente de una cultura antigua en otra muy diferente y distante, y hacerlo sin que el contenido pierda su equivalencia, de tal forma que, por muy fiel que resulte, toda traducción viene a ser, en cierto modo, un sucedáneo del original. Por ello, es sumamente importante que el traductor, antes de emprender su tarea, comprenda la naturaleza global del texto, su propósito original, aunque siempre le quede la duda de haber sido capaz de captarlo en su totalidad. E igual criterio es aplicable al lector de la Biblia.

De esa realidad se desprende una conclusión importante: lo paradójico y erróneo que resulta que, como lectores, se tomen las palabras o frases del texto bíblico en su literalidad, fuera del contexto en el que se producen, ya que, cuanto más grandes son las distancias culturales, más amplio debe ser el criterio de valoración del equivalente semántico, y, consecuentemente, lo arriesgado que puede llegar a ser aplicar un sentido literalista al texto bíblico y elaborar de esa forma determinadas doctrinas o posturas teológicas, tal y como acostumbran a hacer los lectores fundamentalistas.

Esa paradoja se acrecienta cuando comprobamos que hay lectores que están tan familiarizados con una determinada versión de la Biblia que les cuesta un enorme esfuerzo admitir la utilidad o validez de las nuevas versiones o ediciones revisadas que con tanta dedicación llevan a cabo las sociedades bíblicas en un afán permanente de depurar posibles errores o llenar lagunas que han ido apreciándose en versiones anteriores. Estos lectores reticentes muestran su desagrado por el hecho de que determinados textos se expresen con diferencias o matizaciones, o utilicen un lenguaje distinto a «su Biblia» para ajustarse más al original, ya que en su fuero interno han elevado al rango de «sagrada» la traducción con la que se han familiarizado, incluso memorizado, por encima del texto original del que procede; un texto del que tampoco disponemos de manuscritos originales, ya que no debemos ignorar que la Biblia actual es fruto de copias de copias, por lo que, al hacer las oportunas comprobaciones entre las diferentes fuentes que se manejan, no dejan de descubrirse variantes textuales debidas a errores, sean intencionados o involuntarios, omisiones o alteraciones de letras, palabras o frases de las diferentes copias.

Las sociedades bíblicas son, sin duda, conscientes del peligro de la subjetividad individual, especialmente la proveniente de determinados posicionamientos ideológicos a los que ya nos hemos referido, por lo que se cuidan de someter los procesos de traducción al criterio científico de equipos de trabajo interdisciplinarios, generalmente muy cualificados. La tarea en solitario que se atribuye a Casiodoro de Reina, aun tratándose de una obra señera en lengua castellana, no es habitual y, de hecho, sería poco tiempo después sometida a revisión de la mano de Cipriano de Valera y, posteriormente, a otras revisiones hasta el día de hoy, con el objeto de lograr el mayor grado de fidelidad y equivalencia entre una y otra lengua. Con todo, es innegable que mantener una paridad aséptica –teniendo en cuenta que toda traducción es, en alguna medida, una interpretación– es absolutamente imposible, tal y como podemos comprobar si contrastamos unas traducciones con otras, ejercicio al que nos hemos asomado anteriormente.

Y, finalmente, una referencia breve al proceso evolutivo del lenguaje bíblico. Más adelante dedicamos un apartado al sentido del lenguaje propiamente dicho. En lo que al lenguaje bíblico se refiere, por muy estimada, incluso idealizada que esté entre el sector protestante la versión

Reina-Valera, conocida como *Biblia del Oso*, o la Nácar Colunga entre catolicorromanos, no resultará difícil entender la necesidad de ir actualizando el lenguaje mediante nuevas revisiones que adapten el texto a la evolución del lenguaje en la época en la que se accede a su lectura. Personalmente, la primera Biblia que leí fue la revisión de Reina-Valera de 1909; en 1960 se produjo una nueva revisión y, posteriormente, las sociedades bíblicas han puesto a nuestro alcance una gran gama de versiones en castellano que introducen un lenguaje más acorde con el que se utiliza en la vida cotidiana. Resultaría realmente anacrónico, y, por otra parte, ininteligible en buena media, si pretendiéramos acceder a la lectura de la Biblia en la versión original de Casiodoro de Reina de 1569, a pesar de que Menéndez Pelayo dijera de ella que se trata de una joya literaria del Siglo de Oro, a no ser que se diera el caso de ser movidos por un interés exclusivamente filológico; y, aunque en menor medida, ocurre algo semejante si nos detenemos en la revisión que de esta Biblia se hizo en el año 1909 o en cualquier otra en particular.

Cuando, en la década de los 60 del siglo pasado, se introdujo en las iglesias protestantes la nueva revisión Reina-Valera, fueron muchos los lectores evangélicos que mostraron su rebeldía a aceptarla al comprobar que muchas de las palabras arcaicas con las que estaban familiarizados, y a las que conferían (a ellas mismas y no a la idea que transmitían) el marchamo de revelación, habían desaparecido para ser sustituidas por otras más comprensibles; palabras que conocían y recitaban de memoria, en muchos casos sin conocer en ocasiones su significado. Recientemente, ha ocurrido algo semejante con la nueva versión *La Palabra*, editada por la Sociedad Bíblica de España; los hay que la rechazan por considerar que se trata de un lenguaje con el que no se sienten identificados. Se olvida que el lenguaje es vivo y cambiante. Las palabras no mantienen un significado estático; con el tiempo van adquiriendo nuevos matices, incluso en ocasiones llegan a convertirse en palabras muertas, fuera del uso habitual. Por otra parte, los avances científicos van aportando mejoras en las herramientas que se utilizan que hacen más accesible el conocimiento de las lenguas de origen.

Consideramos necesario ir adaptando el texto a las nuevas exigencias filológicas con el propósito de que el lector pueda penetrar inteligiblemente en el mensaje del texto transmitido. Fundamentar el valor de una doctrina en una palabra determinada, como en ocasiones se hace, es una irresponsabilidad que conduce a errores y posicionamientos equívocos, cuando no a herejías.

El lector responsable debería tener en cuenta las consideraciones hechas, a fin de no extraer del texto bíblico enseñanzas, mandamientos o predicciones ajenas al propio texto, para lo cual tiene que aprender a hacer lecturas comprensivas desde la revelación cristocéntrica que ofrece la imagen de un Dios universal de amor. Por supuesto que nada de lo dicho desautoriza la validez de la Biblia que, desde la fe, se considera que encierra Palabra de Dios, si bien arropada con historias, reflexiones, anécdotas y otro tipo de lenguaje humano que es preciso identificar y depurar ya que, con frecuencia, puede oscurecer mensajes que afianzan esa fe en Jesucristo como salvador, refuerzan la esperanza y sirven de alimento espiritual a los creyentes.

4. Un libro transmitido

Nos ocuparemos ahora de hacer algunas reflexiones derivadas de nuestro punto anterior, en el que hemos estado analizando el alcance que tiene el hecho de que la Biblia sea un libro traducido de otras lenguas, a lo cual hay que recordar que, además, se trata de lenguas muertas. Reiterar, por otra parte, que no disponemos de ningún libro de la Biblia, sea del Antiguo Testamento o del Nuevo Testamento, en su versión original, un dato que tal vez pueda sorprender a algún lector insuficientemente informado.

Dejando a un lado el hecho ya analizado, es decir, que antes de haberse realizado la transcripción a formato escrito de la literatura hebrea el texto pasó por procesos de transmisión oral y las dificultades que tal operación entraña, nos centraremos ahora en constatar un hecho concreto y las consecuencias derivadas del mismo: una vez que fueron fijados por escrito los diferentes textos que forman el conjunto de las Escrituras, la tarea consistió no tanto en memorizarlos y transmitirlos de forma oral, sino en hacerlo por escrito. En un largo período de tiempo en el que no existían otros medios para copiar que no fuera de forma manual, ejemplar a ejemplar, entra en juego el papel relevante de los copistas.

Los amanuenses o copistas eran, antes de la aparición de la imprenta, personas cuyo oficio consistía en copiar libros a mano. Escribir un manuscrito completo ocupaba meses o años de trabajo, según fueran sus dimensiones. Los libros se copiaban para determinadas instituciones o para personas de las clases más prominentes y, dado el tipo diferente de letra y otros detalles de ámbito personal, cada ejemplar se convertía en una obra única.

En principio, el de copista fue un oficio de siervos, para convertirse en la Edad Media en una actividad desempeñada por los monjes, cuando los centros monásticos se especializaron en ser transmisores y salvaguardas del patrimonio de los libros escritos. A veces copiaban directamente, pero era frecuente que la transcripción la hicieran al dictado de otra persona.

Ya en la época en la que se van configurando los libros del Antiguo Testamento tenemos constancia de los copistas, encargados de custodiar y trasmitir los textos sagrados. A partir del siglo vi de nuestra era, fueron conocidos como 'masoretas',[6] en referencia al nombre del texto más utilizado.

Tanto los escribas como los masoretas y los monjes copistas tienen fama de haber sido personas muy cuidadosas con su trabajo para no cometer errores. No obstante, se ha demostrado que sí se han producido errores de transmisión; errores que en su momento no fueron detectados o fueron tolerados; errores ortográficos unos, de omisión o repetición de una o varias letras, palabras o líneas; cambio en los signos de puntuación; transposiciones de letras o palabras; divisiones de palabras en los lugares equivocados; errores derivados de los problemas de visión en los oscuros monasterios; caligrafía ininteligible, etcétera. Errores que posteriormente eran reproducidos cuando de ese mismo ejemplar se hacían nuevas copias.

Lo cierto es que todos los escritos de la Antigüedad han llegado hasta nosotros con muchos cambios. En lo que a la Biblia se refiere, los eruditos tienen detectados algunos, como la inclusión del nombre de Cainán en Lucas 3:36, sin referencia consecuente en las genealogías del Antiguo Testamento; otro ejemplo de error detectado es la referencia a la edad de Joaquín cuando comenzó su reinado. En 2 Reyes 24:8 dice que «era de dieciocho años», mientras que en 2 Crónicas 36:9 nos indica que «de ocho años era Joaquín cuando comenzó a reinar». Ampliando la información con Ezequiel 19:5-9 y 2 Reyes 24:9, se deduce que en realidad comenzó a reinar a los dieciocho años, infiriendo con ello que el dato de 2 Crónicas tiene que entenderse como un error del traductor o del copista más que del escritor.

---

6. Los *masoretas* eran judíos que trabajaron entre los siglos vi y x de nuestra era en las ciudades de Tiberias y Jerusalén como sucesores de los *soferim* o escribas en la responsabilidad de hacer copias fidedignas de las escrituras sagradas. El término hebreo *'masorah'* significa «tradición». Designa la compilación de tradiciones rabínicas relativas al texto bíblico que los masoretas recogieron en los márgenes superior e inferior de cada página de un manuscrito. El texto hebreo carecía de vocales gráficas.

Un tipo de error importante es el producido como consecuencia de una costumbre habitual que se daba especialmente entre los monjes copistas, consistente en poner notas explicativas en los márgenes del escrito. Un comentario, una aclaración, un añadido que se le ocurría a la hora de la transcripción y que le parecía de interés para los futuros lectores. En principio, no suponía un problema para la integridad del texto, algo parecido a la práctica de algunas traducciones actuales de la Biblia, que incluyen notas a pie de página con idéntico o parecido sentido. El error se produce cuando copistas posteriores consideran que la nota marginal es una omisión que tuvo su colega anterior y que luego escribió en el margen o, en cualquier caso, consideran que es de tanto interés, sirve tan eficazmente para dar claridad al texto o amplía y completa su sentido o reafirma una doctrina importante que decide intercalarlo, como si de una parte indisoluble del propio texto original se tratara.

Otras veces fueron los propios rabinos, en unos casos, o determinados teólogos, en otros, los que introdujeron algún cambio por razones doctrinales, como el suprimir algunas expresiones que pudieran interpretarse como blasfemias o contrarias a la fe establecida, si bien la disciplina a la que eran sometidos los masoretas hacía bastante peligrosa esta práctica. Más común resulta la acción entre los monjes medievales, en cuyos monasterios se llevó a cabo la tarea de traducción y traslación más conspicua, no solo de los libros de la Biblia, sino también de otros procedentes de las culturas clásicas. Esos monjes, quienes se hicieron con su trabajo acreedores a un reconocimiento universal por la labor llevada a cabo, no son ajenos a esos cambios, omisiones o añadidos, tal y como muestran los estudios modernos efectuados al efecto. A veces estos añadidos o cambios fueron hechos para intentar contrarrestar doctrinas heréticas como el gnosticismo, el adopcionismo, el docetismo y otras corrientes doctrinales que vulneraban la postura oficial de la Iglesia.

Si nos retrotraemos a los primeros años de la era cristiana, especialmente a los dos primeros siglos, es preciso señalar que hay evidencias de que quienes se ocuparon del trabajo de copistas de los libros del Nuevo Testamento no fueron tan buenos profesionales como llegaron a ser los masoretas o los monjes medievales, con lo que era frecuente que, en ciertos pasajes, prevaleciera el interés doctrinal por encima del rigor científico.

Una nota más en lo que a las dificultades de la transmisión del texto se refiere. Existen algunos pasajes del Nuevo Testamento que no aparecen en los manuscritos más antiguos. Señalamos tres en concreto, solo a título de referencia: el de la mujer adúltera (Juan 7:53–8:11), los últimos once versículos de Marcos (16:9-20) y el inciso de 1.ª Juan 5:7, que hace mención expresa a la Trinidad.

Es muy probable que la historia de la mujer adúltera, dado el sentido y la enseñanza que encierra, circulara entre algunas de las comunidades cristianas y fuera transmitida de una a otra generación; y, aún más, responde perfectamente al pensamiento y enseñanza impartidos por Jesús, por lo que era deducible que muy bien podría tratarse de una parábola o de un hecho real que, por razones de desconocimiento del autor o autores del *Documento Q* («los dichos de Jesús»), el propio Marcos como primer evangelista, Mateo y Lucas, que le siguen, o el propio Juan, que escribe más tardíamente, no habría sido registrada en ninguno de los Evangelios.

Resultaría menos extraño que el Evangelio de Juan lo omitiera, dada su orientación de mayor calado teológico, pero que no aparezca en ninguno de los sinópticos resulta más chocante todavía. Dentro del terreno de las deducciones, pero sobre la base de que no aparezca el relato en los manuscritos más antiguos, la deducción de que un copista por sí mismo o a instancias de algún padre de la Iglesia la introdujera en el Evangelio de Juan no resulta nada descabellada.

Tenemos, por otra parte, el inciso de 1.ª de Juan 5:7, que hace mención de la doctrina de la Trinidad. Señalar, en primer lugar, que las comunidades cristianas recibieron el mandato de Jesús, que llevaron a cabo, sin duda, de hacer las cosas en «su nombre», es decir, apoyándose en «su autoridad», la autoridad y el nombre de Jesús (*cfr*. Juan 16:23, Hechos 2:38 y otros muchos). Y así se hizo. Los bautismos, por ejemplo, se realizaban «en el nombre de Jesús».

Muy pronto la Iglesia fue asumiendo la idea del Dios trino, es decir, la triple manifestación de Dios como Padre, Hijo y Espíritu, pero se trata de una doctrina que costó mucho aceptar de forma universal, ya que sectores influyentes de diferentes comunidades la cuestionaban seriamente. No fue hasta el Concilio de Nicea, en el año 325, cuando fue declarada como un dogma de fe, después de muchos debates y enfrentamientos, no solo dialécticos, entre los padres de la Iglesia.

Tertuliano, que llegó a alcanzar un gran prestigio y autoridad, utiliza el término unos años antes, en el 215, afirmando que «los tres son uno», aunque ya hay otras referencias anteriores con idéntico significado, como la que hace Teófilo de Antioquia en torno al año 180, refiriéndose a Dios, su *Logos* (Verbo, Palabra) y su *Sophia* (Sabiduría). No obstante la definición de Nicea, las iglesias pasaron por todo un proceso histórico de debates y conflictos que condujeron a declarar anatemas y excomuniones a sus detractores hasta que el dogma fue ratificado en Constantinopla, en el concilio celebrado el año 381 y, más tarde, en el Concilio de Calcedonia, celebrado el año 451.

Es evidente que si los padres de la Iglesia hubieran dispuesto del texto tan contundente de 1.ª Juan 5:7 («Porque tres son los que dan testimonio en el cielo: el Padre, el Verbo y el Espíritu Santo; y estos tres son uno»), los concilios se hubieran ahorrado serios disgustos y el debate no se hubiera prolongado formalmente hasta el siglo v. No resulta atrevido inferir que se trata de un texto que, si bien recoge fielmente la doctrina que ha ido conformándose en las iglesias de la Patrística y se ha mantenido hasta nuestros días (un texto que, por otra parte, no aparece en los manuscritos más antiguos), se trata de un pasaje espurio que responde al deseo de reafirmar y revestir de autoridad una doctrina que, en nuestros días, está asumida como revelada por Dios, pero que en la época en la que se produce la intercalación sigue siendo discutida en diferentes sectores.

En cuanto a los once últimos versículos de Marcos (16:9-20), se trata de otro de los pasajes cuya inclusión en el primer Evangelio no aparece en los manuscritos más antiguos. Sobre este pasaje, transcribimos en su literalidad, a modo de explicación, la nota a pie de página que incluye la reciente versión de la Biblia La Palabra, editada por la Sociedad Bíblica de España:

> Según testimonio de varios mss., entre ellos el Sinaítico y el Vaticano, considerados por los expertos como los más antiguos y mejores, el Evangelio original de Marcos termina en Mc 16:8. Otro final, recogido y transmitido por numerosos mss., es el conocido como «final largo», que comprende los vv. 9-20 de esa traducción. Esta terminación más extensa es la forma aceptada mayoritariamente por las iglesias.

En resumen, un texto que no figura en los manuscritos más antiguos, pero que ha sido aceptado posteriormente, aun a sabiendas de que, con respecto al original, se trata de un añadido espurio.

5. El Canon

La palabra 'canon' significa, literalmente, «vara recta» o «regla de medir». Los libros del Antiguo Testamento fueron agrupados tardíamente en tres divisiones principales: Ley, Profetas y Escritos.[7] La Ley fue aceptada como canónica hacia el año 400 a. C.; los Profetas fueron aceptados hacia el año 200 a. C.; y los Escritos, como los tenemos hoy, parecen hallarse concluidos hacia el año 100 a. C., aunque es cierto que no todos los eruditos se ponen de acuerdo en las fechas. La aceptación final se llevaría a cabo en el Concilio de Jamnia, en el año 90 d. C., un concilio integrado por expertos judíos.

Llevar a cabo una relectura de la Biblia, como pretendemos, aplicando una hermenéutica científicamente creíble requiere, además, tomar en consideración el papel que juega el Canon, tanto el realizado por el Concilio de Jamnia referido al Antiguo Testamento como el sancionado definitivamente en el Concilio de Trento (1546), con el que se cierra el reconocimiento por parte de la Iglesia católica, en este caso, de los 27 libros que componen el Nuevo Testamento.

En lo que al Nuevo Testamento se refiere, es de señalar que, con anterioridad a Trento, ningún concilio ecuménico había sentenciado en su totalidad qué libros deberían ser considerados sagrados, aunque sí es cierto que algunos concilios locales lo hicieron, como el de Hipona (393), el de Cartago (397 y 419), el de Trullo (Constantinopla, 692) y el de Florencia (1441).

Sobre el Canon del Antiguo Testamento, fueron varios los concilios cristianos que debatieron acerca de la aceptación o rechazo de la tradición alejandrina, que incluía los llamados libros deuterocanónicos o apócrifos que se encuentran en la Septuaginta[8] pero no en el texto masorético hebreo. Finalmente, fueron aceptados por la Iglesia católica en el Concilio de Trento y rechazados formalmente por la tradición protestante, si bien Lutero los mantuvo, en una sección intermedia entre los dos Testamentos, definidos como «útiles y buenos de leer».

Por otra parte, es sobradamente conocido que en los primeros tiempos de la Iglesia fue la tradición oral basada en la enseñanza de los apóstoles y de los primeros cristianos la pauta que marcó las reglas de fe y conducta de las diferentes congregaciones que iban surgiendo en el mundo contemporáneo.

---

7. Las referencias de Jesús son «Ley y Profetas» o «Ley y Salmos».
8. Biblia griega o de *Los Setenta* (Los lxx) traducida de textos hebreos y arameos, o bien escritos en algunos casos directamente en griego que, según una leyenda muy extendida, hace referencia al número de traductores que trabajaron bajo encargo de Ptolomeo ii Filadelfo (284-246 a. C.); presuntamente 72 traductores. Es la Biblia de los judíos de la diáspora, una colonia muy numerosa en Alejandría.

Una vez que la fe cristiana se fue consolidando y el paso del tiempo difuminó la enseñanza apostólica, las iglesias sintieron la necesidad de ir recogiendo las enseñanzas de Jesús en escritos que pudieran servir de referencia a los nuevos creyentes. De esta forma, irían surgiendo los llamados «dichos de Jesús», que luego adoptaron la forma de Evangelio como actualmente los conocemos, en un proceso que ocupó varias décadas.

Otra aportación importante fueron las cartas de algunos de los apóstoles, o sus discípulos inmediatos, dirigidas a las congregaciones que estaban bajo su autoridad, bien fueran escritas para resolver problemas surgidos en su seno, o bien para instruir doctrinalmente a los feligreses. Algunas de esas cartas, no todas, así como otros escritos de tipo general, como los Hechos de los Apóstoles o el Apocalipsis, los tenemos en el Canon del Nuevo Testamento.

Conviene insistir en que todos esos escritos: epístolas, narración de los dichos de Jesús, reflexiones teológicas o instrucciones pastorales, no eran «las Escrituras» a las que Pablo se refiere cuando dice: «Toda escritura es inspirada por Dios» (2.ª Timoteo 3:16). Como ya hemos mencionado anteriormente, Pablo, como buen judío, está haciendo referencia específica a la Torá, es decir, a los Libros de la Ley: al Pentateuco. Los escritos que van produciéndose en el seno de la Iglesia son apreciados, posteriormente venerados y, finalmente, pasado el tiempo, aceptados como inspirados, pero no calificados como Palabra de Dios en la época de los apóstoles ni en los tiempos de la Patrística, en el sentido que hoy en día se da a ese término.

Necesario es recordar, por otra parte, que las iglesias no surgen y crecen con una estructura y un cuerpo doctrinal uniforme. Existen discrepancias entre ellas, como la que se provoca en torno a los judaizantes que exigían que los gentiles convertidos pasaran por los ritos judíos antes de ser aceptados en la Iglesia y que provocó el Concilio de Jerusalén (cfr. Hechos, capítulo 15) para intentar consensuar un acuerdo unificador que, finalmente, rechazó esa exigencia de los más ortodoxos.

Con el paso del tiempo, las discrepancias fueron cristalizando y comenzaron a ser calificadas de herejías; y a esas discrepancias va unido el rechazo que algunos de los líderes hacen con respecto a determinados escritos que han comenzado a circular entre las iglesias, por entender que no representan fielmente la tradición de la Iglesia. Entre otros, destaca en ese tiempo Marción de Sinope (c. 85-c. 160), escritor y teólogo, que fue excomulgado y vuelto a admitir en una u otra iglesia en varias ocasiones, quien no solo rechaza el Antiguo Testamento, sino los escritos que van circulando y alcanzando nivel de «inspirados», centrando su interés únicamente en el Evangelio de Lucas y en las epístolas de Pablo, sobre las que elabora tu teología.

Otros teólogos, como Montano (¿?-175), un antiguo sacerdote de la diosa Cibeles convertido al cristianismo, pretendía introducir como libros sagrados sus propios escritos y ciertas prácticas heterodoxas, proclamando que había sido poseído por el Espíritu Santo y anunciando que con él había comenzado una nueva era. Este argumento de ser poseídos por el Espíritu Santo ha sido posteriormente esgrimido por otros visionarios que han pretendido introducir sus propios escritos como libros sagrados (cfr. *El Libro del Mormón. Otro testamento de Jesucristo,*[9] rodeado de una rocambolesca leyenda), o los escritos de Ellen G. White (1827-1915), entre otros.

Estas situaciones, que llegaron a enfrentar a unas iglesias con otras, aconsejaron establecer un canon del Nuevo Testamento, un canon semejante al que los judíos habían establecido para el Antiguo Testamento. Por otra parte, la proliferación de otros muchos escritos cuya fuente no era fiable, es decir, no estaban vinculados a una autoridad apostólica, conocidos por ello como apócrifos, coadyuvó a fijar con precisión el índice de los «libros sagrados», tarea nada sencilla, ya que no todos los que ahora informan la lista de los 27 estuvieron incluidos en un principio, mientras que otros como la *Didajé* y el *Pastor de Hermas*, aceptados como parte de la colección sagrada durante bastante tiempo, fueron finalmente rechazados.

Esta preocupación se fue plasmando en los escritos de algunos Padres de la Iglesia, si bien no de forma coincidente y sin que ninguno de los grandes concilios ecuménicos abordara el tema sancionando una lista determinada. El intento más antiguo de establecer un canon del que tenemos conocimiento lo encontramos en Ireneo de Lyon (130-*c.* 202), en su libro *Adversus haereses* (*Contra las herejías*), en el que señala la existencia de los cuatro Evangelios.

No será hasta el año 1740 cuando se descubran los restos de un papiro que lleva el nombre de su descubridor (*Canon Muratori*), copia de un documento del siglo VIII, atribuido a otro documento del siglo II, que presenta el listado de libros aceptados como canónicos, que no solo no incluye algunos de los 27, sino que reconoce canonicidad a otros como la *Sabiduría de Salomón*, el *Apocalipsis de Pedro*, el *Pastor de Hermas* (lectura recomendada, no inspirada); deja fuera *Hebreos* (que sí es citado por Tertuliano poco después), *Santiago*, las dos *Epístolas de Pedro* y

---

9. John Smith publicó su obra por primera vez en 1830.

una de las tres *Epístolas de Juan*. Más tarde circularía el Canon de Tertuliano, del siglo III, y el Canon de Eusebio, del siglo IV, ninguno de ellos coincidente en su contenido.

En el 367 d. C., Atanasio, obispo de Alejandría, escribe una carta donde menciona los 27 libros que hoy componen el Nuevo Testamento como definitivamente canónicos y cita los libros del Antiguo Testamento tal y como hoy componen el Canon judío y el protestante. Y, tal y como hizo Lutero más de 1000 años después, los deuterocanónicos los recomienda como literatura «devota» pero «no como autoridades canónicas». Inmediatamente refiere la lista de los 27 libros del Nuevo Testamento indicando que los tales son los «únicos donde las enseñanzas divinas son proclamadas. No añadáis ninguno a estos; no prescindáis de ninguno».

Es preciso mencionar que no todas las iglesias mantenían un mismo criterio; habrá que llegar a finales del siglo IV para comprobar que sí existe unanimidad entre las iglesias que integran los cinco patriarcados en lo que se refiere al Canon del Nuevo Testamento. Aunque no exista un respaldo conciliar al respecto.

Ese proceso nos permite tomar conciencia de la autoridad que tuvo en su reconocimiento lo que, posteriormente, se ha conocido como «la tradición», a veces representada por los concilios ecuménicos, otras por sínodos locales y, en muchos casos, por la autoridad de los llamados Padres de la Iglesia, que aportaron sus propios criterios a favor de uno u otro razonamiento selectivo, siempre y cuando sus enseñanzas fueran identificadas con las de los apóstoles. En estos casos, durante mucho tiempo, conviven como fuente de autoridad los escritos que van siendo reconocidos como sagrados y la tradición transmitida oralmente.

A este respecto, resulta de interés recordar las palabras que recoge en su tratado teológico *Commonitorium* (434) Vicente de Leríns († *c*. 450 d. C.), monje grecorromano, padre de la Iglesia, que firma su trabajo con el seudónimo de Peregrinus, en el que desarrolla las reglas que debe seguir un cristiano para distinguir el contenido doctrinal del cristianismo original del planteado por las herejías: «la escritura es suficiente y más que suficiente», si bien la autoridad debe encontrarse en «su conformidad con toda la Iglesia en todo tiempo y lugar, lo que ha sido creído en todas partes, siempre y por todos». Este criterio excluye claramente las genialidades de algunos pseudoprofetas que pretenden imponer criterios personales a la totalidad de la Iglesia.

Al margen de cualquier tipo de disputa teológica, la Iglesia terminó asumiendo un criterio en lo que a la inspiración se refiere: la inclusión en el Canon, es decir, la aceptación de unos libros y el rechazo de otros, estableciendo unos determinados criterios. Se trata de un proceso que tardó en consolidarse mucho tiempo, pero que terminó siendo asumido por la Iglesia de forma universal como una prueba evidente de la intervención de Dios guiando primero a los autores y, posteriormente, a las iglesias hacia un fin común. De esta forma, inspiración y fe forman un bloque inseparable.

¿Cuáles son los criterios que prevalecieron a la hora de determinar la canonicidad de los libros del Nuevo Testamento? Básicamente cuatro: 1) antigüedad: los escritos debían haber sido escritos en tiempos cercanos a la época de Jesús y sus apóstoles; 2) apostolicidad: tenían que haber sido escritos por un apóstol o alguno de sus discípulos o compañeros inmediatos; 3) universalidad: debía ser un texto de uso generalizado entre las iglesias de los cinco patriarcados; 4) ortodoxia: el libro debía estar en armonía con el resto de los textos neotestamentarios.

El establecimiento de estos criterios dejó fuera del Canon a libros muy apreciados a los que les faltaba cumplir alguno de estos requisitos y que estuvieron circulando entre las iglesias durante bastante tiempo con idéntica o parecida autoridad (en ocasiones incluso mayor) que los incluidos en el Canon definitivo. Eusebio de Cesarea (c. 265-339) declara en su *Historia eclesiástica* que hay cuatro categorías de libros: 1) reconocidos: los cuatro Evangelios, los Hechos de los Apóstoles, las 13 epístolas de Pablo, a las que él añade Hebreos, 1.ª de Juan, 1.ª de Pedro y, con dudas en algunas iglesias, el Apocalipsis de Juan; 2) disputados (aceptados por unas iglesias y rechazados por otras): Santiago, Judas, 2.ª de Pedro y 2.ª y 3.ª de Juan; 3) espurios: aquí introduce los que él considera no inspirados, aunque pueden ser ortodoxos en la doctrina que contienen e incluyen: los Hechos de Pablo, el Pastor de Hermas, el Apocalipsis de Pedro, las Cartas de Bernabé, la Didajé y el Evangelio de los Hebreos; y, finalmente, 4) heréticos: aquellos que Eusebio considera que están alejados de las doctrinas comúnmente aceptadas por las iglesias: el Evangelio de Pedro, el Evangelio de Tomás, el Evangelio de Matías, los Hechos de Andrés y los Hechos de Juan.

Aunque el criterio no conste que fuera esgrimido por los Padres de la Iglesia, las iglesias cristianas mantienen el convencimiento de que los libros incluidos finalmente en el Canon del Nuevo Testamento son fruto de la inspiración hecha por el Espíritu Santo, cuyo texto se considera, por ese motivo, inspirado por Dios. Ahora bien, como ya hemos apuntado en otro lugar, no existe ningún vestigio ni insinuación fundamentada de que los libros incluidos en el Canon respondan a un dictado divino que convierta cada una de sus palabras o afirmaciones en palabra emitida por Dios o alguno de sus mensajeros.

6. El sentido del lenguaje

La palabra en sí misma tiene grandes dosis de seducción. No es extraño que a la hora de definir lo humanamente indefinible, como es la persona del Hijo de Dios, se recurriera a establecer un paralelismo con la fascinación que ejerce la Palabra resaltando el poder que transmite. Con las palabras ponemos en circulación ideas y sentimientos; las palabras nos ayudan a dar cauce a nuestras frustraciones y esperanzas; alabamos, maldecimos, amamos y odiamos haciendo uso de las palabras; en resumen, nos comunicamos prioritariamente a través de las palabras.

Álex Grijelmo, un enamorado y maestro del lenguaje, tiene un libro titulado *La seducción de las palabras*.[10] Afirma Grijelmo que «nada podrá medir el poder que oculta una palabra…; nada podrá medir el espacio que ocupa una palabra…» Y añade: «Las palabras tienen un poder de persuasión y un poder de disuasión». Es cierto que la palabra 'seducir' responde a un cierto sentido peyorativo: «persuadir a alguien con promesas o engaños…»; aunque también añade el diccionario otros significados, como «ejercer sobre alguien un gran atractivo», o «embargar o cautivar el ánimo», o «hacerse una persona admirar, querer o, particularmente, amar intensamente por otra». De ahí esa expresión tan común que se utiliza con frecuencia: «Seduce a todos con su simpatía»; una simpatía que, por supuesto, se manifiesta a través de palabras. Y, por ello, el maestro del lenguaje concluye, mediante un sintagma, que las palabras son capaces de ejercer sobre nosotros una gran seducción.

El éxito del cristianismo, aparte de las razones trascendentes asumidas y proclamadas por los cristianos, se apoya en que pudo trasladar a palabras, y a palabras escritas, el contenido de su fe partiendo de un concepto básico: su fundador, Jesús de Nazaret, era la Palabra encarnada de Dios. Y así, primero en arameo y luego en griego, después en latín, y más tarde en alemán, castellano o la mayoría de los miles de lenguas y dialectos que hay en el mundo, convertido ese mensaje en el Libro, ha venido siendo el soporte ideológico de la fe, considerado por los cristianos como *Las Sagradas Escrituras*.

El cristianismo ha sido conocido, por este motivo, como la religión del Libro, definición que puede compartir con las otras dos grandes religiones monoteístas: el judaísmo y el islamismo. Ahora bien, no todas las palabras son «divinas palabras», no todas las palabras que lo pretenden son sagradas; no todas las palabras, por muy seductoras que resulten, aunque sean pronunciadas por autoproclamados

10. Álex Grijelmo: *La seducción de las palabras*; Taurus (Madrid: 2000).

emisarios divinos o se emitan desde los púlpitos más prestigiados, son sagradas escrituras.

Jesús prometió algo muy importante a quienes lo seguían, y es que, cuando conocieran la verdad, ese conocimiento de la verdad los haría libres (Juan 8:32). Y, entre otras parcelas de libertad, la más importante es la libertad para pensar, discernir y expresarse sin cortapisas.

La diferencia entre teocracia y democracia es que bajo la primera, teocracia, otros (que no Dios como erróneamente sugiere el término) piensan por nosotros y bajo la segunda, es decir, democracia, tenemos el derecho y la obligación de pensar y reflexionar por nuestra cuenta. Esa es la diferencia también entre ser libres y estar sometidos; sometidos no solo desde el punto de vista físico, sino intelectual.

Así es que, desde esa perspectiva, es necesario estar alerta para detectar cualquier palabra que, aun pretendiendo ser divina o pronunciada en nombre de la divinidad, no necesariamente es sagrada escritura; es decir, se trata de palabras que pretenden anular o reducir nuestra capacidad analítica para imponer, como única vía mediadora, la autoridad de quien la detenta sin que le corresponda o, simplemente, conducen a adoptar criterios engañosos.

Las Sagradas Escrituras lo son en la medida en que en ellas se puedan rastrear las pistas de un Dios que no somete, sino dignifica; de un Dios que estimula la libertad de llegar a ser aquello para lo que fuimos creados; de un Dios que, siguiendo la definición que de sí mismo hace la Biblia, es Espíritu y Verdad, y no puede ni quiere quedar confinado a ningún libro, ni a ningún espacio geográfico, ni a la interpretación de ningún vicario, ni Sanedrín, ni cónclaves de clérigos, ni junta directiva, ni profetas de cuño moderno.

Decíamos que las palabras transmiten ideas y sentimientos, y así es, pero se trata de un ejercicio de traslación altamente dificultoso. Las ideas que se van forjando en nuestra mente tienen matices que con frecuencia resulta imposible traducir a palabras, y es entonces cuando recurrimos a figuras analógicas que nos presten su ayuda para hacer comprensible nuestro mensaje, como son las metáforas, parábolas, alegorías, símbolos, comparaciones, fábulas, cuentos, narraciones, mitos, quimeras, leyendas, tradiciones, apologías, loas, panegíricos, ponderaciones...

La dificultad se acrecienta cuando, una vez plasmada en palabras la idea, se produce un gran vacío entre el emisor y el receptor al interponerse ciertas barreras, que pueden ser culturales, de distancia, de idioma, de ideología, que bloquean la posibilidad de una comprensión homologable.

Esta dificultad podemos trasladarla a las Sagradas Escrituras. Además, de lo dicho anteriormente y de la necesidad de tener muy presentes las claves ya apuntadas, referidas al hecho de tratarse de un libro de religión que ha sido traducido de lenguas que hoy en día no se hablan, en cuyo proceso se han producido interferencias y añadidos espurios a mano de los traductores o copistas, también hay que hacer referencia a un recurso muy frecuente entre los autores bíblicos, como es el uso de antropomorfismos cuando se hace referencia a la divinidad.

Ciertamente las palabras no solo significan algo concreto, sino que evocan igualmente otras cosas. Si leemos que Abraham era amigo de Dios, esta expresión nos está remitiendo a algo semejante a nuestra relación interpersonal con alguien de nuestra propia naturaleza, que se encuentra a nuestro mismo nivel y nosotros al suyo. Tal vez reparamos entonces en una expresión que oímos con frecuencia entre creyentes o quizá nosotros mismos hayamos podido utilizarla alguna vez: «Dios me ha dicho», cuando se interpreta, a raíz de una experiencia personal o de un sueño o de una conversación con otra persona o de una enfermedad, que Dios está indicando algo específico para su vida, algo que se enmarca en el ámbito íntimo de cada persona con una gran carga de subjetividad. ¿Con qué certeza y autoridad podemos afirmar que es Dios quien se ha manifestado?

Personalmente, en mi ya dilatada vida, no he conocido a nadie que afirme con un mínimo nivel de convencimiento y veracidad haber oído literalmente la voz de Dios; eso sí, ha interpretado un hecho y le ha aplicado un sentido de trascendencia, compartido coloquialmente como «Dios me ha dicho».

Si aceptamos como principio axiomático que Dios no puede contradecirse a sí mismo, que Jesucristo es Dios y que es el mismo ayer, hoy y por los siglos (*cfr*. Hebreos 13:8), que a Dios nadie lo vio jamás (*cfr*. Juan 1:18) y que los verdaderos adoradores han de adorarlo en espíritu y en verdad (*cfr*. Juan 4:23), las referencias antropomórficas a Dios hay que ponerlas en cuarentena. Presentar a Dios con manos y pies, invitando a los seres humanos a caminar en sus pasos, haciendo referencias a su corazón, atribuyéndole sentimientos y reacciones humanas, mostrándolo como Dios vengativo en el Antiguo Testamento y como Dios de amor en el Nuevo, o demandando sacrificios de animales e incluso de personas a semejanza de los dioses babilónicos, egipcios o cananeos, nos obliga a plantearnos una relectura de la Biblia admitiendo que la literalidad del texto no siempre ofrece una imagen adecuada de la divinidad.

Es preciso diferenciar el mensaje de Dios que se encarna en Jesucristo y se ajusta a la revelación que ofrece de sí mismo, de cualquier otro tipo de mensaje; una revelación que, o bien anticipa su venida o bien confirma su llegada y el significado que encierra.

En efecto, la Biblia describe con figuras antropomórficas, al estilo de los mitos antiguos, los hechos cotidianos que se atribuyen a intervenciones de los dioses, en unos casos, o a Yavé, en otros. Las expresiones «Dios dijo» o «Así dice Yavé» justifican y dan rango de legalidad a hechos que forman parte del devenir histórico dentro de un espacio cultural determinado. Así, la orden de exterminar a los habitantes de una ciudad conquistada (*cfr.* Jericó, Josué, capítulo 6) responde a la manera de sentir y de pensar de esa época; y lo mismo vale para las expresiones sobre la venganza, el juicio y la ira de Dios, de las que ni siquiera el Nuevo Testamento está exento.

Condicionadas por la época en la que han sido dichas o escritas, hay que considerar también muchas prescripciones legales; por ejemplo, la distinción puro-impuro (Levítico 11-15), la pena de muerte para la mujer adúltera (Levítico 20:10) y para la hechicera (Éxodo 22:17), sin olvidar la total intolerancia respecto a los que no piensan como nosotros (2.ª Juan, 10s). Las imprecaciones contra Corazín, Betsaida, Capernaún (*cfr.* Mateo 11:21ss y Lucas 10:13ss), lo mismo que el anuncio de un juicio inmediato, puesto todo en boca de Jesús, son expresiones que encajan dentro de la cultura de esa época, pero que resultan anacrónicas en la nuestra.

El sentido común nos pone sobre aviso de que es preciso admitir que muchos de esos pasajes están escritos en un lenguaje figurado y otros simplemente son expresiones que responden a un ámbito cultural determinado; un lenguaje que tenemos que interpretar y traducir a una realidad diferente a la que la literalidad indica, que es tanto como insistir en la importancia de la relectura bíblica.

El mayor obstáculo al que se enfrentan los defensores de la lectura literal radica en que aplicar el criterio dinámico para determinados textos, dada su obviedad, supone dar paso a las ciencias modernas de interpretación bíblica, que resaltan el valor del mensaje por encima del significado literal de las palabras, y esto les produce un rechazo visceral. Y, en aras de la defensa de los fundamentos de la fe, desde posturas autodenominadas como conservadoras, se cierran los ojos a la evidencia y se oscurece o empaña la genuina revelación de Dios al dar idéntico valor a narraciones culturales, históricas, anecdóticas o biográficas que a aquellos pasajes que revelan el propósito de Dios y el mensaje redentor de Jesucristo.

CAPÍTULO V
El misterio de los milagros

En un libro de estas características no podíamos dejar de ocuparnos de un tema tan relevante para las iglesias cristianas como son los milagros, sobre todo teniendo en cuenta el lugar que el tema de los prodigios y todo tipo de hechos milagrosos tenía en el mundo oriental. Por otra parte, no podemos pasar por alto que en torno a los milagros se ha construido una buena parte de la eclesiología cristiana, especialmente alimentada en épocas de gran oscurantismo cultural, como fue la Edad Media.

Como ocurre con otros muchos asuntos apuntados a lo largo de esta monografía, intentamos colocar el texto en su contexto y hacer una relectura adecuada de los relatos que tanto en el Antiguo Testamento como en el Nuevo Testamento, hacen referencia a determinados hechos prodigiosos. Y todo ello sin perder de vista un profundo respeto a las diferentes sensibilidades que prevalecen en nuestros días.

A título meramente introductorio, digamos que la idea que se proyecta en las Escrituras acerca del milagro es que se trata de un instrumento de diálogo que Dios establece con el hombre, en un lenguaje que resulte inteligible dentro de una cultura determinada. Otro apunte importante es que en la época en la que se producen hacían falta los milagros para creer, mientras que hoy bien podríamos afirmar que se cree a pesar de los milagros.

1. ¿Qué es un milagro?

El *Diccionario ideológico de la lengua* española, de Julio Casares, define la palabra milagro como «acto del poder divino, superior al orden natural y a las fuerzas humanas», aunque también añade una segunda definición: «cualquier cosa extraordinaria y maravillosa». El *Diccionario de uso del español*, más conocido como «el María Moliner», en referencia al nombre de su autora, le dedica mayor atención y, aparte de establecer algunas aplicaciones o analogías, lo explica como «suceso que ocurre contra las leyes de la naturaleza, realizado por intervención sobrenatural de origen divino». No deja de ser significativo y necesario el matiz que añade el *Diccionario* de la RAE: «Hecho no explicable por las leyes naturales que se atribuye a intervención sobrenatural de origen divino».

Para un teólogo, y seleccionamos en este caso la definición que hace el alemán Wolfgang Beinert (n. 1933), milagro es «la intervención inesperada del Dios trascendente en el proceso causal natural, ya sea inmediatamente o por medio de un taumaturgo que las más de las veces produce el efecto a partir de un instrumento (fórmula, rito, contacto, etc.) sin ninguna aptitud para ello».[11] Una definición esta algo compleja, farragosa en sí misma, que muestra la perplejidad de la teología para intentar explicar lo inexplicable.

De entrada, deducimos cuatro aspectos de interés con respecto a la idea que se tiene de milagro: 1) evidencia cambios ocasionados en la naturaleza; 2) existe intervención divina; 3) se produce, igualmente, una intervención humana que actúa de mediadora; y 4) afecta a la relación de Dios con los hombres.

En la Biblia se entienden los milagros como señales, unas veces aplicadas a Dios y otras, al Maligno (2.ª Tesalonicenses 2:9, 10); y se perciben como un instrumento de diálogo, de enseñanza de parte de Dios, que busca una respuesta del hombre.

En realidad, todo lo que nos rodea es percibido en algún momento como un milagro; milagro puede parecernos la flor que brota en el campo o los tomates que cultivamos en el huerto, hasta que le encontramos una explicación científica y descubrimos el papel de la semilla, de la tierra, del agua y del sol y formulamos la explicación de la fotosíntesis, es decir, le encontramos una total armonía con el orden atribuido a la naturaleza. En última instancia, vemos la mano de Dios que transformó el caos en orden. A partir de ese estadio en el que la ciencia encuentra una explicación comprensible a la mente humana, el ciclo reproductivo deja de ser un milagro para convertirse en algo natural.

El resto, o al menos una parte de las cosas para las que no encontramos una explicación razonable, continuará siendo considerado por los seres humanos como milagros mientras la ciencia no descubra el proceso natural por el que se producen y nos confirme, de esa forma, la perfección de la obra hecha por Dios (si es que la ciencia llega algún día a poder explicárnoslo). Y, por supuesto, siempre habrá un espacio

---

11. Wolfgang Beinert: *¿Qué es un milagro?*; Selecciones de Teología, vol. 45, núm. 179; pp. 219229.

inescrutable para la mente humana, ya que al ser humano le resultan insondables muchos de los misterios de la creación.

Íntimamente relacionado con la palabra 'milagro' está el vocablo 'prodigio', aunque esté despojado de connotaciones religiosas. El diccionario lo define en los términos siguientes: «Suceso extraordinario, no explicable por causas naturales». Como en el caso del milagro, nos referimos a todo aquello que aparentemente rompe las reglas de la naturaleza pero que, en estos casos, no se atribuye a una intervención divina propiamente dicha.

El otro término que relacionamos aquí con milagro, es 'misterio'. Misterio para el hombre que no llega a entender lo que está ocurriendo; y no lo entiende precisamente porque, al menos en apariencia, rompe las leyes de la naturaleza en las que ha sido formado, que son las que dan consistencia a su integridad intelectual.

'Misterio' es equivalente a 'secreto'. Entre los griegos, hacía referencia a los ritos iniciáticos antiguos a los que solo unos pocos privilegiados tenían acceso; quienes los conocían, debían mantener el secreto, del que no podían hacer partícipes a nadie. Los gnósticos le dieron el sentido de 'revelación divina', oculta a los no iniciados.

Era común hablar de los misterios de la religión, de los misterios del universo, de los misterios de la vida. En todas las culturas, la religión ha estado envuelta en misterios inescrutables para el común de los mortales, formando ella misma parte del misterio. En la dogmática cristiana el misterio se refiere a la doctrina revelada por Dios. Acercarse al sentido del misterio significa acceder a la hondura de la realidad.

2. El origen de los milagros

Somos partícipes de una cultura, la judeocristiana, en la que la idea del milagro está muy arraigada; esta realidad ha hecho que teólogos, antropólogos, historiadores, psicólogos, filósofos, sociólogos, se hayan formulado multitud de preguntas en torno a los milagros. ¿Todos los milagros que se cuentan son igualmente históricos? ¿Son milagros los hechos prodigiosos atribuidos a Moisés en el Antiguo Testamento? ¿Hizo Jesús realmente los milagros que se narran en los Evangelios? ¿Hay lugar para una especie de efecto placebo[12] relacionado con un

---

12. El tema sobre la influencia o la capacidad que pueden tener nuestras creencias para curarnos a nosotros mismos, es un asunto sobre el que se vienen ocupando muchos acreditados científicos. El efecto placebo, es decir, el poder terapéutico de la mente, no solo se identifica con el poder sanador de una pastilla, o unas plantas, aunque no

determinado estado de sugestión? ¿Lo que se nos dice es lo que realmente sucedió? ¿Cuál es, en definitiva, la esencia del milagro? ¿Qué parte tiene en la percepción del milagro la sugestión colectiva?

La creación, en sí misma, es un milagro, pero se trata de un milagro desvelado en buena medida ya que, hasta donde llegamos a entender, responde a unas reglas fijas que se ajustan a la cadena causa-efecto. Milagro es, pues, como se desprende de las definiciones a las que hacíamos referencia anteriormente, tanto lo inexplicado como lo inexplicable. Como seres humanos, nuestra tendencia es denominar como milagro todo lo que no entendemos y llama poderosamente nuestra atención.

Por lo regular, desde la plataforma de la religión, cuando no somos capaces de entender o explicar un fenómeno, esté relacionado con la naturaleza en sí o con nuestra propia condición humana, la tendencia natural es atribuir su causa a una intervención excepcional de Dios. Así ha ocurrido a lo largo de la historia en todas las manifestaciones religiosas del planeta. Caemos, tal vez sin darnos cuenta, en la idea de adjudicar a Dios una forma de actuar caprichosa, arbitraria, contraria a las leyes que a él mismo atribuimos, rompiendo con ello el orden conferido al cosmos. Recordemos: orden como contrapunto de caos.

Insistimos en algo fundamental con el fin de no desviarnos de lo que es el epicentro del Nuevo Testamento: en la vida pública de Jesús y en el propósito central del Evangelio, todo gira en torno a la fe. Tener fe es el mayor de los milagros, ya que se admite que se trata de «un don de Dios» (*cfr*. Efesios 2:8, 9), un regalo, algo que no es posible alcanzar por medios puramente humanos. Pero la fe no es argumento suficiente para vivir en un estado de aparente levitación, fuera de la realidad en la que se afirma haber sido colocados por el mismo Dios. Es curioso comprobar, siguiendo el relato de los Evangelios, que Jesús mismo no dispone libremente ni arbitrariamente del poder de sanar, sino que todos los actos de sanación que se narran en los Evangelios, independientemente de cual sea su historicidad, dependen de la fe tanto del enfermo como de los acompañantes o testigos.

En una sociedad tecnificada como la nuestra, donde la ciencia ha alcanzado un rango de protagonismo que jamás antes había tenido, en la que los medios de comunicación son tan extensivos y eficaces que nos muestran la existencia de tantos fraudes y engaños relacionados

---

contengan ningún principio activo, sino con las expectativas o la fe del paciente. Son precisamente esas expectativas las que logran producir cambios en el cerebro capaces de frenar el dolor, levantar el ánimo de las personas deprimidas o mejorar los síntomas en la enfermedad de Parkinson y otro tipo de enfermedades.

con manifestaciones religiosas falsas, incluso algunos de ellos dentro del cristianismo; una sociedad secularizada, en la que se han destruido muchos mitos y tabúes que durante siglos fueron tratados como dogmas de fe, no resulta extraño que se haya desarrollado una cultura de la sospecha que no existía en otros tiempos y que se cuestionen explicaciones «milagrosas» que pudieran tener un origen natural o, simplemente, pudieran ser fruto de la fantasía. Ante una situación como esta, es necesario replantear tres ideas centrales sobre el tema: 1) el milagro no es consustancial con la fe cristiana; Jesús no es reconocido como hijo de Dios y redentor de la humanidad por haber hecho milagros, sino porque resucitó de entre los muertos (cfr. 1.ª Corintios 15:14). Ese es el argumento teológico de Pablo y no la eficacia o realidad de los milagros. Claro que este es, sin duda, el mayor de los milagros; 2) el objetivo central de la Iglesia no es reivindicar los milagros ni hacer milagros, sino predicar las buenas nuevas que traen salvación a la humanidad. Un Evangelio que no esconde el dolor, sino que enseña a llorar con los que lloran y que exalta la alegría como fruto de la nueva vida, instando a reír con los que ríen. La enseñanza de los Evangelios es que los milagros, si los hay, cuando los haya, o son un signo de salvación o no tienen razón de ser; 3) si la comunidad de fe no participa, la obra fracasa.

La tesis central de la Buena Nueva es que el mayor de los milagros es que el pecador encuentre en Jesucristo la experiencia de redención que lleva implícito el hecho de reconocerlo como salvador. La aparente contradicción a la que hacíamos referencia, cuando Jesús no pudo hacer milagros en Nazaret (cfr. Marcos 6:5), a excepción de curar a unos pocos enfermos, es una forma de decir que el milagro real y principal, es decir, el milagro que hace posible aceptar su mensaje, no se produjo en esa ocasión, ya que faltó el elemento principal: la fe. El hecho de que sanara algunos enfermos se presenta como algo accesorio y secundario.

Jesús no vino a sanar enfermos ni a hacer prodigios deslumbrantes, sino a transmitir un mensaje redentor. Nunca pretendió ser conocido como taumaturgo, sino como hijo del hombre en el más elevado sentido del término, para ser identificado finalmente como hijo de Dios. Por lo tanto, lo importante no es si tal hecho sucedió o no sucedió y si sucedió de esa o de otra forma diferente; lo importante es entender su significado. Los relatos de los milagros están siempre al servicio de la fe como el tránsito a una vida nueva en la que la ética y la espiritualidad encuentran su base, nunca como un fin en sí mismos.

Sin embargo, lo dicho no responde directamente a la incógnita que entrañan los relatos del Nuevo Testamento que hacen mención de hechos sobrenaturales como, por ejemplo, un paralítico que, de pronto, echa a correr, o un ciego que, inesperadamente, puede ver; y todo eso en un mundo ordenado, creado por Dios, que se rige por reglas estrictas. Lo cierto es que no tenemos muchas más respuestas aparte de las que hemos apuntado hasta ahora.

Tal vez la ciencia las tenga o pueda tenerlas en el futuro; o, simplemente, se trate de una transmisión de relatos deformados por espectadores ingenuos, lo cual podría ser una posible explicación al hecho de que se trate de acciones contrarias al orden que Dios mismo ha establecido. Un tema difícil, que ha venido siendo planteado desde siempre por relevantes teólogos y padres de la Iglesia. Agustín de Hipona decía: «El milagro no sucede contra la naturaleza, sino solo contra la naturaleza conocida» (*De civ. dei* 21,8). El objeto central del Evangelio es poner de manifiesto el milagro más asombroso: que Dios nos ama. Y cuando algo nos remite a Dios, eso es un milagro.

3. Los prodigios de Moisés

Tomamos a Moisés como prototipo de otros personajes del Antiguo Testamento, por ser el más representativo, aunque no el único, en el tema que analizamos. Moisés es, ciertamente, un personaje misterioso rodeado de prodigios desde su nacimiento: la forma de salvar su vida en un cesto que navega por el río, la lactancia en manos de su propia madre biológica por encargo de la hija del faraón, los hechos que preceden la salida de Egipto, la travesía del mar Rojo y la estancia en el desierto; el misterio que rodea su propia muerte…

El nombre de este personaje singular, de origen egipcio, está relacionado con las aguas. Recordemos algunos datos acerca de este héroe bíblico. En primer lugar, es preciso señalar que la Biblia es nuestra única fuente de información acerca de su personalidad. Ninguna otra de las fuentes, arqueológicas o narrativas, que con frecuencia aportan datos de acontecimientos o personajes bíblicos, ofrece referencia alguna complementaria sobre él. Tan solo una posible alusión muy superficial del siglo III a. C., ofrecida por el sacerdote egipcio Manetón, pudiera relacionarse con este personaje; otras referencias en Josefo (37 o 38-101 d. C.), Filón de Alejandría (15-10 a. C. a 45-50 d. C.), Clemente de Alejandría († entre 211 y 216 d. C.), Eusebio de Cesarea (*c.* 275-339 d. C.), beben de la tradición bíblica únicamente. Heródoto, que escribe en el siglo V a. C., nada aporta acerca de Moisés. Otro dato importante acerca de la época, es que los hebreos vivían por entonces al margen de la historia universal, lo cual justifica que fuera de su reducido entorno, nada se conozca acerca de su trayectoria vital.

Por su parte la Biblia tampoco es muy explícita ni presenta un perfil unitario, debido a las diferentes fuentes de géneros literarios de que se nutre, por lo que la historia de Moisés está tan llena de sombras que son muchos los exegetas que han dudado de su existencia real, concluyendo que no es más que un símbolo creado por la fe de los israelitas.

Por otro lado, resulta curioso, dada la relevancia que alcanza en la historia de Israel, que Moisés, fuera de los libros históricos del Antiguo Testamento, no es de los personajes más mencionados en el resto libros canónicos: 51 veces en los profetas que en sus requerimientos morales nunca recurren a la autoridad de Moisés, ocho veces en los Salmos y dos veces en Daniel. Bien es cierto que, posteriormente, se recurre a su autoridad para firmar dos libros apócrifos y un salmo que se le atribuyen, siguiendo la costumbre establecida de atribuir a personajes relevantes los escritos que se pretende que adquieran notoriedad.

Curiosamente, el nombre de la madre de Moisés es Jocabed, que significa «Yavé es trascendente»; un nombre del que se han inferido diversas interpretaciones, que algunos han utilizado como indicación expresa de su procedencia mítica.

En la Biblia, Moisés aparece como alguien que ha descubierto a Dios y ha escuchado su nombre; un caudillo que libera y saca al pueblo de Egipto, siervo de Dios, legislador, amado de Dios, sacerdote, profeta, hombre de Dios, fundador de Israel y la personificación del judaísmo posterior; y aunque los descubrimientos más avanzados y prestigiosos nos indican que los libros del Pentateuco fueron escritos con posterioridad a Moisés –la época vinculada con el Éxodo–, le es atribuida su autoría.

La Biblia indica que Dios le entrega a Moisés las Tablas de la Ley en el monte Sinaí. La tradición le atribuye que vivió 120 años (tres períodos de 40 años cada uno); también son 40 días y 40 noches las que se dice que estuvo en el Sinaí, 40 años los invertidos en atravesar el desierto, 40 días y 40 noches las que duró el diluvio; también de Elías se dice que peregrinó 40 días por el desierto y de Jesús que ayunó 40 días. Un número simbólico que representa el cambio de una situación a otra, de un período a otro o los años de una generación. En ningún caso un dato concreto que debamos tomar de forma literal.

La salida de Egipto la sitúan algunos en el reinado de Ramsés II, tercer faraón de la Dinastía XIX de Egipto que reinó entre 1279 y 1213 a. C., aunque manejando los datos que ofrece la propia Biblia (*cfr.* 1 Reyes 6:1) se deduce que la fecha del Éxodo pudiera apuntar hacia el año 1446

a. C., durante el reinado de Tutmosis III. La referencia a la ciudad de Ramesés y a Sucot, ciudades construidas con posterioridad al reinado de Tutmosis III, dan mayor credibilidad a quienes relacionan el acontecimiento con Ramsés II, en torno al año 1250 a. C. El hecho de que la Biblia no sea un libro escrito por historiadores y que, por consiguiente, no se manejen los datos con el rigor que hoy sería exigible, resta importancia a los posibles errores que pudieran darse en la narración de estos hechos, así como al uso de números simbólicos u otro tipo de recursos literarios o mitológicos para expresar una enseñanza concreta, ya que se trata de una metodología ajustada a la cultura de la época.

La historia de Moisés es una historia de fe, por lo que hay que entenderla en clave religiosa, no científica. Y, además, sin olvidar que se trata de una historia que fue escrita, en el formato que nos ha llegado, unos ocho siglos después de la época en la que se sitúan los acontecimientos narrados.

El propio nacimiento de Moisés, salvado prodigiosamente de una muerte cierta, apunta a la imagen que suele proyectarse al nacimiento de muchos de los héroes religiosos. Su historia, en cuyos detalles no podemos entrar, es realmente prodigiosa en todas y cada una de sus fases: violento y fugitivo, hombre de Dios, liberador y legislador, muerte misteriosa de cuya tumba en el monte Nebo, en tierras de Moab, no queda rastro, aunque se han hecho múltiples especulaciones.

Al igual que otros fundadores de religión, Moisés vive su etapa de destierro, en este caso en tierras de Madián, donde encuentra cobijo, protección, esposa y dispone de tiempo para la reflexión personal. Su vida, como ya hemos apuntado anteriormente, está marcada por períodos de 40 años, una cifra simbólica, como lo eran también el número siete o el mil, lo cual apunta a cierta artificialidad narrativa y simbólica. La tradición judeocristiana atribuye a Moisés la autoría de los cinco primeros libros bíblicos: la Torá o Pentateuco.

Como hemos apuntado anteriormente, la vida de Moisés está marcada por grandes prodigios, aparte del que rodea su propio nacimiento, todos ellos destinados a reafirmar sus vínculos personales con Yavé; vínculos que se establecen por medio de teofanías. El encuentro a través de la zarza que ardía sin ser consumida marca el destino de Moisés; las diez plagas sobre Egipto para intentar persuadir al faraón de su proyecto, una vez que Moisés regresa del destierro con la encomienda de liberar a su pueblo, son hechos realmente prodigiosos. No es posible encontrar una explicación racional, ni resulta sencillo ajustarlos a algún código ético que pudiera ser homologado en el siglo XXI, ni aún siquiera en el siglo I de nuestra era, si lo comparamos con el que se ofrece en el sermón del monte por parte de Jesús o, incluso, remontándonos en el tiempo para hacerlo más contemporáneo, en el *Código de Hammurabi*.

La marcha épica que incluye la larga travesía de unos seiscientos mil adultos, sin contar a los niños, hacia la tierra prometida, es un hecho que supera las grandes gestas de Alejandro Magno o Mahoma en su tiempo. La división de las aguas del mar Rojo por mediación de Moisés, permitiendo que los israelitas lo cruzaran con seguridad y atrapando y ahogando al ejército egipcio, trastorna todas las reglas de la naturaleza, salvo que sea válida alguna de las explicaciones científicas que han sido dadas por determinados estudios en torno a los fenómenos naturales que pueden darse en la zona, procurando encontrar con ello una explicación racional al hecho narrado.

La teofanía en el monte Sinaí y la entrega por parte de Dios a Moisés de las Tablas de la Ley, un hecho que se repite cuando Moisés, decepcionado por el comportamiento idolátrico de los hebreos, rompe la Tablas y ha de regresar al monte para un nuevo encuentro con Dios, es otro de los acontecimientos que escapan al razonamiento humano. Si las Tablas fueron una entrega material de Dios mismo o simplemente fueron inspiradas y transcritas por Moisés durante los 40 días y 40 noches que estuvo en el Sinaí, es algo que no se aclara suficientemente en el texto bíblico, aunque en Deuteronomio 9:9, 10 se indica que fueron «escritas con el dedo de Dios», una expresión antropomórfica que requiere, al menos, aplicarle una interpretación de metáfora.

La provisión del maná, la derrota de los pueblos con los que fueron enfrentándose, si es que realmente se produjeron luchas y no meros asentamientos, como algunos investigadores recientes afirman, la configuración ideológica de Israel como nación, la acción de Moisés golpeando una roca para encontrar agua potable (*cfr*. Éxodo 17:1-7 y Números 20:1-13), causa por la que pierde su derecho a entrar en la tierra prometida, son algunos de los hechos prodigiosos que acompañan la vida del caudillo.

¿Y cuál fue el pecado imperdonable por el que Moisés fue castigado por Dios no permitiéndosele entrar en la tierra prometida? Moisés cumplió con todos los detalles prescritos por Dios cuando hizo brotar agua de una roca, con la única excepción que ¡en lugar de golpear la peña una sola vez, lo hizo dos veces, con lo que puso de manifiesto su falta de fe! El castigo sufrido por Moisés se justifica más si lo atribuimos a una licencia del escritor, que no es capaz de entender la causa por la que Moisés murió en Moab, que a los designios divinos. En realidad, nada interfiere en la profundidad del mensaje que transmite el texto, que incide en la soberanía de Dios y su provisión para el pueblo escogido.

La travesía, la conquista de los pueblos originariamente moradores de Canaán y todas las aventuras derivadas son hechos tan fabulosos en sí mismos que mejoran los relatos legendarios de persas, griegos y romanos. Después de 40 años vagando por el desierto y recorrer unos mil kilómetros (número simbólico), a razón de una media de 25 km por año, todos los hebreos de la generación que salió de Egipto, salvo un par de ellos, mueren antes de poseer la tierra prometida. El naciente Israel está integrado por hebreos nacidos libres aunque apátridas.

Se acepte o no como figura histórica a Moisés, hay aspectos del relato bíblico que hay que reinterpretar; algunos de ellos carecen de trascendencia, como determinar si Moisés era un inmigrante hebreo de segunda generación en Egipto, descendiente de la tribu de Leví; o, como algunos afirman, de origen egipcio, influido por la cultura hebrea; o bien que los judíos de la diáspora crearon el relato a partir de narraciones propias que recordaban su estancia en Egipto y la de héroes mesopotámicos, egipcios o persas, ya existentes en esas culturas, como la referida a Sargón de Acadia,[13] para dar consistencia ideológica a un pueblo desperdigado que corría peligro de perder la noción de sus propias raíces. Todo ello carece de importancia, ya que el mensaje que transmite mantiene idéntica fuerza, sea uno u otro el origen de Moisés, y cumple ampliamente con su objetivo de transmitir al pueblo la certeza de que Dios los acompaña en todo momento.

Existe una tan dilatada bibliografía acerca del tema que nos ocupa, que el lector ávido de mayor información al respecto debería investigar para afianzar su formación al respecto. Por nuestra parte, una vez aportados los datos que preceden, nos centramos en nuestra línea argumental insistiendo en la necesidad de dar al texto una lectura que coadyuve a desentrañar el sentido último del relato, al margen de que pueda ser fruto de una narración histórica fidedigna o se trate de una leyenda elaborada en el exilio para recuperar la fe del pueblo en Yavé. En este caso, señalar que los múltiples prodigios atribuidos a Moisés, que fueron escritos en tiempos del rey Josías, al menos siete siglos después de la época a la que hacen referencia tienen, como ya hemos señalado, una

13. Sargón de Acadia (c. 2270-2215 a. C.). Su descendencia gobernó Mesopotamia durante el siguiente siglo y medio. Su imperio se extendía desde Elam hasta el mar Mediterráneo, incluyendo la región de los ríos Tigris y Éufrates, parte de las naciones modernas de Irán y Siria, y posiblemente también de la actual Turquía. Su capital fue Acadia (conocida también como Agadé).

finalidad muy específica: demostrar al pueblo de Israel que Yavé los guio en tiempos de Moisés, al igual que lo había hecho en los de Abraham, Isaac y Jacob, y continuaba guiándolo en su tiempo.

4. Los milagros de Jesús

Es un hecho histórico suficientemente constatado que, una vez crucificado Jesús y pasados los primeros tiempos de asimilación de este hecho por parte de sus discípulos, la comunidad de cristianos está convencida de que el milagro es una cualidad en la vida de Jesús como parte irrenunciable de su figura y de su misión, dando lugar a los relatos escritos que tratan de perpetuar esa idea. Como afirma Beinert, «sin relatos de milagros no hay Nuevo Testamento, y sin Nuevo Testamento no hay cristianismo; los milagros pertenecen a la fe cristiana».[14]

Y otro hecho unido al anterior es que el grupo de quienes acompañaron en vida a Jesús fue muy reducido (salvo en algún acontecimiento multitudinario aislado), en contraste con la eclosión de seguidores que se produjo a partir del día de Pentecostés, que se extendieron rápidamente por diferentes partes del Imperio romano y que conocieron a Jesús y las obras que había realizado por medio de referencias de terceros, no directamente. En ese clima de exaltación, hay que dar espacio al papel que juega la unión de la fe con el entusiasmo de los conversos, especialmente en un ámbito de cultura oriental muy proclive a ese tipo de manifestaciones.

En los Evangelios, especialmente en el de Marcos, se hace referencia a diversos milagros realizados por Jesús; también en los Hechos de los Apóstoles se recogen otros atribuidos a sus discípulos. Milagros de muy diferentes clases: exorcismos (echar fuera de alguien demonios); terapéuticos o de sanación; restauradores de la vida, con un protagonismo especial en la figura de Lázaro;[15] de ayuda en situaciones especiales, como proveer de panes y peces a la multitud o vino en las bodas; de salvación, como la tempestad calmada; de visión, cuando aparece y desaparece repentinamente; o milagros de castigo, como la maldición de la higuera.

---

14. *Ibid.*
15. En relación con la resurrección de Lázaro, resulta de interés señalar: 1) se trata del milagro más sensacionalista de los que recoge El Nuevo Testamento; 2) está reseñado únicamente en el tardío Evangelio de Juan; 3) a pesar de su resonancia, ni Pablo ni el resto de autores neotestamentarios se hacen eco de este milagro; 4) aparte de algunas leyendas medievales, no existe ninguna referencia posterior ni a la vida ni a la resurrección de Lázaro.

En los relatos de los milagros se aprecian algunas contradicciones. En Marcos 10:4652, Jesús cura a un hombre, mientras que en el relato paralelo de Mateo 20:29-34, indica que son dos los curados; en Marcos 8:1-10 las raciones de la multiplicación de los panes son cuatro mil, mientras que en Marcos 6:30-44, relato precedente en el mismo Evangelio al parecer duplicado, los trozos de pan son para cinco mil personas.

Muchos exegetas coinciden en afirmar que algunas de las narraciones de milagros no son históricas, sino fruto de la exaltación de la figura de Jesús que se ha producido entre las comunidades de cristianos con el transcurrir del tiempo; algo, por otra parte, que se ajusta al perfil de los narradores orientales de la época. Se admite, sin embargo, que Jesús realizó acciones milagrosas, no explicables desde el conocimiento científico de entonces, ni siquiera con los avances de la ciencia en nuestros días, sin descartar que algunos de ellos pudieran tener algún tipo de explicación racional que se nos pudiera escapar a nosotros hoy en día o a sus testigos contemporáneos.

No es nuestro propósito entrar en el dilema de determinar cuántos milagros realizó realmente Jesús y cuántos hechos narrados en los Evangelios pudieran ser fruto de la exaltación de fe de los seguidores; tampoco buscaremos una explicación moderna, tratando de redefinir ciertos términos, como relacionar falta de fe y pecado con cadenas psíquicas para concluir que Jesús realizó algunas curaciones psicosomáticas, ciencia en la que pudo haberse formado con anterioridad, tal vez entre los esenios, según apuntan algunas teorías.

Cabe la posibilidad de que algunos de los hechos considerados milagrosos fueran solo una visión desfigurada de los discípulos en la distancia; pudiera ser que otros encuentren alguna explicación racional que en el momento de producirse no estaba al alcance de los testigos; o, incluso, que ciertos datos fueran recordados con el tiempo un tanto difusos y se adapten al proceso que ha experimentado la doctrina asumida por la Iglesia en el momento de transmitirlos por escrito.

Siendo posible todo ello, o al menos en parte, nuestra relectura del texto nos conduce a establecer algunas conclusiones: 1) Jesús no fue reconocido como Hijo de Dios por sus seguidores hasta años después de su muerte, algo que les pasó desapercibido mientras se mantuvo a su lado; 2) fue visto por sus contemporáneos como un rabino, incluso como un mesías que podría encabezar una rebelión contra los invasores, pero sin atribuirle una trascendencia divina; 3) fue aclamado por los marginados y despreciados del sistema imperante porque andaba haciendo bienes; 4) su atractivo personal fue creciendo, en especial después de su muerte, hasta culminar en admiración y devoción personal por parte de algunos; 5) su muerte en la cruz (el castigo aplicado a los delincuentes), defraudó a algunos de sus discípulos, acobardó a otros, pero al poco tiempo despertó pasión y fidelidad inquebrantable entre los discípulos y los discípulos de los discípulos; 6) a partir de ese proceso, se forman comunidades de creyentes convencidas ya de que Jesús no era simplemente un hombre, sino que era Hijo de Dios, el Mesías enviado al mundo, que tanto anhelaban sus contemporáneos judíos; 7) la fe de esos discípulos se afianza sobre la base de un convencimiento en el hecho de que Jesús ha resucitado; 8) se consolida entre los creyentes el convencimiento de que el Espíritu de Dios está guiando a la Iglesia naciente; 9) finalmente, se siente la necesidad de poner por escrito los hechos de Jesús, sus palabras, sus enseñanzas, incluso sus silencios.

En ese momento se elabora una teología cristocéntrica que emerge del convencimiento de que Jesús no solo puede hacer cosas prodigiosas (algo que en la época también fue atribuido a otros personajes contemporáneos), sino que su muerte es redentora y eficaz para todos los pecadores. Y el culmen de este proceso es el hecho de la resurrección.

Llegados a este punto, lo que trasciende no es ya el número o el alcance de los milagros, sino que Jesús ha dado su vida por los pecadores y que el Espíritu Santo es el que, en su nombre, guía a la Iglesia. Y ese es un dogma de fe que la Iglesia incorpora a su bagaje espiritual como señal inequívoca de su razón de ser, totalmente al margen de los milagros.

Que algunos milagros puedan llegar a tener una explicación racional o que otros pudieran ser históricamente discutibles es un hecho absolutamente irrelevante ante el acontecimiento inigualable de reconocer la procedencia divina de Jesús y el alcance de su condición mesiánica a nivel universal; y esta aceptación no es algo racional, sino fruto de la fe.

Recordemos que los evangelistas no son biógrafos ni científicos, salvo tal vez Lucas –a quien se atribuye que era médico–, aunque la falta de evidencias que hoy se plantean al respecto hace que tal posibilidad resulte poco probable. Son personas que narran los hechos conforme los han ido escuchando relatar, pero con una finalidad pedagógica y de asentamiento de la fe en Jesús. El cuarto Evangelio, el más distante en el tiempo[16] y de teología más elaborada, cierra su narración diciendo:

16. Somos conscientes de que en la actualidad hay autores que afirman que el Evangelio de Juan fue escrito mucho antes de la fecha que se le ha venido atribuyendo, incluso que pudo ser el primero de los Evangelios escritos, pero no consideramos que sea

«Hizo además Jesús muchas otras señales en presencia de sus discípulos, las cuales no están escritas en este libro. Pero estas se han escrito para que creáis que Jesús es el Cristo, el Hijo de Dios, y para que, creyendo, tengáis vida en su nombre» (Juan 20:30-31).

Ese es el objetivo básico del Nuevo Testamento; todo él gira en torno a la fe. Pero no una fe hueca o evanescente, sino una fe centrada en el Cristo, el Hijo de Dios. Todos los milagros que narran los Evangelios fundamentan su eficacia precisamente en la fe. Y esa es la enseñanza que se desprende de los milagros y su razón de ser, exactamente la misma que pretenden las parábolas, con independencia de su propia historicidad.

Los milagros no son un fin en sí mismos, son un medio para despertar la fe. Marcos califica como una especie de fracaso la visita de Jesús a Nazaret (*cfr*. Marcos 6:1-6) donde, a causa de la poca fe de sus habitantes, «no pudo hacer allí ningún milagro», aunque añade, «salvo que sanó a unos pocos enfermos». Una especie de contradicción ya que nos obliga a preguntarnos ¿sanar enfermos era o no era un milagro? Sea como fuere, la causa de ese aparente fracaso es sencillamente «la incredulidad de ellos». Y en este dato está lo sustancial del relato.

un dato relevante; nos inclinamos por mantener para el Evangelio de Juan una fecha en torno al año 95.

CAPÍTULO VI
Relectura bíblica

Existen algunos elementos básicos que es preciso tener presentes, a la hora de establecer una aproximación a la Biblia, para que nos ayuden a hacer comprensible su lectura. Por una parte, delimitar suficientemente la idea de la procedencia de este libro sagrado para judíos y cristianos y ubicarlo tanto histórica como lingüísticamente en su propio contexto; por otra, aclarar conceptos como 'pecado', 'santidad', 'ética' y 'moral', así como el sentido de determinadas creencias ajenas a nuestra cultura actual, con la intención de que coadyuve a la comprensión de un texto cuyas claves no son fácilmente accesibles para todos los lectores.

1. Espíritu Santo. Revelación e inspiración

La idea de que los libros del Nuevo Testamento, cuyo Canon terminará siendo aceptado por las iglesias, son inspirados, prende en fecha muy temprana en las comunidades cristianas. Ya Orígenes (185-254), Padre de la Iglesia oriental, quien junto a Agustín de Hipona (354-430) y Tomás de Aquino (1224 o 1225-1274), forma el trío de los grandes teólogos que sistematizan la teología cristiana, en su *Tratado de los principios*, afirma la inspiración de los libros sagrados cuando escribe: «los libros sagrados no son obra de los hombres, sino que fueron escritos por inspiración del Espíritu Santo, por voluntad del Padre de todos a través de Jesucristo».

Ahora bien, debemos señalar que las propias Escrituras (utilizamos la versión RV60) no reclaman para sí tal condición a no ser en dos ocasiones, en las que se hace referencia al hecho de que sean inspiradas por el Espíritu Santo: 2.ª Timoteo 3:16 y 2.ª de Pedro 1:21, sin aclarar en ninguno de los dos casos qué alcance pretenden dar ambos autores al térmico 'escrituras' ni quede suficientemente definido el calificativo 'inspirados'. Pablo utiliza el término griego *theópneustos*, equivalente a «Dios exhaló», «Dios sopló» o «soplado por Dios». Por su parte, Pedro hace uso de otro término, *fenomenói*, «siendo llevado», que se podría interpretar como «siendo guiados» o «siendo llevados», un vocablo que la versión *La Palabra* traduce por «impulsar», alejándose del «inspirados» de RV60. Los autores del Antiguo Testamento no utilizan esa figura ni otra equivalente al referirse al *Tanaj* o Biblia hebrea.

Si seguimos la línea argumental que desarrollamos en otro lugar, debemos asumir que la idea que del concepto 'escrituras' tienen los judíos Pedro y Pablo está centrada básicamente en la Torá, por lo que difícilmente pueden estar pensando en los Escritos o en los Profetas, tal y como hemos desarrollado en otra parte de este ensayo. No obstante, es evidente que el concepto de la inspiración de las Escrituras es una aportación teológica importante que en fecha muy temprana es asumida por la Iglesia.

Por otra parte, la aceptación de un principio tan contundente como el que esgrime Orígenes, nos plantea algunas dificultades: ¿cómo se explican las diferencias en algunas historias de las narraciones bíblicas? ¿Es posible que algunas partes de las Escrituras expresen la verdad acerca de Dios más adecuadamente que otras? ¿Es aceptable que la verdad contenida en un pasaje de las Escrituras se manifieste en más de un sentido? La duda gira especialmente en torno al Antiguo Testamento.

Orígenes trata de resolver estos problemas afirmando que las Escrituras tienen dos sentidos, el literal y el figurado o escondido, que únicamente puede ser desvelado por aquellos que tienen la gracia del Espíritu Santo, con lo que se deriva o comparte la inspiración del autor al lector del texto, con cuyo criterio coincide el teólogo protestante contemporáneo Karl Barth, quien extiende la inspiración al uso que de la Escritura hace el Espíritu Santo en los que la leen o escuchan, diversificando de esta forma la acción del Espíritu Santo tanto en el contenido de las Escrituras como en la capacidad de recepción de los que la reciben.

Como podemos observar, una elucubración teológica que deja más incógnitas que certezas y que abriría un dilatado debate entre las diferentes escuelas surgidas en el seno de las iglesias primitivas hasta nuestros días, en cuyas disquisiciones no podemos ni debemos entrar, ya que no es el objeto de este ensayo.

Como ya hemos apuntado anteriormente, ciencia y fe infrecuentemente se ponen de acuerdo. Y no es necesario que lo hagan, aunque sí lo es que sepamos distinguir entre uno y otro concepto y el espacio que ocupa cada uno de ellos y esforzarnos en que no se produzca una lucha entre ambos. La ciencia tiene un lenguaje propio y la fe, otro diferente. Y, como ya dijera el matemático, físico, escritor y filósofo cristiano francés Blaise Pascal (1623-1662) en el siglo XVII, «El corazón tiene razones que la razón no entiende». La fe tiene un lenguaje con claves propias y puede llegar a aceptar realidades que no se pueden entender desde la ciencia o desde la razón. Con la razón se buscan respuestas, se investiga, se desentrañan los misterios de la naturaleza; con la fe, se aceptan ciertos axiomas no demostrables científicamente, por el sencillo hecho de que forman parte de una experiencia personal.

No obstante, necesario es recordar que la ciencia también acepta ciertos axiomas no demostrables. En realidad, nada es totalmente demostrable o indemostrable. Otra cosa es que hay ciertas cosas que son asumidas como obvias en determinadas culturas. Sea como fuere, hay verdades a las que es posible aproximarse a través de la ciencia y otras a las que únicamente por medio de la fe puede tenerse el acceso deseado. Ambas son vías de aproximación a la realidad.

Cualquier tratado de teología insistirá en la necesidad de leer la Biblia bajo la dirección del Espíritu Santo como garantía de comprensión e interpretación. Y, para ello, se esgrime como argumento central 1.ª Corintios 3:16: «¿No sabéis que sois templo de Dios, y que el Espíritu de Dios mora en vosotros?». Esta presencia del Espíritu de Dios es la que se da por supuesto que guía al creyente cuando pretende discernir con precisión el sentido del texto bíblico. Menor énfasis se pone en la metodología de lectura que se haga, en los recursos hermenéuticos que se utilicen o en la importancia del apoyo de determinadas ciencias sociales.

El resultado es que cada lector puede inferir de la lectura bíblica enseñanzas diferentes, válidas en el ámbito devocional, pero inductoras en no pocos casos de errores teológicos y pastorales que conducen y han conducido históricamente a posicionamientos eclesiales muy diversos. De Oscar Cullmann (1902-1999), teólogo protestante francoalemán, uno de los pensadores más ilustres del siglo xx, son las palabras siguientes: «Los profetas y apóstoles siempre reinterpretaron el kerigma de la historia salvífica que se les había trasmitido, a la luz de los nuevos acontecimientos actuales».

Dicho con otras palabras, existe un peligro real en la aplicación del principio de la libre interpretación de la Biblia, fuera del ámbito de la colectividad eclesial. La historia de la Iglesia nos enseña que ha sido como consecuencia de posturas unipersonales de interpretación del texto bíblico el hecho de que hayan surgido múltiples desviaciones doctrinales declaradas como herejías por la Iglesia; herejías que son así identificadas por haberse desviado de la exegesis comúnmente aceptada por la comunidad de creyentes.

La eficacia de la actividad colectiva ha sido manifestada en sínodos y concilios en los que se ha buscado la dirección del Espíritu Santo a través de los actos y decisiones de la comunidad. También es cierto que, en ocasiones, la intervención del Espíritu en la marcha de la Iglesia se ha puesto de manifiesto incluso por otros medios aparentemente poco ortodoxos.

Pongamos un ejemplo. La Iglesia de Milán, en el siglo IV, se había quedado sin obispo y estaba envuelta en un grave problema de controversias derivadas del arrianismo, por lo que los ánimos estaban sumamente exaltados a la hora de nombrar un sucesor. Ambrosio (340-397) procedía de una noble familia cristiana, pero no estaba bautizado. Su padre era prefecto de la Gallia y él mismo seguía la carrera política de su padre. La historia-leyenda dice que cuando la Iglesia de Milán estaba enzarzada en su lucha intestina para nombrar obispo, apareció Ambrosio montado en un caballo para intentar poner orden entre la gente y un niño lanzó un grito: *¡Ambrosius episcopus!* La multitud secundó el grito del niño y a pesar de los reparos que puso el propio Ambrosio, fue elegido obispo y, según recoge la Historia, fue un magnífico obispo.

¿Dónde está la intervención del Espíritu Santo y cómo descubrirlo? ¿En el hecho de que Ambrosio pasara por allí? ¿En el grito del niño? ¿En la aclamación del pueblo? ¿En que Ambrosio llegara a ser un obispo adornado por las mejores virtudes cristianas? Ni el niño, ni el emperador que hubo de sancionar el nombramiento, ni siquiera la multitud que lo aclamó son garantía suficiente por sí mismos y, por ende, repetibles, de la intervención del Espíritu Santo. Pero, en este caso concreto, la Iglesia adquiere la certeza de que se ha obrado bajo la dirección divina.

Resulta evidente que la forma como se manifiesta el Espíritu Santo no es regulable conforme a criterios personales, con frecuencia sujetos a criterios caprichosos, de quienes han pretendido y pretenden convertirse en detentadores de la acción del Espíritu Santo. Es el pueblo de Dios, «nosotros todos» (2.ª Corintios 3:18), según dice Pablo, que da ese marchamo de legitimidad, ya que, en sus propias palabras, «nuestra competencia proviene de Dios» (2.ª Corintios 3:5).

En definitiva, esa capacidad de entender el mensaje divino se produce en la comunidad de fe por medio del Espíritu Santo y, para ello, Dios mismo «constituyó a unos apóstoles; a otros, profetas; a otros, evangelistas; a otros, pastores y maestros» (Efesios 4:11), para que sirvieran de guía y apoyo en ese proceso de búsqueda de la Palabra de Dios en los textos bíblicos, procurando siempre la intervención del Espíritu Santo.

Los textos sagrados se convertirán en Palabra de Dios en la medida en la que actúe el Espíritu en el propio lector; no solamente en cómo pudo actuar en el autor del texto. Una acción dinámica que permite que

Dios diga lo que quiere decir en cada momento, en cada circunstancia, a cada persona, no solo en el seno de la comunidad de fe, sino también en cada individuo, sirviendo de terapia espiritual a cada creyente. Esta comprensión dinámica de la Biblia permite no limitar la inspiración a la fijación por escrito, sino que incluye la fase de lectura y entendimiento.

La voluntad y la capacidad de establecer una reflexión dinámica entre escrituras sagradas y Espíritu Santo libra al lector de caer en el concepto sacramental de la eficacia de las Escrituras de forma indiscriminada e irreflexiva, como si de un talismán se tratara.

Dicho lo que antecede, podemos plantearnos el lugar que ocupa la revelación de Dios y la noción de inspiración, al relacionar ambos conceptos con la Biblia, como la misma Biblia sugiere (2.ª Pedro 1:20s; 2.ª Timoteo 3:16). Y todo ello sin olvidar que la eficacia de la Biblia se produce, en última instancia, como una experiencia colectiva con efectos individuales, y no puede entenderse correctamente si no es en comunión con la comunidad de fe guiada por el Espíritu Santo.

La referencia a una fe religiosa es una característica que aceptamos como factor suficiente para distinguir un texto religioso de otros que no lo son, aunque pertenezcan a la misma época y, ambos, a culturas similares. En el caso de la Biblia, especialmente si nos referimos al Antiguo Testamento, el tema adquiere una dimensión especial, ya que se trata de escritos ambivalentes que se mueven tanto en el terreno civil como en el religioso, en respuesta a una realidad sociológica del pueblo hebreo, que se concibe a sí mismo como una teocracia en la que los espacios religioso y secular se funden en uno solo.

Se trata de relatos que, en su mayor parte, aunque narren situaciones épicas del pueblo o recopilen mitos de otras cosmologías, tomaron forma de documento escrito mucho tiempo después de haberse producido los hechos narrados y, eso sí, al dárseles la consideración de texto religioso, recurren a la fe como elemento legitimador. Una vez que se le atribuye al texto un significado religioso, la tendencia es dar sentido trascendente a libros o a pasajes que, en otras circunstancias, quedarían reducidos exclusivamente a otros ámbitos literarios dentro del campo profano. Cuando el texto se convierte en normativa para la fe, es preciso justificar una vinculación con Dios, con su voluntad, atribuyéndole una intervención directa o delegada de la divinidad. En resumen, entramos en el terreno de la *revelación* y de la *inspiración*.

¿En qué sentido se admite que hay revelación en la Biblia? Es algo comúnmente aceptado en el plano religioso que hay revelación en las Escrituras en cuanto que ellas muestran cómo Dios está en medio del pueblo, manifestándose como es y lo que espera del pueblo. Para algunos, la revelación es algo puntual y absoluto; para otros, la revelación de Dios es una experiencia que el ser humano va percibiendo de forma progresiva, es decir, su percepción se hace efectiva en la medida en la que la persona o el pueblo puede ir asimilando el contenido de esa revelación. De ahí la dificultad teológica que plantea cómo relacionar los acontecimientos históricos y las verdades supratemporales; en otras palabras, cómo pueden armonizarse verdad e historia.

Ya en la Antigüedad se decía que lo que el hombre puede saber de Dios, ha de serle revelado por Dios. Por su parte, los teólogos reconocen dos tipos de revelación: 1) la general, natural o externa y, 2) la específica, sobrenatural o interna. Karl Barth no estaba totalmente de acuerdo con esta clasificación y afirmaba que a Dios únicamente se le puede conocer en la persona de Jesucristo.

Si no se acepta el hecho de la percepción progresiva de la revelación por parte del ser humano, unida al convencimiento de que Dios actúa y se manifiesta de una forma específica a través de su Iglesia, algunos de los dogmas más consistentes que son asumidos hoy como axiomáticos no podrían ser sustentados como tales, ya que no tienen una definición suficiente en el texto bíblico. Ese es el caso del dogma de la Trinidad, del que ya nos hemos ocupado anteriormente, que después de un proceso de serias controversias conciliares, tiene su culmen en el Concilio de Calcedonia, en el año 451, es decir, cuatro siglos después de la época apostólica.

Los padres conciliares tomaron como punto de partida la Biblia y, apoyándose en ella, surgieron diferentes posturas y propuestas antes de llegar a establecer el dogma que perdura hasta nuestros días, que es asumido como parte de la revelación divina; pero a ningún exegeta antiguo ni moderno le cabe duda de que tal doctrina no está suficientemente enunciada en el texto bíblico, por mucho que en ocasiones se fuerce el texto para hacerle decir lo que no dice en realidad. La revelación tiene su manifestación final en la respuesta del creyente. Es la conjunción de la Palabra en diálogo con la respuesta humana.

Damos por sabido que todas las religiones parten de un convencimiento interno que las hace sentirse producto de una revelación trascendente, de tal forma que es precisamente ese principio el que da sentido a la teología. El convencimiento de haber sido revelados legitima el contenido tanto de los textos sagrados como de la propia estructura eclesial. Uno de los elementos distintivos de la revelación, desde la perspectiva de las diferentes religiones, es que se muestra exclusiva y excluyente. Cada religión considera que la suya es la única y verdadera revelación existente, por lo que ella sola está legitimada para hacer prevalecer tanto su cosmología como su escatología y, por supuesto, su propia estructura religiosa.

No deberíamos perder de vista que 'revelación' es un término abstracto, sujeto a diferentes percepciones, siempre bajo una buena dosis de subjetividad, bien sea individual o colectiva. Por lo regular, las religiones consideran –o al menos así lo perciben las corrientes más fundamentalistas– que revelación es un término equivalente a «dictado de Dios», que puede ser literal, palabra a palabra por medio de un intermediario, como en el caso del islam con respecto al Corán; en el judaísmo-cristianismo, está la entrega directa a Moisés por parte de Dios, en un bloque de piedra conteniendo las Tablas de la Ley.

Otro sentido del término revelación, aplicado a las escrituras sagradas es atribuir al escritor u orador, que escribe o habla «en el nombre del Señor», unas facultades propias de los oráculos que hablaban en nombre de los dioses, cuya autoridad se convertía en algo indiscutible e inapelable. Bien es cierto que ese rango de autoridad, de «palabra revelada», en lo que a los libros de la Biblia se refiere, ha sido atribuido *a posteriori*, ya que ni sus autores ni sus contemporáneos, les otorgaron tales prerrogativas.

Si detrás del texto se encuentra o bien el dictado directo de Dios o bien sus emisarios han sido iluminados por la divinidad para transmitir su mensaje palabra a palabra, eso significa que cada palabra, cada afirmación, cada relato, son Palabra de Dios. Hasta tal extremo llega ese tipo de interpretación de carácter absoluto, irreflexivo e irracional, en algunas etapas de la historia de la Iglesia, que se llega a aceptar por parte de algunos lectores que incluso las vocales, que fueron introducidas en el texto por los masoretas a partir del siglo VII d. C. están inspiradas por Dios. Recordemos que el hebreo escrito carecía de vocales y, simplemente a título de curiosidad, añadimos que los masoretas reconstruyeron el texto al incorporar las vocales sobre la base de dos soportes: 1) la tradición recibida y 2) la transmisión oral. Más lejos llegan otros en nuestros días, cuando incluso los titulares que encabezan los salmos y los capítulos de los diferentes libros son leídos como una parte más de las Escrituras.

Hoy en día, a ningún estudioso medio de la Biblia se le oculta que los libros fundacionales, como son los que integran la Torá o Pentateuco, tienen préstamos sustanciales del material simbólico y mitológico procedente de la literatura mesopotámica y egipcia, existiendo incluso dudas razonables no solo de que Moisés fuera su autor, como ya hemos argumentado anteriormente, sino de que pasara de ser un personaje mítico creado por los promotores del judaísmo, al no haber sido encontrados vestigios extrabíblicos de su existencia. Existen explicaciones mucho más convincentes a las que recurriremos más adelante.

En resumen, aceptar la revelación como un «dictado de Dios» aplicada a la Biblia, ha dejado de tener seguidores no ya solo entre los teólogos que aplicaron el método históricocrítico y las nuevas formas de abordar el texto bíblico, sino entre otros más moderados o conservadores.

Tan solo sectores que se sitúan en el ala más conservadora siguen firmes en considerar los libros de la Biblia, palabra por palabra, como un todo de la revelación de Dios, ya que, según afirman, todos ellos, en su totalidad, con exclusión de cualquier otro que no figure en el Canon, son inspirados por Dios, un término que se utiliza, aunque sea inconscientemente, como equivalente a 'dictado', y de ahí la afirmación sin matices de la doctrina de la inerrancia, confundiendo los relatos cosmológicos y las opiniones humanas con la esencia de la Palabra de Dios y confundiendo o, en el peor de los casos, manipulando con ello la conciencia de los creyentes. Y todo ello, sin tomar en consideración los procesos de traducción, transmisión y el resto de dificultades a las que hemos hecho referencia anteriormente, que obligan a depurar el texto bíblico de sus adherencias. Dios, evidentemente, es inerrante, no se equivoca, no hay error en sus palabras, pero las palabras de sus intérpretes pueden ser erróneas, contradictorias y fuera de los propósitos divinos.

Llegar a este punto de nuestra reflexión nos coloca ante una disyuntiva: si los libros de la Biblia no han sido «dictados por Dios», entonces ¿qué significado debemos dar al hecho de que sean considerados como una revelación?, ¿cómo y en qué cifrar la presencia de Dios en los textos sagrados? Una respuesta global es que la coincidencia literaria con otras fuentes no oscurece una realidad distintiva de los libros bíblicos, como es su originalidad teológica. Arropada por una literatura humana, plagada de imperfecciones y ciertas actitudes ruines por parte de algunos de sus protagonistas (patriarcas, reyes, jueces o profetas), va abriéndose camino la figura de un Dios universal jamás antes percibido en otras culturas. Por encima de la contumacia y rebeldía de los emisarios, como es el caso de Jonás, el Antiguo Testamento va dejando traslucir una teología que muestra un mensaje de interés universal que busca la hermandad de los pueblos y la justicia social, que encuentra su ejecución en el Nuevo Testamento.

De ahí se deriva la necesidad de ir separando el grano de la paja, de aprender a leer la Biblia aplicando las herramientas que nos permitan distinguir entre lo que es Palabra de Dios –que siempre ha de apuntar a esa imagen de Dios liberadora y no discriminatoria– y lo que son relatos históricos, sociales, costumbristas o anecdóticos de un pueblo que solo de forma gradual va percibiendo algunos rasgos distintivos del Dios que le ha designado como «pueblo escogido» para cumplir una misión y no como pueblo receptor único de la gracia divina.

Una revelación parcial y progresiva que únicamente culminará en la figura de Jesús de Nazaret, reconocido por la comunidad de fe que se forma después de su muerte, como encarnando él mismo la palabra revelada por Dios, «el Verbo hecho carne que habitó entre nosotros». Dicho de otra forma, en palabras de Andrés Torres Queiruga (n. 1940), no percibimos la revelación «como un aerolito caído del cielo; por el contrario, la Escritura nos ayuda a percibir la "Palabra de Dios" en la palabra humana; la revelación no es la Escritura, si bien podemos encontrar revelación en ella».

Usualmente, la revelación es un hecho comunitario, y viene acompañada de cierta conflictividad, ya que los hechos son susceptibles de varias interpretaciones, según sea la posición social, los intereses y los valores de los intérpretes.

Para poder tener una visión más cercana a lo que estamos diciendo, hagamos un ejercicio hermenéutico tomando como referencia el texto de Éxodo, capítulo 32, que narra la entrega de la Ley al pueblo escogido. Cuando Moisés desciende del monte de la teofanía con la primera versión de las Tablas de la Ley, la comunidad (el pueblo) no está preparada para recibir la revelación de Dios. El virus de la desconfianza los ha contagiado mientras Moisés estuvo ausente y sus intereses se han desviado hacia otros objetivos, añorando como añoran los ajos y cebollas de Egipto, es decir, la tranquilidad social, aunque fuera en calidad de esclavos. Ahora sus intereses son otros; sus valores han sufrido un giro. Han olvidado el entusiasmo de la salida de la esclavitud, cuando estaban dispuestos a hacer suyas las esperanzas de futuro y el mensaje que Moisés comparte con ellos. Ahora, esta nueva fase de la revelación, aún siendo eficaz a nivel individual, no lo es a nivel colectivo, y Moisés comprende que resulta algo inoperante. El resultado es que las Tablas son rotas ante el pueblo que no es capaz de hacerlas suyas. O hay aceptación colectiva o no hay revelación efectiva. Y esta es una enseñanza que no deberían olvidar las iglesias hoy en día, en especial aplicada a algunos «profetas» que han decidido emprender el camino en solitario, exigiendo a los fieles que los sigan ciegamente.

La revelación va siempre unida a un principio de trascendencia que suele identificarse como inspiración. Sea como fuere, hay un hecho incuestionable: la Biblia ha sido considerada por los creyentes de todos los tiempos como poseedora de una autoridad divina, transmisora de verdades eternas. El debate ha consistido, por una parte, en determinar si hay que buscar esas verdades a partir de una lectura literal, una lectura simbólica o una lectura alegórica; y, por otra, en delimitar los espacios de autoridad entre Biblia e Iglesia o, en otras palabras, entre Biblia y tradición.

Ahora bien, el principio de autoridad no está intrínsecamente ni en la Biblia ni en la Iglesia; la autoridad procede de Jesucristo, reconocido por la comunidad de creyentes como Palabra de Dios encarnada. La autoridad del Antiguo Testamento le viene dada porque Jesucristo le puso el sello de su propia autoridad, en la medida en la que esos libros apuntan a la persona del Mesías; y los libros del Nuevo Testamento obtuvieron autoridad porque la Iglesia reconoció en ellos el testimonio de los apóstoles de Jesucristo.

El pueblo de Israel creía que Dios se revelaba a su pueblo y le estaba hablando de formas diversas, aun antes de contar con una colección de libros que consideraran sagrados. El hecho de aceptar los libros de la Ley y los Profetas como autoridad no fue el origen de la revelación de Dios, ni de su reconocimiento, sino la consecuencia de esa revelación. Y algo semejante ocurre con los libros del Nuevo Testamento. La Iglesia nace y se desarrolla bajo la autoridad de los apóstoles, revestidos de la autoridad conferida por Jesucristo y, en la medida en la que los libros fueron reconocidos como sujetos a la autoridad de Jesús a partir de las enseñanzas transmitidas por los apóstoles, fueron adquiriendo autoridad y considerados como revelados por Dios.

La revelación de los textos sagrados lleva implícito un acto de 'inspiración' divina, un vocablo que no tiene el mismo significado para la mente hebrea que el que le ha sido asignado en la literatura cristiana. Para los judíos, la inspiración se centra en el hecho de que tanto los patriarcas, como los jueces y los profetas hablaban bajo el impulso de Yavé, que determinaba el contenido del mensaje. Cuando en fecha posterior al regreso del cautiverio se escribieron esos libros, les fue reconocida la misma consideración de estar inspirados por Dios que tuvieron las palabras de los autores a quienes fueron atribuidas y que pasaron de una generación a otra por conducto oral, por lo que esos libros vinieron a ser sagrados y, aunque no de forma inmediata, transmisores de la Palabra de Dios. «Está escrito» era tanto como decir «Dios ha hablado», equivalente a la fórmula de los profetas «Así dice Yavé».

La Iglesia cristiana, desarrollada en sus inicios entre comunidades judías, acepta como propio este mismo criterio y admite los libros sagrados para los judíos como palabra inspirada por Dios, aunque con un matiz: no se trata de la Palabra de Dios como manifestación final, sino de la afirmación de una promesa que se cumple en la persona de Jesús, reconocido como el Cristo, el Hijo de Dios, por lo que, no solo Jesús mismo, sino sus apóstoles y los autores de los libros que dan testimonio de Jesús se ocupan de hacer una relectura de esos textos, como anticipo de mensajes desvelados por Jesús, referidos al reino de Dios, al día de Yavé, al nuevo Pacto, al nuevo Templo, al derramamiento del Espíritu, a una nueva creación del mundo, etcétera. Igualmente se hace una relectura de algunos pasajes, como Isaías 52 (también el 53), aplicando al propio Jesús la imagen del Siervo sufriente de Yavé.

2. Cultura y contextualización

Cultura es todo aquello que no es naturaleza, es decir, todo aquello en cuya elaboración ha intervenido el ingenio humano, bien sea reconfigurando la naturaleza o extrayendo de ella o de su propia capacidad intelectual y física expresiones autónomas que muestran su capacidad creativa. Cultura son las pinturas rupestres de las cuevas de Altamira; cultura son los muebles que fabrica un ebanista; cultura es el edificio que diseña y levanta un arquitecto; cultura son las obras literarias de cualquier época; cultura es la que se hace cocinando y adaptando los alimentos a todo tipo de paladares; cultura es la incorporación a la vida cotidiana de una determinada lengua o de una vestimenta específica o de juegos, deportes, costumbres o aficiones específicas; cultura es la religión y sus múltiples manifestaciones.

El género humano se distingue de los animales, entre otras cosas, por la capacidad que ha adquirido de modificar su entorno e incorporar nuevas costumbres, descubrir diferentes herramientas, inventar medios de protección contra las agresiones de la naturaleza y, sobre todo, por su afán de trascendencia, que le ha impulsado a buscar vías de comunicación con «el más allá», con lo desconocido, con el origen de las cosas, con la eternidad; en resumen, su deseo de encontrar respuestas a sus muchas incógnitas, de donde se derivan las diferentes manifestaciones religiosas. Esta característica es la que ha hecho que los humanos evolucionen y continúen haciéndolo hasta cotas que pueden resultar inimaginables.

A poco que reparemos en ello, podremos observar que todas las religiones y, consecuentemente, sus textos sagrados, están arropadas por elementos propios de la naturaleza y de la cultura. De su vinculación con la naturaleza surge la devoción a la madre tierra, al padre sol, o el hecho de interpretar el rayo o el fuego como mensajes divinos, o el simbolismo del maíz o del pan y el vino y otros frutos de la tierra, incorporados como elementos sagrados a diferentes liturgias.

En lo que a la Biblia se refiere, se trata de un libro o un conjunto de libros que nos llegan ya contextualizados y fecundados por la cultura, inicialmente por su procedencia semita, hebrea y judía, que ha pasado más tarde por otros filtros culturales: griego, romano, medieval, catolicorromano, el protestantismo europeo tanto continental como anglosajón, sin olvidar el agregado cultural e ideológico del Renacimiento y la Ilustración europea, así como las corrientes posteriores nacidas en el Nuevo Mundo.

Una nueva y necesaria contextualización a nuestra realidad contemporánea requiere aislar los factores teológicos y culturales que pudieran ser ajenos al pensamiento bíblico original y, una vez depurado el texto, interpretar y aplicar su mensaje a nuestro propio contexto social.

Lo que queremos decir es que una exegesis que no se sitúa en el contexto de toda la Biblia, especialmente del Nuevo Testamento, puede ser filológicamente correcta, pero no debería tener la pretensión de ser una exegesis teológicamente adecuada, es decir, una búsqueda y exposición de la Palabra de Dios.

Estos criterios hermenéuticos deben aplicarse también a los relatos de la creación que explican la cosmología que hemos heredado, surgidos inicialmente de mentalidades precientíficas, en los que se deja sentir un proceso de adaptación cultural que arranca, en el caso de los hebreos, de los mitos mesopotámicos y de la cultura ugarítico-cananea, donde aparece la figura del Leviatán. El trasfondo, a partir de personajes como Marduk, Tiamat, Leviatán y otros, se contextualiza en el Génesis, adaptado a la realidad de un pueblo que se siente especialmente escogido por Dios. Pasa luego por una renovada percepción a partir de la revelación del Nuevo Testamento para ser expresado más tarde con el lenguaje filosófico de los griegos. Cuando, posteriormente, la Iglesia se cierra herméticamente y se hace fundamentalista, los teólogos se resisten a aceptar el nuevo lenguaje científico de Copérnico y Galileo, a quienes ya nos hemos referido anteriormente, en nombre de la «ortodoxia» ptolemaica y se establece una barrera de comunicación entre ciencia y fe que aún pervive en muchos sectores eclesiales, a pesar de que, finalmente, la Iglesia no tuviera más remedio que aceptar el heliocentrismo.

Esta falta de agilidad para liberar el texto bíblico de prejuicios teológicos, hace inaccesible para muchos la genuina Palabra de Dios, precisamente por encontrarla descontextualizada. La historia no termina ahí, ya que uno de los rasgos más destacados de la Iglesia cristiana, incluso a partir de esa experiencia injustificable de la confrontación entre la fe y la razón, ha sido ponerse de espaldas a los procesos de cambio social y, consecuentemente, resistirse a volver a contextualizar, tantas veces como resulte necesario, la lectura y el mensaje de las Escrituras.

Es preciso recordar que la Biblia no es un libro unívoco, escrito por un único autor, compuesto en un solo espacio geográfico o con un solo propósito. Centremos su espacio temporal para mejor comprensión de lo que estamos diciendo. Si aceptamos la postura más conservadora y con ella la autenticidad mosaica para el Génesis, tendríamos que remontarnos hacia el siglo XII-XIII a. C, fecha atribuida al nacimiento y vida de Moisés, para concluir con el Evangelio de Juan y otros escritos incluidos en el Nuevo Testamento, cuya autoría se fija ya a finales del siglo I o principios del II de nuestra era. Llegamos de esa forma a la conclusión de que los libros que integran la Biblia han sido concebidos o escritos en un largo período de tiempo, unos mil trescientos años aproximadamente, que abarca situaciones geopolíticas muy diversas: esclavitud, éxodo, luchas tribales, constitución y descomposición de un reino, deportación y restauración nacional, inicio y desarrollo de la religión judía, un pueblo dominado por potencias extranjeras y, finalmente, la irrupción y destrucción por las tropas romanas de todos los símbolos de la identidad nacional, incluido el Templo y, como consecuencia, la diáspora. Una gran variedad de situaciones que justifican la pluralidad de contenido y mensajes que encontramos en la Biblia.

Y si, por otra parte, nos detenemos en analizar el propósito de los libros que integran la Biblia, aún asumiendo una postura conservadora en el sentido de que se trata de mostrar la revelación de Dios uniformemente en torno a un plan de salvación, pronto observaremos que cada uno de esos libros tiene un propósito definido y se mueve en situaciones sociales, económicas, políticas y religiosas muy diferentes. La Biblia fue escrita para comunidades muy diversas en realidades muy concretas; eso hace que cada uno de sus libros, escritos en épocas diferentes y bajo presiones sociales específicas, tenga su propio objetivo y utilice un lenguaje apropiado a cada circunstancia, incluso idiomas diferentes. Escritos dirigidos al pueblo llano en algunos casos y, en otros, a los reyes o a la clase sacerdotal y, siempre, afrontando escenarios o problemas determinados, propios de la época y de las contingencias sociales del momento.

Es cierto que cualquiera de esos libros tiene, o puede tener, mensajes devocionales que pueden adaptarse a épocas y situaciones desiguales; y no es menos cierto que muchos de esos escritos encierran una dimensión profética que, una vez despojada de las adherencias culturales del momento, están llamadas a convertirse en Palabra de Dios para los lectores de cualquier otra época y condición. Despejar el terreno y extraer la enseñanza que encierran para los lectores de nuestra época, seres de carne y hueso que viven en un tiempo determinado y afrontan retos propios de nuestro espacio cultural y geográfico, se logrará mediante una hermenéutica adecuada, tema en el que venimos insistiendo hasta la saciedad.

Ahí es donde surge la necesidad de contextualizar textos que nos han llegado cargados de ideologías ajenas a nuestro ámbito cultural, de mirarlos y analizarlos desde la pobreza, desde la esclavitud, desde la perspectiva de género, desde la enfermedad o desde la salud; desde el norte rico o desde el sur sometido y dominado por grandes potencias; colocándonos en el lugar del indígena expoliado o en el del colono usurpador.

Pongamos un par de ejemplos extraídos de contextos bíblicos. Podemos aproximarnos a la figura de Abraham desde la experiencia de Sara e Isaac o desde la de Agar e Ismael, ambas recogidas en la Biblia, pero que arrojan un mensaje muy diferente. Si ponemos nuestra atención en la ocupación de las tierras de Canaán por parte de los integrantes de las doce tribus, es probable que hagamos una lectura muy dispar si la analizamos desde el punto de vista de los hebreos o si nos lo planteamos desde la perspectiva de los pueblos cananeos, sobre todo si lo hacemos a la luz de la ética de Jesús, marcada por un Dios que es el mismo ayer, hoy y por los siglos, que no hace diferencia entre personas.

La Biblia, en su conjunto, leída en el siglo XXI, no es un libro de hombres o mujeres blancos, ni siquiera un libro judío; no es un libro católico, ortodoxo o protestante; no es un libro al que acudir para dar cobertura a nuestros apriorismos. Para que cumpla las expectativas de carácter universal que se le atribuyen, es preciso separar lo sustancial de lo accesorio, lo que encierra y contiene Palabra de Dios de lo que supone una narración de historias y situaciones coyunturales propias de un momento histórico y de una cultura determinada.

Es un hecho en el que fácilmente podremos ponernos de acuerdo que somos herederos de una cultura acumulativa que ha ido configurando el depósito de nuestras creencias; lo que en términos teológicos se ha venido en denominar *tradición*, un término acuñado especialmente por la Iglesia católica que los protestantes rehúsan pero que, sin embargo, resulta recurrente en sus diferentes reivindicaciones eclesiales, ya que cada una de las ramas del cristianismo reivindica a sus ancestros respectivos para defender determinadas posturas doctrinales o litúrgicas.

En lo que a la tradición se refiere, está la que arranca de los apóstoles y que termina cristalizando en los 27 libros reconocidos como canónicos del Nuevo Testamento, además de los siete concilios ecuménicos y, en el caso católico y ortodoxo, la suma de sus propios concilios posteriores. En el ámbito protestante, adquiere un valor referencial la aportación que supuso la Reforma del siglo XVI, sin olvidar que tanto esta como aquellos, se producen normalmente en situaciones conflictivas, en medio de profundas controversias teológicas y bajo presiones y confrontaciones políticas con frecuencia ajenas a los intereses específicamente espirituales de las iglesias.

Se trata de un proceso marcado por definiciones teológicas controvertidas y cismas eclesiales auspiciados por intereses políticos en muchos casos. Esa realidad nos obliga a pasar nuestra fe por el tamiz de una relectura bíblica capaz de distinguir, en el contenido de la suma Biblia-tradición, los aspectos sustanciales que reafirman el hecho de que Jesús es el Verbo de Dios de todo aquello que ha ido incorporándose con el paso del tiempo, en muchos casos contradictorias unas corrientes con respecto a otras, algo que en manera alguna puede ni debe ser considerado como Palabra de Dios y ser puesto en idéntico nivel de autoridad.

Se hace preciso analizar el bagaje teológico y cultural heredado, bien sea por la vía medioevo-tridentina-católica española, o bien por el otro canal de corte protestante: la ortodoxia europea y el pietismo de los siglos XVII y XVIII, los grandes avivamientos anglosajones de los siglos XVIII y XIX o los más recientes movimientos procedentes del conservadurismo norteamericano, de corte pentecostal y neocarismático. Influencias que es preciso someter al implacable juicio crítico del texto bíblico en cada momento, una vez llevada a cabo la relectura de ese texto con los criterios hermenéuticos anteriormente aludidos.

Es conveniente no olvidar que tanto los autores como los lectores de las Escrituras no viven en el vacío histórico y social, sino en situaciones históricas particulares, en culturas específicas. Los libros de la Biblia fueron escritos desde y para escenarios concretos con un mensaje adecuado a cada realidad sociocultural. El propósito es que sean comprensibles para los hombres y mujeres de nuestro tiempo, para

lo cual hay que allegarse hasta ellos en términos de su propia y particular cultura. Como consecuencia de esa realidad, es preciso hacer
un ajuste de comprensión hermenéutica entre el emisor y el receptor
transmitiendo el sentido del texto de una época a otra, de un lenguaje
a otro, de un contexto social a otro, de un estado emocional a otro, con
el propósito de hacer inteligible el mensaje y lograr que resulte eficaz
para el lector.

El proceso al que estamos haciendo referencia demanda un ejercicio
de relectura para no quedarnos en la superficie; un proceso que permita
entrar en el núcleo del mensaje, con el intento de que llegue al receptor, para lo cual debe recibirlo adaptado a su propia cultura. Aún más,
la contextualización es una tarea constante y siempre inconclusa. Ese
es el sentido que quisieron dar los reformadores a la expresión *eclesia
reformata semper reformanda,* es decir, la Iglesia ha de estar permanentemente en estado de reforma. Y eso mismo ocurre con el texto bíblico: su
mensaje debe pasar en todo momento por el filtro de la cultura en que
la recibe el lector, con el fin de percibir la Palabra de Dios despojada de
los residuos ajenos que hayan podido ir adhiriéndose.

Hay que leer el texto con relación a nuestro contexto histórico, literario y cultural actual. En cada cultura existen conceptos, palabras
y elementos antropológicos y religiosos diferentes. Esta contextualización implica asumir el ropaje de la cultura a la que se vierte el texto
para poder ser entendido, adaptándolo a la mentalidad y condiciones
socioculturales de los receptores.

3. Pecado y santidad

'Santidad' es un término contrapuesto a 'pecado'; lo sagrado se opo-
ne a lo profano y, por extensión, a pecado. Para alcanzar una visión
clara de lo que es la santidad, tenemos que delimitar previamente lo
que se entiende por pecado. El término griego para pecado que utiliza
la Septuaginta, *hamartía,* nos lleva a la idea de errar, no dar en el blanco,
desviarse del camino trazado por Dios; en realidad, su significado en el
griego clásico es «error trágico, error fatal, defecto, falta»… A partir de
su uso en el texto bíblico, toma ese sentido religioso que denominamos
pecado. Otras palabras que se usan en el Antiguo Testamento en torno
a este concepto son impiedad, confusión, perversión, culpa, transgresión, rebelión, error, problema, vanidad, mentira, engaño…

Muchas de esas palabras se usan no solo para denominar el pecado,
sino también la culpa. En el Nuevo Testamento se añaden otras que

giran en torno a la misma idea: injusticia, ilegalidad, impiedad, transgresión, caída, depravación, concupiscencia, desobediencia…

La Biblia centra el origen del pecado en la caída del hombre, es decir, en su desobediencia a Dios, y se vincula por lo regular a la voluntariedad y consciencia de actuación; es decir, se trata de actos voluntarios conscientemente realizados por el ser humano, haciendo uso de su capacidad de libre albedrío. Pecado es, por lo tanto, un acto que produce alejamiento, rompimiento, separación entre Dios y sus criaturas. Así lo entendió Juan Wesley cuando lo definió en los términos siguientes: «El pecado es una trasgresión voluntaria de una ley conocida».

La lectura clásica de la Biblia determina que el pecado lleva consigo algunas consecuencias que, en lo que afecta a los primeros padres de la humanidad, supuso lo siguiente: maldición de la tierra, dolor y sufrimiento de la mujer al dar a luz, necesidad de trabajar físicamente para subsistir, muerte física y espiritual, sentimiento de vergüenza, conciencia del mal y expulsión del Paraíso. Y, en lo que atañe a los descendientes de Adán y Eva, sin distinción, se afirma que son pecadores y se hallan bajo condenación, ira y maldición de Dios, siendo cautivos del pecado.

La teología se ha encargado de enredar este tema lo suficiente como para introducir muy diversas teorías tratando de explicar lo que hemos resumido en un solo párrafo. Y así se habla de la teoría realista, la pelagiana, la semipelagiana, la agustiniana, la representativa y otras muy diversas que tratan, en resumen, de explicar lo que no resulta sencillo expresar.

Dos cosas resaltan especialmente, a la hora de afrontar la naturaleza del pecado, que requieren nuestra atención: el pecado original y la maldición sobre los descendientes. Veamos. La expresión 'pecado original' no se encuentra en las Escrituras, sino que fue introducida por vez primera por Agustín de Hipona en su famosa controversia con Pelagio. Afirma la condición depravada de la naturaleza humana y la inclinación pecaminosa de todos los seres humanos, que se considera transmitida de padres a hijos mediante la procreación natural. Una buena parte de los teólogos de la Edad Media hicieron suya esta doctrina que ha llegado hasta nuestros días. Para algunos, este pecado se borra con el bautismo. Otros teólogos matizan que lo que se hereda es la inclinación al pecado, no el pecado en sí.

En cuanto a la maldición derivada hacia la descendencia, el Decálogo pone en boca de Dios lo siguiente: «Yo soy Yavé, tu Dios, fuerte, celoso, que visito la maldad de los padres sobre los hijos hasta la tercera y cuarta generación de los que me aborrecen» (Éxodo 20:5). Otros textos, como Éxodo 34:6, 7; Deuteronomio 5:9, o, ya en el Nuevo Testamento, 1.ª Corintios 15:22, se hacen eco de esta maldición y castigo derivado. Bien es cierto que hay otros pasajes que contradicen lo anterior, como Deuteronomio 24:16: «Los padres no morirán por los hijos, ni los hijos por los padres; cada cual morirá por su pecado»; y Ezequiel 18:20: «El alma que pecare, esa morirá; el hijo no llevará el pecado del padre, ni el padre llevará el pecado del hijo; la justicia del justo será sobre él, y la impiedad del impío, será sobre él», lo cual pone de manifiesto que se trata de una afirmación, la hecha en el Decálogo, que requiere una relectura que ya en las propias escrituras hebreas comienza a realizarse. Un ejemplo que deberíamos seguir en nuestros días.

También en este tema observamos la diferencia de actitud de Jesús con respecto al pecado y la relectura histórica que hace del mismo. Centra su misión en llamar a pecadores al arrepentimiento, sin entrar en complicados planteamientos ni definiciones teológicas, por mucho apoyo que pudieran tener en las Escrituras. Curiosamente, las palabras más duras de Jesús fueron dirigidas a aquellos que confiaban en sí mismos como justos y menospreciaban a los otros (cfr. Lucas 18:9, Mateo 23:13-19).

No son los errores que comete el hombre lo que lo contamina, sino lo que sale por la boca y se engendra en el corazón (cfr. Mateo 15:18-20). Jesús desvía el interés que los fariseos centraron en el cumplimiento ceremonial de las normativas religiosas para fijarse en las motivaciones del corazón, a partir de una desmitificación del dogma a favor de la primacía del amor, la solidaridad, la tolerancia y la exaltación de los valores humanos, en una época en la que el propio lenguaje de Jesús no solo resultaba utópico, sino ofensivo en los círculos de poder judíos.

Pues bien, frente al pecado está la santidad de vida. El término 'santidad' hace referencia a la separación entre lo puro y lo impuro. La santidad consiste en vivir con convicción la realidad del amor de Dios, a pesar de las dificultades de la historia y de la propia vida. Jesús introduce un nuevo código de santidad: el amor, la compasión, la solidaridad, el abrazo y la hospitalidad. Levítico pone en boca de Yavé las siguientes palabras: «… vosotros por tanto os santificaréis, y seréis santos, porque yo soy santo» (11:44); unas palabras que el apóstol Pedro recuerda en su primera epístola (cfr. 1.ª Pedro 1:16). Mandamiento que es reiterado en Levítico 20:7: «Santificaos, pues, y sed santos, porque yo, Yavé, soy vuestro Dios».

¿Y qué valor, qué significado tiene eso de ser santos, un término que aparece en el Antiguo Testamento 830 veces? Dos ideas se repiten en torno a este vocablo: separación y consagración; separación de lo inmundo y consagración a lo que es sagrado.

La analogía que establece el libro de Levítico pudiera plantearse así: Dios está separado de la creación, una vez contaminada por el hombre, en la medida en que trasciende de ella y está por encima de sus propias miserias. De igual forma, el hijo de Dios debe trascender de las inmundicias que lo rodean para consagrarse al servicio y a la obediencia a Dios.

Siguiendo esta enseñanza, será santo todo aquello que esté *apartado*, *separado* de cualquier otro uso para centrarse en Dios. Tanto en Éxodo como en Levítico, el término 'santo' se utiliza profusamente para referirse a objetos como el Tabernáculo y sus muebles, ofrendas, agua, vestiduras sacerdotales destinadas al servicio religioso; e incluso alcanza ese rango a la propia tierra.

¿Qué valor se da al concepto santidad cuando se aplica a los seres humanos? Si nos centramos en el Antiguo Testamento, observamos que, por lo general, la santidad apunta a una cuestión ceremonial que proviene de haber realizado actos o ritos apropiados de consagración. Pero no siempre es así; hay también un enfoque diferente que afecta a la conducta de la persona, incluso a su ética, como enfatiza el Salmo 15, que hace una mención poética a quienes han de habitar «en el tabernáculo de Dios» o «en el monte santo» de Dios. Y se refiere a: «El que anda en integridad y hace justicia, y habla verdad en su corazón. El que no calumnia con su lengua, ni hace mal a su prójimo, ni admite reproche alguno contra su vecino...».

Tal y como podemos observar en esta última referencia, más que una compilación de exigencias religiosas, se trata de un código ético-social. El libro de los Proverbios incidirá abundantemente en la misma idea, alejándose del significado ceremonial de la palabra 'santidad' para enriquecer el concepto con un contenido moral.

En el Nuevo Testamento, la palabra griega utilizada es *hagios* que, además de recuperar aspectos ya apuntados en el Antiguo Testamento, introduce una nueva percepción del estado de santidad, refiriéndose a quienes a través de la fe se han unido a Cristo, en virtud de lo que Pablo apunta en 1.ª Corintios 1:30: «Más por Él [Dios] estáis vosotros en Cristo Jesús». Claro que la primera epístola de Juan establece un requisito necesario: «El que dice que permanece en Él, debe andar como Él anduvo» (2:6).

Lo santo está vinculado a la pureza moral y se distingue de lo que está manchado. Sagradas según las Escrituras, como ya hemos apuntado, pueden ser consideradas muchas cosas: un lugar, unas vasijas litúrgicas, unas piedras, un monte…; pero santo, en sentido estricto, solo es Dios y, por extensión, las personas vinculadas con Dios. De la Iglesia se dice que es santa, en la medida en la que esté identificada con Cristo y sus enseñanzas, por lo que la santidad de la Iglesia deriva de la santidad de Cristo.

Por el hecho de haber sido *apartados para Dios*, los cristianos están llamados a ser santos. Y son santos sin distinción. No existe en la Biblia algo parecido a cristianos de segunda, como un concepto aplicado a quienes forman la comunidad de creyentes en general; o cristianos de primera, haciendo referencia a los clérigos en particular; o, por otra parte, los santos en el sentido dado en determinados ámbitos eclesiales, personas a quienes se atribuye alguna acción excepcional, y un concilio, cónclave, asamblea o jerarquía eclesiástica otorga el título excepcional de *santo*.

Hay, no obstante, una especie de proceso, de camino a recorrer en esa condición de santidad. Pablo, por ejemplo, al dirigirse a los creyentes de Roma, los señala como «llamados a ser santos» (1:7); sin embargo, al dirigirse a los cristianos de Colosas, dice: «A los santos y fieles hermanos en Cristo que están en Colosas» (1:2). Se trata, probablemente, de una pequeña licencia teológica. ¿Está Pablo haciendo una distinción entre el período en el que una persona se está identificando con Cristo y otro en el que ya ha afianzado su fe? Sea como fuere, esta licencia no autoriza a establecer distinciones entre unos creyentes y otros, salvo en lo que tiene que ver con su nivel de fidelidad al orden establecido por Dios.

Es cierto que una vasija puede romperse y un lugar puede desvirtuar su función original; de igual forma un creyente puede romperse, marcharse o desviarse de Cristo en alguna fase de su vida, pero el sentido de la santidad al que hacen referencia las Escrituras, sigue siendo el mismo: en la medida en la que un creyente se una a Cristo de nuevo, salga del hoyo en el que se hundió o restaure sus heridas espirituales, formará parte de esa «nube de testigos» a la que el autor de Hebreos (12:1) se refiere, en una clara identificación del término 'testigo' con la noción de santo.

4. Ética y moral

En más de una ocasión hemos hecho mención al vocablo 'ética', pero en ningún caso hemos unido esta palabra al adjetivo 'cristiana', ya que consideramos que se trata de una unión artificial e innecesaria; entre otras razones, porque hacemos una clara distinción entre ética y moral.[1] Partimos del convencimiento de que los principios realmente éticos, al margen de las costumbres o reglas morales, gozan de tal trascendencia y universalidad que no pueden estar sometidos a los estrechos márgenes de una determinada confesión religiosa, aunque esta los subsuma como propios.

Por el contrario, la moral se ocupa de las costumbres y, entre otras, de las reglas y normas religiosas, variables según sea la confesión, la época en la que se producen o proclaman y el espacio geográfico en el que se manifiesten. La ética, que afecta al respeto a la vida, a la defensa de la dignidad de las personas, al amparo de la libertad de movimiento y de conciencia a favor de todos los seres humanos sin excepción y a otros derechos inalienables, obliga a todos los seres humanos, profesen o no una religión determinada, con independencia de que esas reglas sean o no respetadas por todos. Las convicciones religiosas pueden ser, y se espera que lo sean, un acicate para el respeto y defensa de los principios éticos. 'Moral', pues, es un concepto diferente.

No obstante, somos conscientes de que tan difundido está el uso que identifica ética con moral y su utilización indiscriminada, que no nos cabe duda de que incluso en nuestro caso podemos caer en una utilización indistinta, arrastrados por una subjetividad no domeñada. Lo cierto es que no terminamos de encontrar una definición lo suficientemente contundente para definir el vocablo 'ética'. Tal vez la que más se aproxima, a pesar de su falta de concreción, sea la del diccionario María Moliner que define la ética como «Parte de la filosofía que trata del bien y del mal en los actos humanos»; nos quedamos con ella en esta ocasión, para apuntalar que, en el contexto en el que nos estamos moviendo, *el bien* sería todo aquello que se ajusta a los principios que consideramos marcados por Dios y, consecuentemente, respeta el marco de la creación y de las criaturas que en ella se encuentran, no haciendo distinción entre personas. Y *el mal*, todo lo contrario.

Por decirlo con otras palabras, la frontera entre la ética y la moral está en ese punto en el que nuestros actos pueden causar algún daño a nuestro prójimo o simplemente se trata de infringir normas sociales o religiosas que no ocasionan ningún tipo de agresión a nuestros semejantes, fuera de convencionalismos cambiantes que pertenecen a lo íntimo del ser humano o a prescripciones religiosas, filosóficas o sociales en cuyo ámbito existe diversidad de posturas, todas ellas legítimas. Por

1. Este tema lo hemos desarrollado en extensión en nuestro *Protestantismo y crisis*, edición propia (Madrid: 2012).

poner un ejemplo, quitar la vida a una persona es, además de un crimen, una falta de ética; vestirse indecorosamente para participar de un acto religioso, puede ser un atentado contra la moral, al menos contra la moral específica de esa religión en concreto, pero no tiene nada que ver con la ética.

Desde estas pautas de referencia, vamos a hacer una incursión por las páginas de la Biblia para intentar detectar algunos ejemplos que, a nuestro juicio, atentan contra los principios de la ética universal, por lo que no tenemos otra salida que plantearnos la necesidad ineludible de hacer una relectura de esos textos, especialmente a la luz de la Palabra de Dios revelada, es decir, la vida y enseñanzas de Jesucristo, que es el marco de actuación que nos hemos propuesto y que ha de servirnos de referencia para diferenciar la palabra humana de la palabra divina.

Nuestro propósito no es mancillar los relatos de la Biblia que, a nuestro juicio, podemos considerar que no se ajustan a esos principios éticos, sino desmitificar ciertas historias o leyendas que han sido incluidas en los textos canónicos y definidas como Palabra de Dios cuando se trata de relatos que muestran conductas humanas ajenas al Dios universal. La intención es situarlas en su propio contexto, tanto histórico como ideológico, y reservar para la Palabra de Dios el papel que únicamente a ella le corresponde. Tampoco haremos un inventario de todos y cada uno de los pasajes bíblicos que pueden incurrir en ese criterio; tan solo nos ocuparemos de unos pocos casos que sirvan de referente a los fines indicados.

No nos detendremos en relatos como el de la serpiente inductora y parlanchina que seduce a Eva; o en la adaptación al mundo hebreo del mito babilónico sobre el gran diluvio universal; o en las habilidades adivinatorias de José; o en la fabulosa inverosimilitud de las plagas de Egipto; o en la marcha del pueblo hebreo por el desierto empleando 40 años en completar un recorrido de unas semanas o, a lo mucho, unos pocos meses; o en las actuaciones aparentemente mágicas de Moisés como líder del pueblo emigrante; o en el fastuoso harén de Salomón; o en ciertas historias de los profetas, como la de Elías en el monte Carmelo frente a los sacerdotes de Baal protagonizando una horrorosa carnicería; o en el hechizo de Daniel para domesticar leones; o en la extraña lucha entre Dios y Satanás poniendo a prueba la fidelidad de Job y otros muchos relatos, leyendas o mitos que se encuentran en el Antiguo Testamento, atentando unos contra la ética y otros contra el sentido común. Todos ellos forman parte de esa literatura que, en su momento, sirvió en un contexto social determinado para fortalecer la fe de un pueblo sin identidad y transmitirle la idea de que Dios se manifestaba entre ellos pero que, en los tiempos actuales, requieren ser sometidos a una relectura que nos permita a nosotros extraer las enseñanzas que se corresponden con el tiempo en que vivimos.

Nos centraremos, eso sí, en algunos pasajes que encierran en sí mismos prácticas poco recomendables desde el punto de vista ético. Unos hechos cuya inclusión en la Biblia únicamente podremos justificar enmarcándolos en determinados ámbitos históricos, como parte de la cultura y de las prácticas habituales del momento, de los que sin duda podremos extraer enseñanzas e incluso deducir pautas de comportamiento, pero que no es posible asumir como exponentes de la voluntad divina, ni aún en el caso de que los autores pongan esos textos en boca de Yavé y determinada tradición religiosa los haya catalogado como Palabra de Dios. Dios no puede contradecirse a sí mismo, y el dios que presentan algunos de esos textos nada tiene que ver con el Dios de Jesucristo, así es que se trata de relatos que es preciso releer para poder ubicarlos en el lugar que les corresponde.

Comenzamos con Abraham, el padre de la fe, tanto para judíos como para cristianos y musulmanes. Amigo de Dios. Receptor de la promesa divina de ser el padre de una gran nación, fundador del pueblo hebreo. Ejemplo universal de obediencia a Dios, incluso en algo tan extremo como pudo ser el sacrificio de su propio hijo. Sin embargo, a pesar de todos esos títulos, en Abraham se pone de manifiesto lo que veremos posteriormente reflejado en otros personajes bíblicos como algo natural: el uso de la mentira sin ningún tipo de pudor. Y catalogamos la mentira a la que haremos referencia en el ámbito de la ética porque en los casos mencionados sí afecta negativamente a terceros.

Abraham era un prominente jefe de clan, nómada, expuesto a peligros de todo tipo; peligros que tenía que ir sorteando conforme su propio ingenio le daba a entender. En una de las etapas de su vida acampó en tierra del Neguev (*cfr.* capítulo 20 de Génesis), donde reinaba Abimelec que, al parecer, impactó negativamente a Abraham, tal vez por la fama que le precedía. El relato es escueto, directo. Abraham tiene miedo de que su hermosa mujer, Sara, pueda ser un problema para su propia vida. Se cura en salud y la presenta como si fuera su hermana. Sara participa igualmente de la mentira. Abimelec «envió y tomó a Sara» (el verbo tomar aquí implica una relación con todas sus consecuencias, aunque posteriormente Abimelec se defiende ante Dios diciendo, con toda probabilidad mintiendo, que «no se había llegado a ella»), y aquí paz y después gloria.

No le faltan excusas a Abraham para justificar su conducta y el relato se cierra como si nada hubiera ocurrido. Una conducta que, por cierto, tiene un precedente en Egipto (*cfr.* capítulo 12 de Génesis), lo cual nos hace pensar, bien en la contumacia de Abraham, o bien en que se trata de una leyenda que el autor ha oído contar y aplica al patriarca en momentos diferentes de su vida.

La mentira de Abraham no parece tener una mayor repercusión ética en su entorno, a pesar de los males causados, concepto no barajado en esos momentos; da la impresión de que tampoco afecta a su imagen como líder de una nación emergente que se considera «pueblo escogido de Dios». (En nuestros días, el presidente del país más poderoso del mundo, se vio obligado a dimitir cuando lo pillaron en unas mentiras, tal vez de menor impacto social que las de Abraham). Tampoco parece encerrar mayor importancia la opinión de Sara.

Si pasamos este relato por el tamiz de las enseñanzas de Jesús, quien enseñó a sus discípulos «Sea vuestro hablar: sí, sí; no, no; porque lo que es más de esto, de mal procede» (Mateo 5:37), la credibilidad de Abraham queda bastante denigrada. El propio Éxodo alerta: «De palabra de mentira te alejarás» (23:7); y Proverbios afirma: «El justo aborrece la palabra de mentira» (13:5). En nuestros días, sin ser necesario llevar el título de profeta, amigo de Dios o patriarca de Israel, aplicando los códigos de conducta que rigen en la sociedad, Abraham hubiera sido destituido y despreciado socialmente, no solo por la mentira con que recubre su cobardía, sino por el daño moral que inflige a Sara, su mujer y, con ella, a todas las mujeres, unido a la violenta situación en la que coloca a Abimelec. No nos cabe la menor duda de que el Dios de Jesucristo, en manera alguna puede avalar ese tipo de conducta.

La historia de Jacob y de su madre Rebeca tampoco tiene nada de desperdicio. El engaño y la mentira son la divisa que distingue al tercero de los patriarcas. (*cfr.* Génesis, capítulo 25 y siguientes). Confabulados ambos, madre e hijo, desvían, con engaños y malas artes, la primogenitura de Esaú a Jacob; hoy diríamos que se trata no solo de un engaño, sino de un delito sancionado con contundencia por la ley. La mentira y el engaño son, igualmente, el marco de relación entre Jacob y Labán, su suegro. Mediante tretas que no solo pueden ser catalogadas de artificio, en cuyo valor mágico o científico no cabe entrar aquí, Jacob consigue engañar a su suegro en el reparto del ganado que tienen ambos en común. Hoy en día el resultado de esas tretas sería considerado como exponente de corrupción, y la censura jurídica y social sería evidente. Ciertamente no se trata de una conducta ética que ennoblezca a Jacob.

El comportamiento de los hijos de Jacob, a impulso de los celos y de la envidia en su relación con su hermano José, conspirando contra él para matarlo, metiéndolo en una cisterna primero y vendiéndolo después, es más propia de delincuentes que de familiares tan cercanos, protagonistas de un pueblo escogido por Dios. Bien es cierto que José, uno de los dos hijos de la vejez, era el favorito de su padre y, para más inquina, se muestra arrogante y se jacta de su prevalencia sobre sus hermanos basándose en lo que le había sido revelado en un sueño. Y si eso no era suficiente, se había convertido en un chivato de lo que sus hermanos hacían. Pero nada de eso justifica la actuación de sus hermanos, un proceder nada ejemplar para ser tomado como paradigmático por el hecho de estar incluido en los libros de la Biblia.

Veamos otra historia poco ejemplar. Josué es el nuevo caudillo de Israel y tiene ante sí la conquista de la tierra prometida, privilegio que le ha sido negado a Moisés. Como general astuto, siguiendo por otra parte, el ejemplo de su predecesor, envía a dos espías a Jericó para tomarle el pulso a la empresa que ha de acometer (*cfr.* Josué, capítulo 2). Tal vez alguno de ellos, o los dos, formaron parte de los doce espías que anteriormente había enviado Moisés, por lo que eran conocedores de la ciudad y de lo que encerraba (*cfr.* Números 13:1-13).

Si bien la Biblia no entra en detalles, los espías van directos a casa de una ramera llamada Rahab,[2] de la que es de suponer que tenían ya noticias, tal vez experiencia de relación anterior. El texto se muestra muy prudente y recatado, sin entrar en detalles, por lo que no vamos a sacar consecuencias de esta visita, salvo mencionar el chantaje que Rahab hace a los dos espías, naturalmente, porque considera que le asiste derecho suficiente para hacerlo, a fin de compensar sus servicios. A la luz de los códigos de conducta de nuestro tiempo, no creemos que muchos de los líderes religiosos actuales aprobaran esa conducta como ejemplarizante para las nuevas generaciones.

Justificar la legitimidad de la conquista de la tierra (si es que fue conquista y no asentamientos más o menos concertados), las matanzas de sus habitantes, fueran estos heteos, amorreos, cananeos, ferezeos, heveos o jebuseos, y el sometimiento que acompaña la conquista de

---

2. Curiosamente, en el folclore judío, Rahab es el nombre de un demonio marino, un dragón del agua, el gobernante del mar. Es mencionado en el Talmud. Era comparable al Leviatán y a Tiamat. Más tarde, Rahab llegó a ser un demonio especial, habitante del mar, especialmente asociado al mar Rojo, en este caso identificado con el Leviatán. ¿Habría que establecer algún tipo de deducción analógica en el caso que nos ocupa de los espías?

Canaán es materia difícil de digerir. La ubicación, el desplazamiento de sus habitantes naturales y la expansión del nuevo Estado de Israel desde el año 1948, invocando el mismo derecho de sentirse dueños de la tierra, desplazando a sus habitantes legítimos, nos ofrece un paralelismo que, aunque sea justificado por determinados sectores religiosos de nuestros días, sigue pareciéndonos difícil de armonizar con el talante y la voluntad del Dios que nos presenta Jesucristo.

Si nos detenemos a considerar el papel de los jueces, observamos que la conducta ética de algunos de ellos –que, no lo olvidemos, se dice que actuaban en nombre de Yavé– queda también muy lejos de la ejemplaridad ética que se espera de los servidores de Dios. Recordemos la poco honorable conducta de Sansón y la mortandad que protagoniza en el templo de Dagón, que no solo le costó la vida a él mismo, sino al menos a tres mil filisteos que contemplaban el espectáculo; «y los que mató al morir fueron muchos más de los que había matado en su vida» (Jueces 16: 30b).

Actos incalificables en todo el proceso de conquista de la tierra, cuya autoría última suele atribuirse a Yavé, como la conspiración de Débora y Barac para derrotar a Sísara (*cfr.* Jueces, capítulo 4), dónde se afirma: «Y Yavé quebrantó a Sísara, a todos sus carros y a todo su ejército, a filo de espada delante de Barac; (…) y todo el ejército de Sísara cayó a filo de espada, hasta no quedar ni uno» (4: 15-16).

Cerraremos este apartado con dos relatos más, uno sobre un libro en su conjunto y el otro referido a uno de los personajes más emblemáticos del antiguo Israel. Comenzaremos con el libro de Ester, libro canónico que tiene la peculiaridad de no mencionar ni una sola vez a Dios. Un libro que no ha sido fácil de catalogar. Para algunos ha sido incluido entre los poéticos, para otros, como profético, y la mayoría lo considera histórico. Digamos por anticipado que, dada la peculiar heterodoxia de este libro, algunos autores han optado por definirlo como una leyenda persa incluida entre los textos canónicos para explicar el origen y la naturaleza de la fiesta de Purim, lo cual supone, en sí mismo, una relectura del libro para buscarle un sentido racionalmente asumible, que sería la recomendación que podríamos hacer nuestra, admitiendo que se trata de una leyenda para explicar una fiesta que llegó a ser muy importante entre los judíos.

Centrémonos, sin embargo, en la idea de que el libro de Ester pudiera ser un libro histórico. Como otros muchos libros del Antiguo Testamento, estamos ante un texto escrito después del exilio, tal vez en la época de los macabeos. Se aprecia un objetivo central: hacer ver que los judíos prevalecen siempre y en todas partes por encima de sus enemigos. Esa podría ser la tesis del libro, aparte de explicar la procedencia de la fiesta de Purim. Ahora bien, lo que destaca y más llama la atención es el contraste entre el relato que nos ocupa y la ética del Evangelio. El espíritu de venganza de los judíos y la complacencia de la joven reina con la matanza de los enemigos de su pueblo van parejas con las malas artes utilizadas por Mardoqueo, a las que se presta y suma Ester voluntariamente para lograr de forma deshonesta sus fines. Nada que ver con la ética del Evangelio, como apuntamos, ni aún siguiera con la Ley del Talión, ya que la ética del Evangelio consiste en amar y perdonar al enemigo y huir de la mentira y de la deshonestidad, y la Ley del Talión, que supuso un avance en su tiempo, exigía una reacción controlada y equilibrada (ojo por ojo, no más) al mal recibido.

Finalmente, hacemos mención de David (*cfr.* libros de Samuel y Crónicas). Un personaje transversal de la Biblia. Sin él se pierde el hilo conductor del Antiguo Testamento con el Nuevo Testamento y se desvirtuaría la tesis genealógica de Mateo, tan necesaria para engarzar las creencias judías con la figura de Jesús como enviado de Dios, como el Mesías. David es el gran héroe nacional, cuya leyenda trasciende fronteras, al que se le atribuyen hechos fabulosos, como la derrota del gigante Goliat, cuando era un muchacho imberbe, y se le muestra como vencedor de multitud de batallas, derrotando a todo tipo de enemigos.

David tierno y cruel, guerrero y poeta, músico y escritor, luchador y estratega, venerado como profeta de Israel. Sucesor de Saúl, marido de ocho mujeres y padre de diecinueve hijos varones más otro adoptado y no se sabe cuántas hembras, al menos una, Tamar. La existencia de este personaje épico se sitúa entre 1040 y 966 a. C., aproximadamente. Su nombre en hebreo significa «el amado» o «el elegido de Dios». Se dice de él que era «rubio, hermoso de ojos, y de buen parecer» (1 Samuel 16:12). El profeta Samuel lo consagra como rey desplazando a Saúl, debido a la conducta reprobable de este. David unificó las doce tribus, norte y sur.

¿Y qué podemos decir de la conducta de David, de sus valores éticos, de su ejemplaridad como prototipo de líder del pueblo de Dios? Veamos algunos hechos concretos. Prendado de la belleza de Betsabé, la mujer de Urías, uno de sus generales desplazado en el frente de batalla, David la toma para sí en un acto de prepotencia. Trata de encubrir su acto mediante un engaño, pero en vista de que Urías no se presta a su juego, decide atentar contra su vida en connivencia con el comandante de su ejército, uniendo al acto primero un crimen alevoso que le cuesta la vida a Urías. David hizo de Betsabé su mujer, una de entre ocho, aunque al parecer pasó a ser su favorita. El profeta Natán denuncia su actitud y le anuncia consecuencias negativas. Dos de sus hijos, Absalón y Adonías, tratan de arrebatarle el trono y son asesinados. Su ejemplaridad ética no resulta en nada paradigmática.

Los musulmanes, que consideran a David como profeta, rechazan la descripción bíblica de David como adúltero y asesino debido a la creencia islámica en la superioridad ética y moral de los profetas. La violencia acompañó la vida de David, quien sufrió no solo la traición y muerte de algunos de sus hijos, sino la aberrante violación de su hija Tamar por su hermano Amnón, a quien ese acto le costaría igualmente la vida. El salmo 51, atribuido a David sin grandes evidencias de verosimilitud, muestra el arrepentimiento y la plegaria pidiendo purificación.

Todos esos textos pueden encerrar, y de hecho encierran, alguna enseñanza para nosotros. Con frecuencia son utilizados como ejemplarizantes de lo que no se debe hacer, o bien se pasan por alto los aspectos deplorables de la conducta de estos personajes bíblicos. Tienen, por otra parte, el valor de mostrar a los líderes de Israel sin maquillaje, tal como son. Pero no debemos ir más allá. No debemos caer en el error de tomar esos relatos como norma de conducta, ni a sus personajes como paradigmáticos, ni mucho menos hacer una lectura de textos aislados para apuntalar con ellos alguna doctrina o práctica religiosa. Cualquier aplicación actualizada que pretendamos hacer de esos textos, debe pasar por una relectura que permita extraer una enseñanza concordante con las enseñanzas de Jesús, bien sea imitando los aspectos positivos o bien denunciando los negativos.

5. Los espíritus malignos y el más allá

¿Qué significado tiene eso de que Jesús liberaba de los espíritus malignos? ¿Qué era eso de estar endemoniado, personas de quienes los galileos decían que estaban poseídos por Belcebú? ¿Quiénes eran estos enfermos? ¿Estaban realmente enfermos? Si despojamos el término de su sentido peyorativo, observamos que Jesús fue percibido por la sociedad de Galilea como un exorcista de prestigio, una facultad que se vincula con el hecho de que el reino de Dios se está acercando.

La lectura actual que hacen algunos exegetas es que «endemoniados» hace referencia a una enfermedad neurótica, tal vez una forma de epilepsia, una manifestación de histeria, o una esquizofrenia; o bien lo relacionan con un estado de conciencia alterada. En cualquier caso, fenómenos que ocurren en todos los tiempos y en todas las sociedades que, por lo regular, han sido motivo de repulsa hacia quienes los padecen por parte de sus contemporáneos, sufriendo el rechazo, la reclusión o, incluso, los ataques más despiadados. Otra cosa es la forma que se emplee para referirse a estos fenómenos, bien sea procedente del lenguaje popular o, por el contrario, proceda de un ámbito ilustrado científicamente.

El narrador de los episodios donde se refiere algún hecho de endemoniados no pretende impartir una lección de medicina que, en cualquier caso, siempre estaría condicionada a los avances científicos de la época y, por supuesto, fuera de su alcance. Se limita, por otra parte, a utilizar el lenguaje y las figuras propias de la época, el lenguaje que utiliza y entiende el pueblo.

Sin embargo, el lector actual tiene la obligación de releer el texto a partir de los avances científicos actuales porque, en definitiva, el mensaje no busca impartir una lección médica magistral, sino mostrar la disposición y el poder de Jesús para resolver los problemas que esclavizan a los seres humanos.

Los «demonios», o «espíritus inmundos», como prefiere denominarlos Marcos, fenómenos que someten al ser humano, pueden tomar diferentes formas, según sea la época y el lugar. Pueden ser una enfermedad; pueden mostrarse a través de la invasión de un ejército enemigo; pueden ser el estado en que se encontraban los ciegos y tullidos de la época de Jesús que piden limosna, o bien la pobreza, la esclavitud, la droga, mujeres sometidas y violadas, niños explotados y víctimas de abusos, la marginación social que produce vagabundos sin techo, los fugitivos de la justicia, los desahuciados de sus hogares, las prostitutas explotadas por proxenetas… y todo tipo de víctimas poseídas por diferentes demonios, que ejercen poder y dominio de los que las víctimas no pueden escapar con sus propios recursos. Lo que ocurre es que hoy en día los denominamos con nombres específicos propios de nuestra época.

El mensaje del Evangelio es que Jesús es capaz de combatir y expulsar los demonios, cualquiera que sea su origen, su apariencia y la forma en la que se manifiesten, y ofrece como panacea el reino de Dios y su justicia. Curiosamente, algún tiempo después de la época a la que hacen referencia los hechos que se narran en los Evangelios, la «posesión de demonios», tan extendida en la región de Galilea durante ese tiempo, ha desaparecido, no hay referencia a ella, lo cual nos hace sospechar que se trata de una expresión localista propia de Galilea, cuyo sentido es necesario contextualizar en nuestros días.

Marcos gusta de presentar el tema de la posesión de demonios o espíritus inmundos en formato de composición literaria, utilizando figuras que son comunes en el lenguaje del pueblo al que se dirige, a semejanza de cómo lo hicieron posteriormente otros muchos autores, como Dante Alighieri (1265-1321) con su obra maestra *La divina comedia*, o John Bunyan (1628-1688), con su magistral novela *El progreso del peregrino*, que ha sido motivo de aliento para millones de cristianos.

Lo realmente confortador es que Jesús se acercó a ese mundo siniestro y liberó a quienes vivían atormentados por el mal y que ese poder es aplicable a cualquier época y circunstancia. En la cultura judeocristiana, Satanás o Belcebú es el símbolo del mal, es el enemigo a combatir, y Jesús se presenta con poder suficiente para derrotarlo, no sin que el enemigo se resista y pretenda seguir imponiendo su voluntad y dominio.

Isaías, así como de pasada, introduce una interesante imagen en torno a la encarnación del mal en la figura de Lucero, transformado literariamente en Lucifer. Tan solo el libro de Enoc, un libro que admiten como canónico las iglesias ortodoxas, se hace eco de esa figura entre la literatura judía. Lucas 10:18 hace referencia al ángel caído, Lucifer, denominándolo ya como Satanás. Lo mismo ocurre con 2.ª Corintios 11:14, donde Pablo vuelve a identificar a Satanás con la figura del ángel caído. Ambos autores adaptan el texto de Isaías a la idea ya elaborada de Satanás. No hay más referencias. El símbolo o la metáfora que utiliza Isaías, que escribe en formato poético, es elocuente: Lucifer es arrojado del edén a la tierra y de la tierra al *seol*, a causa de la soberbia y de la ambición. Y en esos dos términos encontramos la clave interpretativa del texto.

'Lucifer' significa «portador de luz», una figura que en la mitología griega es traducida por «portador de la Aurora», referido a la antigua dama oscura Luciferina. En la astrología romana se relaciona con el lucero del alba, estrella matutina, contrapuesta a la estrella vespertina, lucero de la tarde o véspero. La tradición cristiana hizo suya la idea apuntada por Isaías en la figura de Lucero o Lucifer, el Ángel caído.

Un ejercicio importante que es preciso tener en cuenta cuando leemos la Biblia es limitarnos a dar a cada palabra el sentido real que tiene en su propio contexto, no el que haya podido ir adquiriendo con el tiempo por influencias culturales o teológicas ajenas a su sentido original. 'Satanás', por ejemplo, es un término hebreo que significa «adversario», a quien la mitología hebraica adjudica el nombre de ángel traidor que se revela en una gran batalla contra Dios, a semejanza de cómo Agustín de Hipona habla de dos ciudades antagónicas, la de Dios y la de los hombres. 'Ángel' significa «mensajero, enviado».

En el Nuevo Testamento se utiliza el término 'diablo' que significa «separar, dividir». También es frecuente, como hemos apuntado más arriba, el término 'demonio', una expresión que tanto en el Antiguo Testamento como en el Nuevo Testamento aparece siempre en plural y que entre los griegos se utilizaba en su origen con el sentido de «conocimiento» o «inteligencia» y, posteriormente, derivó hasta dar nombre a seres moralmente imperfectos, buenos o malos, que actuaban como intermediarios entre los dioses y los hombres.

Se trata de expresiones enmarcadas en una cultura específica, que pretenden dar forma a un sentimiento que identifica el mal que acompaña a los seres humanos desde el principio de los tiempos, como enemigo del hombre y, consecuentemente, enemigo de Dios.

Para los judíos había varias formas de referirse al más allá. Una de ellas era 'seol', «el lugar de los muertos». En el hebreo lleva la idea de lugar profundo, unido a un doble sentido de lugar al que acercarse a pedir, que algunos eruditos, forzando el texto, han identificado como lugar de oración. El significado de *seol* gira en torno a las ideas de la tumba, el mundo inferior y el estado de muerte; la morada eterna y amoral de justos e injustos. No hay castigo ni recompensa en el *seol*. En el Cercano Oriente se consideraba que los muertos existían en una esfera subterránea; un lugar donde había oscuridad, polvo, silencio y olvido.

'*Hades*' es un término propio del Nuevo Testamento, lugar de sombra de muerte adonde van a parar todos los muertos por igual, equivalente al *seol* del Antiguo Testamento. La Septuaginta usa *hades* para traducir *seol*, el nombre que se da a la morada de los muertos, algo semejante a un lugar de espera para justos e injustos, sin que la palabra griega encierre una connotación doctrinal de recompensa o castigo. Incluso en Mateo 16:18 se utiliza con el sentido de cuartel general de la oposición a la Iglesia. No obstante, en otro pasaje, Mateo 11:23, se utiliza como lugar de castigo de los malos.

Otro lugar referido al más allá es el *seno de Abraham*, en este caso con una connotación positiva. En Lucas 16:22ss se narra que Lázaro es llevado por los ángeles al seno de Abraham. Lo detallado de la descripción pone en evidencia que se trata de una figura poética, muy enlazada con el prestigio que entre los judíos tenía la figura de Abraham (que en este caso se utiliza como una especie de sustitución de la figura de Dios). El judaísmo rabínico usaba la expresión para referirse al descanso de los sufrimientos y necesidades de la vida terrenal y en comunión íntima con el padre de la raza. Y Jesús utiliza esa figura tomándola del acervo cultural judío para transmitir una enseñanza relacionada con la protección divina.

La tradición cristiana ha identificado los lugares mencionados anteriormente con el *infierno*. En algunas versiones de la Biblia se traduce en el Antiguo Testamento *seol* por «infierno», para referirse al lugar de los muertos. En otros pasajes se utiliza «sepulcro» con sentido paralelo (*cfr*. Salmo 30:9), apuntando al horror con que las personas miraban al ineludible paso por él. En algunos pasajes se traduce el griego *géennan* ('gehena') equivalente a «valle de Hinom», un lugar de fuego perpetuo y de inmundicia, por «infierno» (*cfr*. Mateo 5:22; Marcos 9:43, 45, 47; Lucas 12:5; Santiago 3:6).

No es exclusiva del cristianismo la idea del infierno (del lat. *infernum*, lugar inferior o bajo tierra) como lugar de castigo de las almas de los pecadores. En la mitología griega, se refieren a un lugar semejante con el nombre de *tártaro*; *reino de naraka,* en el budismo, y en algunas religiones paganas recibe el nombre de *inframundo*.

La teología cristiana fue dando cabida a esta idea un tanto confusa en la tradición judía y con escaso arraigo en el Nuevo Testamento, mostrando el infierno no tanto como «un lugar», sino como «un estado de sufrimiento». Una idea que fue tomando cuerpo, especialmente en la Edad Media, si bien es cierto que el concepto del «sufrimiento eterno» arranca ya de los Padres de la Iglesia, entre ellos, de manera muy especial, Agustín de Hipona, quien lo relaciona con el hecho de ser alejado de la ciudad de Dios, siendo privado así de la dulzura de la comunión con el Creador; una vez más, un recurso poético para expresar una idea teológica.

Para muchas religiones, el infierno se muestra como un período intermedio; en especial para aquellas religiones que creen en la reencarnación. Un lugar donde se recibe el castigo por los pecados cometidos en vida, pero sin la idea de eternidad que se ha incorporado en determinadas tradiciones cristianas.

Además, de la influencia recibida de autores griegos al respecto, en el cristianismo cobra un papel protagonista la obra ya mencionada de Dante Alighieri, *La divina comedia,* que recoge un sentimiento popular y el énfasis teológico que ha adquirido la doctrina en su época. Dante describe el infierno en forma de embudo incrustado en el centro de la tierra que está dividido en nueve círculos y en cada uno de ellos los condenados son sometidos a distintas penas, según la gravedad de los pecados. Muestra Dante que el lugar más terrible del infierno no es un horno de llamas, sino un lago de hielo.

Ahora bien, no debería perderse de vista que la obra de Dante no es ni la de un profeta ni la de un teólogo, sino la de un poeta que pone en circulación su desbordante imaginación. Muchos autores y, especialmente, artistas con sus pinturas, han contribuido notablemente a dar contenido a la imagen popular que se tiene del infierno que, al adquirir el sentido de un lugar de castigo, se le supone poblado y gobernado por demonios: *Nergal* en la tradición sumeria, *Iama* en el hinduismo o *Satanás* en el cristianismo, como encarnación suprema del mal.

Cuando leemos la Biblia y nos encontramos con referencias al *hades*, al *seol*, a la *géennan* o al *infierno*, así como al seno de Abraham, debemos cuidarnos de no hacer un ejercicio de *eiségesis* en lugar de aplicar una cuidadosa exegesis. Cuando se interpreta un texto de forma crítica y objetiva, tomando en consideración todas sus partes, con el fin de extraer del mismo toda su enseñanza, todo su contenido, estamos haciendo exegesis; cuando, por el contrario, nos limitamos a tomar una parte del texto o el texto completo, y en lugar de extraer su enseñanza lo que hacemos es introducir un presupuesto propio, una interpretación personal subjetiva formulada *a priori*, estamos haciendo eiségesis.

Por otra parte, debemos señalar que existe una gran diferencia entre exegesis y dogmática. La exegesis dilucida el significado del texto bíblico para el redactor y sus primeros lectores; la dogmática condiciona la interpretación del texto a un canon preestablecido.

La tarea del exegeta, para ser efectiva, necesita servirse de un método histórico-crítico adecuado, ya que la revelación bíblica tiene un carácter esencialmente histórico. El objetivo de una buena exegesis es alcanzar el sentido del texto bíblico, a fin de descubrir en él la Palabra de Dios. No obstante, debemos añadir que para interpretar la Biblia no importa solo la exegesis histórico-crítica del texto; la interpretación ha de ir orientada también a la *percepción* de la Palabra de Dios por parte del lector. Aquí es donde los conocimientos de la lingüística moderna resultan especialmente útiles.

Aún más, no debemos perder de vista que –salvo una sola referencia en Lucas 12:5, que utiliza el término *géennan*, otra en Santiago 3:6 que, igualmente, hace uso del mismo término y una más en 2.ª Pedro 2:4– el resto de las veces que aparece la voz 'infierno' en el Nuevo Testamento (RV60), es en el Evangelio de Mateo, que utiliza *géennan*. Un Evangelio, el de Mateo, cuyos destinatarios son las comunidades judeocristianas de la época, por lo que se apoya fundamentalmente en el Antiguo Testamento y, sobre todo, en la tradición judía, con el propósito de presentar a Jesús como el Mesías. En el resto, cosa frecuente en los escritos neotestamentarios, sobreabunda el sentido metafórico de un lenguaje convencional de la época. También hay una referencia reiterada a la *géennan* en un solo capítulo de Marcos (9:43, 45, 47), una clara metáfora referida a la responsabilidad que lleva implícito el ser motivo de escándalo para otros.

En cualquier caso, veamos qué dicen los tres versículos más destacados a los que hacíamos referencia anteriormente. Lucas 12:5: «Pero os enseñaré a quién debéis temer: temed a aquel que, después de haber quitado la vida, tiene poder de echar en el infierno». Santiago 3:6 hace uso de una figura retórica que consiste en identificar algo real con algo imaginario o evocado, términos entre los que existe una relación de semejanza, es decir, utiliza una metáfora; dice: «Y la lengua es un fuego, un mundo de maldad. La lengua está puesta entre nuestros miembros, y contamina todo el cuerpo, e inflama la rueda de la creación, y ella misma es inflamada por el infierno». Recordemos: *géennan* = lugar de fuego perpetuo = infierno = metáfora de lo malvado que puede ser el uso torcido de la lengua. Por su parte, 2.ª Pedro 2:4 es más contundente, más en la línea de la tradición judía: «Porque si Dios no perdonó a los ángeles que pecaron, sino que arrojándolos al infierno los entregó a prisión de oscuridad, para ser reservados al juicio…». Pedro recoge aquí el sentido del término griego *tártaro*, en la versión veterotestamentaria *hades*, como el lugar más hondo y sombrío, el lugar de los muertos, con el propósito de decir que quienes no siguen el camino recto, como son los falsos profetas y maestros a quienes está haciendo referencia, están condenados a un castigo cierto.

Son diversas las interpretaciones que se han hecho y se hacen sobre el sentido del infierno. Es frecuente escuchar a personas que están atravesando situaciones penosas: depresión, ansiedad, desesperación por problemas devenidos a los que no se encuentra solución, situaciones que conducen a un punto agónico para el que no se encuentra salida, decir «¡Esto es un infierno!». En esa misma línea de pensamiento, el infierno se identifica en el Nuevo Testamento como lo contrapuesto a las bendiciones que se heredan en el reino de Dios. Así, en Mateo 13:41, 49, 50; 25:34, 41.

El hecho de que los primeros traductores de la Biblia tradujesen sistemáticamente el término hebreo *seol* y los griegos *hades* y *géennan* por la palabra 'infierno' ha sido motivo de confusión; una confusión que alimenta una determinada tradición teológica. Versiones más recientes se limitan a hacer una transliteración de esas palabras que, no obstante, no ha servido para paliar la confusión y el sentido ambivalente del término.

Hay un hecho evidente que la Biblia en general y el Nuevo Testamento en particular quiere transmitir: el sufrimiento cierto de quienes transgreden la voluntad divina. Otra cosa es los términos en los que se exprese, como infierno, abismo, averno, lugar de los tormentos, alberca de fuego, estufa de fuego, fuego inextinguible, fuego eterno, oscuridad exterior, niebla, tormento de oscuridad, destrucción, perdición, corrupción, muerte, segunda muerte y otros, en función de determinados condicionantes religiosos o culturales y que resulta evidente comprobar que su sentido no siempre es equivalente.

Un término este, infierno, que desde su primitivo sentido de lugar inferior o lugar subterráneo, ha ido adquiriendo un contenido ideológico que lo ha convertido en un lugar terrorífico que nadie sabe cómo ni dónde ubicar. De él se han ocupado, aparte del autor del texto criptográfico de Apocalipsis, cuyo análisis requiere un tratado independiente, Orígenes, Agustín de Hipona, Tomás de Aquino y otros eminentes Padres de la Iglesia, desarrollando doctrinas catastrofistas en muchos casos, que teólogos contemporáneos como el protestante Karl Barth (1886-1968) o el católico Hans Urs von Balthasar (19051988), han tratado de matizar apuntando la idea de que existe una razonable esperanza de que todas las personas serán salvadas por el acto redentor de amor que Cristo hizo en la cruz.

El teólogo católico Hans Küng (n. 1928), ha rechazado radicalmente la existencia del infierno como un lugar físico. Existen, sin embargo, multitud de figuras, explicaciones, metáforas y analogías para intentar explicar el sentido que debe darse a este concepto, unos a favor y otros en contra de la idea transmitida desde la Antigüedad.

Resulta curioso lo que el papa Juan Pablo II dijo ante 8000 fieles reunidos en el Vaticano el 28 de julio de 1999: «Las imágenes con las que la Sagrada Escritura nos presenta el infierno deben ser rectamente interpretadas. Ellas indican la completa frustración y vacuidad de una vida sin Dios. El infierno indica más que un lugar, la situación en la que llega a encontrarse quien libremente y definitivamente se aleja de Dios, fuente de vida y de alegría».

Quienes defienden la idea de la incompatibilidad del amor de Dios y el acto redentor de Jesucristo con la existencia de un infierno de tormento eterno, esgrimen algunos textos bíblicos para apoyar su postura. Por ejemplo, cuando Pablo le dice a Timoteo: «El cual [Dios] quiere que todos los hombres sean salvos y vengan al conocimiento de la verdad» (1.ª Timoteo 2:4); y 2.ª de Pedro 3:9, que se expresa de forma enfática: «No queriendo que nadie se pierda».

Afirman estos teólogos que un Dios de amor no puede aplicar un castigo que se asemeja a una venganza divina. El argumento es que Dios ofrece la salvación y el hombre la acepta o la rechaza. Sea como fuere, un lector cuidadoso de la Biblia, preocupado por no dejarse conducir por prejuicios teológicos, debe tener en cuenta los datos ofrecidos a la hora de releer el texto bíblico, leídos en su propio contexto y con las prevenciones exegéticas que ya hemos indicado, y alejarse de ideas preconcebidas que puedan condicionar y distorsionar el sentido del texto leído.

6. Una lectura comprensible

Conseguir el tipo de lectura que nos lleve a una interpretación adecuada de las Escrituras no es solo un reto teológico, sino estratégico y hermenéutico; ello depende del plano desde el que nos situemos a la hora de hacer la lectura e interpretarla, ya que no existe una forma única de leer la Biblia. El reto es hacer una lectura *objetiva, neutral*. Para lograrlo, siempre hay un punto de partida y una determinada ubicación social e intelectual del lector. La hermenéutica se convierte de esta forma en el puente de comunicación entre el texto bíblico y el contexto histórico. Pero no se trata tan solo de una herramienta necesaria para la teología, lo es igualmente para otras áreas del conocimiento, como la filosofía, la filología, la crítica literaria, la jurisprudencia, etcétera.

Y puesto que utilizar una herramienta interpretativa adecuada del texto es algo tan vital, veamos una definición aparente para el término 'hermenéutica': «Arte y técnica de interpretar textos para la fijación de su sentido, en especial los sagrados». En su sentido original, significa «explicar, interpretar, traducir». Es la ciencia de la interpretación o el medio de comprender las expresiones tanto de la vida como de los textos, especialmente aplicado a contenidos religiosos que, por su complejidad, demandan una especial capacitación.

Se trata de una ciencia muy vinculada a la teología. En este terreno, se refiere a la tarea de interpretar las Sagradas Escrituras (todas las religiones tienen sus propias «sagradas escrituras») con el fin de alcanzar plenamente su sentido, tanto referido a lo que pudieran haber querido expresar sus autores como en la aplicación que debe tener en el tiempo presente. Con la ayuda de la hermenéutica estamos llevando a cabo una búsqueda.

La lectura de la Biblia, como texto sagrado tanto para judíos (Antiguo Testamento) como para cristianos (los dos Testamentos en su conjunto), demanda un sentido críticoanalítico suficientemente desarrollado con el fin de determinar el alcance y la autoridad que cada uno de sus libros y formulaciones teológicas encierran.

Para un judío, el punto de referencia será la Torá, de tal forma que el resto de libros aceptados en el Canon tendrán valor sagrado en la medida en que se adapten y no contradigan el sentido germinal de la Ley recogida en los cinco libros sagrados. Para los cristianos, el punto de referencia está en el capítulo primero del Evangelio de Juan, como exponente del culmen de la revelación, es decir, que Jesús es Palabra de Dios, el Verbo hecho carne, la revelación suprema de Dios. El resto de las Escrituras sustentarán su autoridad en el hecho de que no contradigan ni pretendan invalidar el acontecimiento supremo de naturaleza divina, que es la revelación en su sentido más depurado. Y, por añadidura, el exponente referencial de esa revelación se centra en el mensaje de Jesús, resumido magistralmente en el sermón del monte.

A partir de ahí tenemos que echar mano de una hermenéutica no contaminada por adherencias culturales o religiosas y hacer una *relectura* del texto bíblico que sea teológicamente inmaculada; una hermenéutica más preocupada por descubrir el mensaje liberador de Dios que por la ortodoxia de una reputada teología sistemática sometida a tradiciones y compromisos religiosos o sistemas filosóficos, por muy erudita que sea.

Es necesario hacer una disección cuidadosa del texto que distinga claramente entre lo que es la revelación que coadyuva a entender y difundir el mensaje de la salvación, del ropaje histórico y cultural de los autores y de la época en la que escriben los diferentes libros, así como de los condicionantes culturales y teológicos de los propios lectores.

Por poner un solo ejemplo que sirva de aclaración a lo que estamos tratando de explicar, el hecho de que un grupo de rabinos judíos, reunidos en Jamnia en el año 90 de nuestra era, incluyeran en el Canon del Antiguo Testamento el libro de Ester (un libro que, como ya hemos indicado, no menciona ni una sola vez a Dios), no significa que tengamos que asimilar e incorporar a nuestros códigos de conducta la falta de ética que muestran tanto la protagonista del libro como su primo-tío-mentor Mardoqueo. Una falta de ética claramente distinguible, como ya hemos visto, cuando contrastamos la historia a la luz del mensaje de Jesús en el sermón del monte y, como extensión y aplicación a nuestra época, lo percibimos teniendo como trasfondo la Declaración Universal de los Derechos Humanos.

Parece razonable afirmar que esa historia no es Palabra de Dios y lo deducimos porque tenemos un referente superior que sirve para filtrar el mensaje divino precisamente a través de la enseñanza de quien sí es en sí mismo Palabra de Dios: Jesús de Nazaret. Una relectura del libro de Ester, así como la de otros muchos pasajes de la Biblia, nos servirá para situar su contenido y enseñanza en su propio contexto y extraer de él determinadas enseñanzas para comprender mejor la historia y las contingencias de un pueblo escogido por Dios para cumplir una determinada misión y, por supuesto, tomar en consideración algunos valores o enseñanzas que se desprenden del mismo, pero no para darles un protagonismo doctrinal.

Y, *sensu contrario*, comprobamos que cuando los rabinos judíos decidieron que el conjunto de las Escrituras sería el que ellos decidieron que fuera, aplicando unos criterios concretos y dejaron fuera los que, con discernimiento diferente, fueron incluidos en la Septuaginta, aceptados hoy en día por una parte del cristianismo y rechazados por otra, estaban haciendo una valoración subjetiva que no podemos dejar pasar desapercibida. Una apreciación de un grupo reducido que ni siquiera representaba el sentir general del pueblo judío, ni mucho menos el de las comunidades cristianas.

Como podemos comprobar, nos movemos en un terreno un tanto complejo, lo que nos lleva a mantener una aproximación al texto bíblico proclive a desentrañar sus diferentes opciones, aplicando una hermenéutica adecuada que nos ayude a entender el sentido de los textos bíblicos. Una hermenéutica que no puede ser ni acrítica ni ahistórica. Solo ubicando debidamente en su espacio histórico los relatos que nos narra la Biblia y ejerciendo un análisis crítico de su contenido que nos permita distinguir su función profética y liberadora, distinguiéndola de los hechos subsidiarios de los que se sirve, el mensaje bíblico tendrá validez para la reflexión y podremos hacer aplicaciones doctrinales válidas fuera del contexto en el que se producen.

La Biblia no opera como si se tratara de un objeto mágico; es un medio de aproximación para conocer y asimilar la verdad divina, cuyo tránsito es preciso recorrer bajo la necesaria guía de una metodología adecuada, tal y como hemos señalado anteriormente. Una conclusión podría ser: ni Escrituras sin Historia, que nos conduciría a un reduccionismo religioso, ni Historia sin Escrituras, cuyo resultado sería un reduccionismo historicista.

El reto que se le plantea a todo lector de la Biblia es captar la relación dinámica entre el mensaje bíblico y la Palabra de Dios para aplicarlo a nuestras situaciones contemporáneas. Una lectura descontextualizada, tanto del ámbito en el que fue escrito el texto leído, como del presente, conducirá a una interpretación viciada. En otras palabras, el hecho de aproximarnos a un texto bíblico y tratar de extraer de él una enseñanza válida para el momento que nos toca vivir demanda distinguir tres elementos diferenciadores: pueblo, época y clase social.

El libro de Éxodo, por ejemplo, fue escrito para un pueblo nómada, que salía de una experiencia de esclavitud; un pueblo que buscaba un destino y una identidad, en una época precientífica en una sociedad desclasada, carente de una religión propia. La tesis del libro es mostrar a un Dios liberador que se ocupa de los marginados y los conduce a una tierra de promisión. Los hechos que envuelven ese mensaje, el lenguaje que se utiliza, los acontecimientos en los que se producen, son accesorios, propios y aplicables únicamente a ese pueblo en esa época y en esas circunstancias. Otra cosa es la enseñanza que, debidamente contextualizados, pueden tener para nosotros.

Ahora bien, si queremos hacer una relectura, o lo que es lo mismo, una lectura actualizada y aplicable a nuestro momento histórico, lo primero que debemos hacer es recuperar la tesis fundamental del texto. Éxodo, por ejemplo, contiene un mensaje de liberación aplicable a toda persona, a todo pueblo y en cualquier circunstancia si concurre una misma o parecida situación: que se vean sometidos a cualquier tipo de esclavitud o sometimiento. Se trata de un mensaje liberador de alcance universal.

Una relectura del texto y su necesaria aplicación implica tomar en consideración los rasgos distintivos de *nuestro* pueblo, en qué época nos encontramos y la clase social a la que nos dirigimos o desde la que nos aproximamos al mensaje en cuestión. Varía, evidentemente, en primer lugar, el sentido de las palabras. No es lo mismo hablar de liberación y de tierra prometida que fluye leche y miel (símbolo de un sustento regular básico) a los hebreos que salen de Egipto en un mundo dominado por una potencia como la que regentan los faraones, que hacerlo a los nómadas que salen de los países subsaharianos en busca de un lugar en la Europa próspera (aunque en período de crisis), estén ante las vallas de Melilla o Ceuta, deambulen por el barrio de Lavapiés de Madrid o malvivan en otras ciudades españolas, europeas o de cualquier otro continente.

El mensaje del libro de Éxodo continúa teniendo vigencia hoy, en el siglo XXI, en Europa o en cualquier otra parte del mundo, para todas las clases sociales que vivan una experiencia de sometimiento, privación de libertad, marginalidad, penuria, exclusión social por causas laborales o de otra índole; ahora bien, es preciso ajustar el lenguaje al pueblo, a la época y a la clase social a la que se dirija. Un mensaje que, probablemente, no será entendido ni aceptado por las clases dominantes, como tampoco lo fue en su momento por las élites egipcias, muy cómodamente instaladas explotando a los hebreos.

El lenguaje ni es inocente ni es neutro. En definitiva, más importante que el texto en sí, es el acontecimiento al que hace referencia, y es precisamente ese acontecimiento el que hay que desvelar y transmitir a los lectores.

El teólogo Juan Luis Segundo (1925-1996), siguiendo las huellas de Rudolf Bultmann (1884-1976), lo explica mediante la figura del *círculo hermenéutico*, una metodología que plantea el continuo cambio en la interpretación de la Biblia en función de los permanentes cambios de la realidad presente, tanto individual como social. El carácter circular de dicha interpretación determina que cada realidad obliga a descifrar de nuevo la revelación de Dios, a fin de poder cambiar con ella la realidad última y, por ende, volver a dilucidar lo que dice el texto, y así sucesivamente.

Esta invitación a la relectura de la Biblia no es nada nueva. Observamos esa práctica en los Evangelios y en el resto de los libros del Nuevo Testamento. Los maestros de la Ley y los propios apóstoles, así como los evangelistas y, por supuesto, el mismo Jesús, acostumbran a recurrir a textos de la Torá y de los Profetas aplicando la lectura al contexto social o al hecho concreto sobre el que hablan o escriben. La controversia en torno a la interpretación que cada uno de ellos hace, como la existente entre fariseos y saduceos, es un hecho habitual.

Veamos un ejemplo –y nos fijamos especialmente en Mateo por ser su Evangelio destinado precisamente a judíos conversos, conocedores de las Escrituras y amantes de sus tradiciones–: Mateo se permite reinterpretar la historia de Israel a la luz del pensamiento cristológico, sin que ese recurso sea considerado como una traición hacia los textos sagrados del judaísmo. Se refiere la matanza de los niños, la huida a Egipto y su posterior regreso (*cfr.* Mateo 2:13-23) y aplica a Jesús lo que Oseas 11:1 dice refiriéndose a todo el pueblo de Israel: «Cuando Israel era muchacho, yo lo amé, y de Egipto llamé a mi hijo», en el que se recuerda la salida de Egipto hacia la tierra prometida. Oseas se refiere a una colectividad; Mateo recupera ese texto y hace referencia a una persona que, para el evangelista, representa la síntesis de la historia de Israel. El texto dice lo que dice, lo cual no impide que pueda extraerse legítimamente de él algún tipo de analogía o metáfora.

No es Oseas el que está haciendo referencia a Jesús, sino Mateo el que realiza una interpretación del texto de Oseas, lo contextualiza, y lo aplica a Jesús. Afirmar que el profeta ya tenía en mente a Jesús y lo presenta en esa época como prototipo de Israel es forzar el texto, haciéndole decir lo que en realidad no dice. Utilizar el texto para mostrar que el Dios que se compadece de su pueblo es el mismo que guía los pasos de Jesús y vela por su integridad, e inferir de ello que ese mismo Dios es el que se ocupa de sus hijos a lo largo de la historia, es aplicar con legitimidad una herramienta hermenéutica adecuada que no puede ni debe violentar a nadie.

Podemos utilizar otro ejemplo. En el Evangelio de Lucas, capítulo 17, versículos 7-10, Jesús narra una parábola referida al «deber del siervo». Utiliza una figura, la del siervo, socialmente institucionalizada en aquella época, que hoy en día, en nuestro mundo occidental, produce un radical rechazo; y lo hace sin que Jesús muestre ninguna condena ni crítica hacia esa práctica denigrante del ser humano, con lo que podríamos inferir que está validando ese tipo de relación señor-siervo, de lo cual podría deducirse que se está legitimando la existencia de siervos y esclavos en nuestros días, tal y como se hizo en siglos pasados en las sociedades esclavistas, lo cual está totalmente en contra tanto del espíritu como de la letra del mensaje global de Jesús.

El objeto de la parábola es mostrar el valor de un tipo de conducta en el que se exalta la importancia de la actitud responsable de quienes cumpliendo con sus obligaciones no tienen nada de qué envanecerse. Jesús utiliza un lenguaje y un ejemplo propios de la época en la que se producen los hechos; un lenguaje inteligible para sus contemporáneos y una referencia a hechos que son sobradamente conocidos para sus oyentes; un lenguaje que, para que siga manteniendo idéntica enseñanza en nuestro tiempo, es preciso actualizar. El mensaje es atemporal, el lenguaje no lo es. Una relectura del texto en nuestros días debe realizarse extrayendo la enseñanza de la parábola, desacralizando el lenguaje y buscando una figura contemporánea a través de la cual poder transmitirla libre de connotaciones esclavistas, como sugiere literalmente el texto que comentamos.

Como quiera que la Biblia no es un manual de preguntas y respuestas, puede ocurrir, y ocurre con frecuencia, que de un mismo hecho se deriven diferentes interpretaciones. Con esta dificultad se encontraron los Padres de la Iglesia, especialmente cuando hicieron frente al hecho cristológico y a las muchas discrepancias que surgieron entre ellos. Esa situación dio origen a los concilios ecuménicos, en los que la comunidad de fe fue adoptando posturas interpretativas que han quedado recogidas en los acuerdos o dogmas que han configurado la teología, no siempre coincidente, de las iglesias cristianas, pero que termina siendo reconocida como el fruto de la inspiración y dirección divina.

Todo esto nos muestra la complejidad que encierra la lectura e interpretación de la Biblia, fuera de una lectura estrictamente devocional. Centrándonos en el Nuevo Testamento, encontramos muchos ejemplos que lo ratifican. Llama la atención, entre otros muchos, la diferencia de criterio existente en relación con la incorporación a la Iglesia de los gentiles; totalmente discrepante la que hicieron los cristianos judaizantes de la realizada por la escuela de Antioquía. Finalmente, prevaleció el pensamiento de Pablo y sus compañeros, pero no sin cierta violencia interpretativa. Llevó un tiempo –en realidad, más de una generación– el lograr que la incipiente Iglesia cristiana se desprendiera de los condicionantes ideológicos y litúrgicos derivados de la cultura judía.

Y, para mayor abundamiento, están las diferencias de criterio, las diferentes formas de interpretación con que las escuelas teológicas inducen a la lectura de la Biblia. En primer lugar, la postura fundamentalista, que enfatiza una lectura literal en la que todos los términos y figuras utilizados en la Biblia, en cada una de sus versiones traducidas, son literalmente Palabra de Dios, sean del Antiguo o del Nuevo Testamento, sin ningún tipo de distinción. Una lectura sin rigor científico que desprecia cualquier aportación de las ciencias sociales. En contraposición con la escuela fundamentalista, está el método histórico-crítico que se sirve de las aportaciones del análisis lingüístico y semántico, así como del estudio de los diferentes géneros literarios. Esta forma de aproximación al texto busca ubicar correctamente el mensaje en los términos ya apuntados: situar el texto en su contexto.

Hay que tener en cuenta la contribución de los descubrimientos arqueológicos, como los manuscritos de *Qumrán* y los códices de *Nag Hammadi*, por señalar únicamente los más relevantes. Y, además, la aportación antropológica que permite conocer el contexto cultural, familiar y social que ayude a entender ciertas analogías o metáforas que de otra forma pueden resultar absolutamente indescifrables.

Otras formas de aproximación al texto bíblico, o de interpretación, muestran posturas teológicas determinadas: de género, liberacionista (teología de la liberación), teología étnica, teología política, etcétera.

De lo dicho se desprende la importancia que tiene el desarrollar una teología que sea capaz de liberarse de las ataduras del literalismo acrítico; una lectura que nos ayude a encontrar la Palabra de Dios desprovista de prejuicios y otro tipo de adherencias contaminantes. Uno de los principios que desde la fe cristiana se asume normalmente es que el Dios de la Biblia se muestra como el Señor de la historia y se revela dentro de ella. Esa es razón suficiente para afirmar que no podemos hacer un intento fiable de aproximación a Dios al margen de los acontecimientos históricos en los que se produce.

Una lectura ahistórica que desconoce u omite las circunstancias en las que se producen los hechos, puede ser muy ortodoxa desde el punto de vista de la teología sistemática controlada desde determinados ámbitos eclesiales, pero sacada de su contexto conducirá fácilmente a formulaciones inconsistentes desde el punto de vista de una teología genuinamente bíblica.

El Dios de la historia, como ya hemos señalado anteriormente, confluye con el Dios-hecho-Palabra, en Jesús, el Cristo. Deducimos así que los relatos que se desvíen de esa línea argumental, que no contribuyan a anticipar o explicar, según sea el caso, el plan de salvación, tal y como queda plasmado en el relato evangélico, ha de ser considerado espurio, propio de las adherencias culturales, costumbristas, coyunturales o anecdóticas que han ido incorporándose al núcleo central de lo que sí puede y debe ser considerado como Palabra de Dios.

Precisamente, una de las grandes incógnitas que se le plantean al hombre contemporáneo (no la única) es descubrir cómo explicar que un Dios justo permita la injusticia en el mundo. Más allá de esa especulación filosófica, fijándose únicamente en la narración bíblica, el problema se hace patente, como ya hemos constatado anteriormente, al leer que ese mismo Dios, el Yavé de un pueblo escogido para transmitir un plan de salvación al mundo, sea presentado como un Dios sectario, propio y exclusivo de los ejércitos de Israel e impulsor de acciones de invasión o de venganza, o actos de crueldad desmedida, como es el caso de las plagas de Egipto, una conducta que, aplicada a cualquier gobernante contemporáneo, sería automáticamente vetada y sancionada por los organismos que en el siglo xxi se ocupan de velar por los derechos humanos.

Insistimos, pues, en que se requiere una relectura de esos textos para encontrar en ellos el mensaje de Dios, porque nuestra inteligencia se niega a aceptar que determinadas acciones sean atribuidas al Dios y Padre de Nuestro Señor Jesucristo, es decir, a un Dios que es el mismo ayer, hoy y por los siglos (Hebreos 13: 8). En Jesús de Nazaret se ha superado la idea del Dios tribal de Israel para convertirse en Dios universal, que abarca a Israel y a todo el universo, mostrando que Israel no es un fin en sí mismo, sino un medio; y que su percepción de Dios es parcial y limitada a una experiencia inicial en proceso evolutivo hacia una revelación más amplia y perfecta que se produce en el mensaje del Mesías.

No debemos perder de vista que la teología sistemática se fundamenta en la filosofía, especialmente en categorías de análisis derivadas del pensamiento griego, siguiendo con ello las pautas marcadas por los grandes apologistas y Padres de la Iglesia de la época posapostólica. Con ello se ha dado paso a una teología abstracta, desvinculada ideológicamente del *ethos* del hombre contemporáneo, es decir, del conjunto de rasgos y modos de comportamiento que conforman el carácter o la identidad de una persona o una comunidad en nuestro tiempo. Dicho con otras palabras, una teología frecuentemente despojada de la capacidad de producir respuestas válidas a las inquietudes y preguntas del hombre contemporáneo.

Ese tipo de teología atemporal y abstracta, tiende a espiritualizar el texto bíblico, sea cual fuere su contenido. Se pretende transformar el relato de hechos que narran situaciones propias de las contingencias diarias de un pueblo o de unos personajes frecuentemente al margen o ajenos a la voluntad divina en mensaje revelado. Con ello se contradice el núcleo central del plan de salvación de Dios.

A partir de ahí, se buscan aplicaciones subliminales de corte espiritual a pasajes donde únicamente existe el relato de un desorden personal o colectivo. Evangelizar partiendo de este tipo de teología producirá creyentes y congregaciones fuera del núcleo cuyo epicentro es Jesús de Nazaret. Eso no quiere decir que resulte ilícito hacer una lectura con fines pedagógicos o de aplicación espiritual a partir de ciertos relatos bíblicos, pero deberá hacerse con una exquisita honestidad intelectual, marcando bien los límites entre hechos contingentes y mensaje divino.

Debido a que con el paso del tiempo la Biblia tiende a hacerse más lejana lingüística y culturalmente hablando, resulta evidente que su uso es cada vez más esotérico y su interpretación puede convertirse en una prerrogativa reservada exclusivamente a personas iniciadas en las ciencias bíblicas. Para evitar ese riesgo, hay que aproximar su contenido a los lectores, mediante traducciones cuidadosamente elaboradas, de tal forma que pueda encontrarse en el texto una lectura de aplicación contemporánea.

CAPÍTULO VII
¿Es la Biblia la Palabra de Dios?

Nota: Recomendamos a nuestros lectores que no antici-
pen la lectura de este capítulo sin haber leído antes los
capítulos precedentes.

Somos conscientes de que, para algunos lectores de sólida formación teológica, lo que estamos reseñando pudiera resultarles falto de atractivo por lo obvio del tema, y porque su propia formación personal les haya permitido realizar anteriormente el recorrido que hemos hecho, tal vez incluso con mayor profundidad. En esos casos pudiera ocurrir que no hayan llegado hasta el final de estas páginas.

También es posible que para otros, aquellos que se han formado en una tradición biblicocéntrica acrítica, la lectura de este libro pudiera haberse convertido en piedra de tropiezo. Se tratará, en este caso, de lectores que han conferido a la Biblia el título de Palabra de Dios desde el primer versículo del Génesis hasta el último del Apocalipsis, sin dar paso a la reflexión cuando se han encontrado con textos que su propia inteligencia reputaba como incomprensibles. Este tipo de lectores suele recurrir a dejar de leer ciertos libros o pasajes, aduciendo que no le gustan o no los entienden, pero sin plantearse un cuestionamiento serio que pueda conducirles a encontrar una definición satisfactoria acerca de lo que es la Palabra de Dios.

Nos remitimos a lo que ya apuntábamos en la introducción, rememorando las palabras del Apóstol de los gentiles: «Os di a beber leche, y no viandas; porque aún no erais capaces, ni sois capaces todavía [de ingerir alimentos sólidos]» (1.ª Corintios 3:2). Partiendo del supuesto básico de que existe también otra clase de lectores, aquellos que desean una información honesta y fidedigna de lo que es y de lo que representa la Biblia, lectores que han seguido con atención la línea argumental precedente, una vez expuesto lo que antecede, cerramos nuestra reflexión tratando de dar respuestas a la pregunta con la que encabezamos el sexto y último capítulo, si bien hemos ido anticipando en los capítulos precedentes nuestra postura, que resumimos ahora a modo de conclusiones finales.

1. Una verdad, cuatro respuestas

Emulando al protestante suizo Emil Brunner (1889-1966),[1] nos preguntamos: ¿Es la Biblia la Palabra de Dios? Y aún más, ¿lo que llamamos Palabra de Dios no será la proyección de palabras humanas? ¿No responderá la concepción bíblica de Dios a una imagen mítica del mundo? Poner en duda la importancia de la Biblia o el papel que ha ejercido y ejerce en el mundo es algo que ni los más incrédulos se atreven a cuestionar seriamente. Incluso aquellos que, al igual que Voltaire (1694-1778), se atrevieron a pronosticar, como él hizo, que se trata de un libro que desaparecería en breve espacio de tiempo, han de admitir que continúa siendo el libro más traducido, más vendido y, con toda probabilidad, el más leído del mundo.

El fenómeno es complejo. Como dice Brunner, «la Biblia no solo procede de los cristianos, sino también los cristianos proceden de la Biblia [...] Por haber la Biblia hay cristianos». Y concluye: «Fe cristiana es fe bíblica». En el mundo se calcula que hay en torno a los 2 200 millones de cristianos que están dispuestos a proclamar su vinculación espiritual con la Biblia. Orígenes, quien, como ya hemos apuntado, es uno de los pilares de la teología cristiana, decía que la Biblia tiene cuerpo, alma y espíritu.

La Palabra de Dios es el fundamento de la fe y conducta del cristiano; por esa razón, tenemos un gran empeño en escudriñar en qué consiste realmente, ya que la fe del cristiano no se fundamenta en ocurrencias personales, ni aun siquiera colectivas, por muy arropadas de ortodoxia que estén, sino en la revelación de Dios y en la herencia recibida de nuestros predecesores; una fe consolidada en el seno de la Iglesia universal. Y como quiera que este tipo de fe no está reñido con la razón, es por lo que consideramos necesario depurar la Biblia de cualquier tipo de adherencias que pudieran distorsionar u ocultar el mensaje divino.

La afirmación «Dios ha hablado» no puede entenderse simplemente como se presenta en los mitos, en la forma en que los seres humanos hablan entre sí, que responde a un estadio del conocimiento primario, en el que es necesario recurrir a figuras antropomórficas para explicar a la divinidad. Necesitamos utilizar un lenguaje analógico, que nos ayude a entender lo que, racionalmente, resulta inexplicable para la mente humana.

Esto nos indica que las palabras que los profetas y otros autores de la Biblia anuncian como expresiones directas de Dios no hay que

---

1. Emil Brunner: *Nuestra fe* (versión castellana); Editions Pro Hispania, Sèvres (S.-et-O.), 1949. pp. 15 ss.

entenderlas en el sentido corriente como si Dios fuera dictando palabra por palabra, conforme hemos argumentado anteriormente. Se trata de Palabra de Dios en palabras humanas.

La Biblia refleja el ambiente histórico-cultural de las distintas épocas en que fue escrita. Sea como fuere, nos enfrentamos a una realidad que nunca podrá ser demostrada con los argumentos propios de la ciencia. En última instancia, la prueba definitiva del valor de la Biblia la aporta el receptor de la palabra a partir de una experiencia personal.

Católicos y protestantes parten de presupuestos diferentes en lo que a la valoración de la Biblia se refiere. Mientras que para los católicos, a raíz del Concilio de Trento, la autoridad de la Biblia está compartida con la tradición y el magisterio de la Iglesia, la Reforma declara como única regla de fe y conducta la Biblia. Sin embargo, somos conscientes de que el Vaticano II elevó el rango de autoridad de la Biblia, sin dejar por ello de mantener la tríada Biblia-tradición-magisterio.

Por su parte, la ortodoxia integrista radical que se consolida a partir del siglo XVII en una parte del protestantismo en torno a la inspiración verbal de la Biblia apunta a que cada palabra, cada letra, incluso la vocalización masorética del texto bíblico son inspirados por Dios, como si hubiese sido esculpido directamente por su mano, con lo que se ha atribuido al texto bíblico un significado equivalente al que los islamistas atribuyen al Corán, tema al que ya hemos hecho referencia, sin que esta comparación deba ser motivo de ofensa para nadie, sean cristianos o musulmanes. Claro que este no es el sentir de la teología surgida a partir del siglo XIX, especialmente en el XX, en el ámbito académico de tradición protestante, fuera de los sectores alineados en las corrientes fundamentalistas.

Pues bien, una vez realizado el recorrido llevado a cabo en los capítulos precedentes, que nos ha permitido penetrar tanto en el mundo judío como en el grecorromano, en el que se va dando forma a los libros que integran el Libro de los Libros y hemos desentrañado algunas de las claves que pueden ayudarnos a tomar postura en este asunto, nos enfrentamos al reto de determinar la esencia misma de la Biblia, y lo hacemos planteándonos nuevamente la pregunta ¿qué es la Biblia?

Al hacernos la pregunta precedente, nos encontramos con cuatro vertientes de una misma respuesta, o cuatro posibles respuestas: 1) La Biblia es Palabra de Dios; 2) la Biblia contiene Palabra de Dios; 3) la Biblia es la Palabra de Dios; y 4) la Biblia contiene la Palabra de Dios.

Tal vez nunca antes nos habíamos encontrado con un artículo determinado, como es la partícula «la», con tanta relevancia como ocurre en el caso que analizamos. A diferencia del artículo indeterminado «un-una», el que ahora nos ocupa acompaña al nombre para matizar la extensión y el carácter con que se emplea. Un artículo que imprime al sustantivo sentido de exclusividad. No es lo mismo decir *la mesa* que está en el salón, con cuya expresión estamos señalando que se trata de un objeto único, que decir *una mesa*, al señalar uno de los muebles entre varios de idéntica función. Por otra parte, si decimos que un determinado guiso *contiene* verduras, no estamos señalando ese ingrediente como único, sino que damos por supuesto que le acompañan otros: patatas, carne, guisantes… De ahí la importancia que damos al artículo en este caso para dar respuesta a la pregunta acerca de la Biblia.

Con la afirmación de que la Biblia es Palabra de Dios estamos queriendo decir que en sí misma la Biblia lo es, efectivamente, aunque no necesariamente la única Palabra de Dios. Sería la postura del salmista cuando en una oración de exaltación de la grandeza de Dios, exclama: «Los cielos cuentan la gloria de Dios, y el firmamento anuncia la obra de sus manos» (Salmo 19:1). El salmista ve Palabra de Dios en el firmamento, en el conjunto de la creación, en la obra creadora de Dios. Una experiencia semejante la tiene el profeta Elías cuando es capaz de interpretar los fenómenos de la naturaleza y puede descifrar el mensaje de Yavé a través del silbo apacible y delicado (*cfr.* 1 Reyes 19:12-13). Para Elías, como le ocurre también a Moisés y a algunos de los profetas, Yavé se muestra a través de la «obra de sus manos»; un trueno, una zarza ardiendo, un diluvio, es decir, a través de la creación. Lo que ocurre es que hay que tener ojos para ver y oídos para oír.

La historia está llena de cristianos que dan testimonio de haber recibido Palabra de Dios a través de ciertas experiencias, de determinados sueños o de situaciones conflictivas que los han colocado al borde de la muerte. Son testimonios irrefutables para quien los experimenta e indemostrables para el resto de los mortales. Siguiendo el impulso de esas revelaciones, de esas manifestaciones, de esa forma de recibir mensajes atribuidos a Dios, considerados como Palabra de Dios, se han tomado grandes y comprometidas decisiones y se han emprendido aventuras y proyectos de enormes dimensiones.

Es de interés no dejar de recordar la aportación que a este respecto hace la epístola a los Hebreos 1:1: «Dios, habiendo hablado muchas veces y de muchas maneras en otro tiempo…», lo hizo por medio de los profetas y ahora «nos ha hablado por el Hijo», pero el canal de comunicación ha estado y continúa estando abierto en todo tiempo y de formas diferentes. Ni este texto ni el conjunto de la Biblia indican que el canal de comunicación de Dios se haya cerrado en ningún momento.

2. Límites de la autoridad entre Biblia e Iglesia

La Biblia habla de Dios y algunos de sus autores, especialmente los profetas, hablan y escriben esgrimiendo que lo hacen en su nombre. A otros autores se les atribuye que lo que escriben es un mensaje directo de Dios. «Así dice Yavé», es el argumento que utilizan frecuentemente los profetas. El Evangelio de Juan, en sus inicios, arranca con una afirmación contundente: «En el principio era el Verbo [la Palabra], y el Verbo era con Dios, y el Verbo era Dios; [...] Y aquel Verbo fue hecho carne, y habitó entre nosotros» (1:1, 14). Se trata de una construcción teológica admitida ya a finales del siglo I por las comunidades cristianas que identifican a Jesús con el Mesías, el Cristo, y lo reconocen como el Hijo de Dios, parte de Dios mismo.

Jesús es, por lo tanto, la Palabra de Dios, de la que tenemos noticias gracias a la Biblia. La pregunta que nos formulamos con Brunner es la siguiente: entonces, ¿es toda la Biblia Palabra de Dios? Gracias a la Biblia percibimos la voz de Dios, aunque nos llegue con bastantes interferencias. Lo que toca hacer al lector es distinguir entre aquellas palabras que apuntan claramente hacia el Verbo o bien lo explican y definen, como pretende Juan con su Evangelio, diferenciándolas de aquellas otras que introducen argumentos, interpretaciones y experiencias humanas ajenas a la revelación divina.

Recordemos lo ya mencionado anteriormente. El Canon del Antiguo Testamento es fruto de la decisión de un grupo de «sabios» judíos que, a su vez, decidieron dejar fuera otros libros que circulaban en las comunidades judías de la diáspora; y lo hicieron con el marchamo de «sagradas escrituras». Por otra parte, el Nuevo Testamento es fruto de una evolución teológica de las congregaciones cristianas en cuyo proceso fueron eliminándose otros escritos que durante algún tiempo sí fueron considerados como «sagradas escrituras».

Los libros excluidos del Antiguo Testamento serían denominados apócrifos o deuterocanónicos, mientras que los excluidos del Nuevo han circulado como documentos de interés histórico, sin conferirles la consideración de inspirados. Una selección, la del Antiguo Testamento, que se produjo desde dentro del judaísmo ya estructurado, y la del Nuevo Testamento, desde dentro de la propia Iglesia que, por otra parte, aceptaría como inspirados para el Antiguo Testamento, en contra de los argumentos esgrimidos por Marción (85-160 o 96-161), los seleccionados por el Concilio judío de Jamnia.

Es la Iglesia la que elabora los textos sagrados y no los textos sagrados los que configuran la Iglesia. Es decir, según apunta Manuel Gutiérrez Marín (1906-1988),[2] uno de los teólogos más conspicuos del protestantismo español del siglo xx, el proceso histórico no es primero la Biblia, luego la Iglesia y, finalmente, la reflexión teológica; antes bien, el Nuevo Testamento es fruto de la reflexión teológica producida en el seno de la Iglesia y fruto de ese vínculo surgirán los textos sagrados.

Esta realidad plantea un problema histórico: los límites de la autoridad entre Biblia e Iglesia. Y de ahí surge el dogma católico definido en el Concilio de Trento, de elevar la tradición a rango equivalente a la Biblia, juntamente con el magisterio, como autoridades asociadas en las que se sustenta la Iglesia católica romana. El problema radica en el tipo de tradición a que nos refiramos; porque no es lo mismo la herencia de los Padres Apostólicos que configuraron la Iglesia primitiva o las aportaciones de siglos posteriores que alguna Iglesia haya incorporado, pretendiendo otorgarles idéntico rango de autoridad.

Por su parte, los reformadores protestantes optaron por situar la Biblia como única fuente de autoridad, desechando cualquier otra fuente que pudiera colocarse al mismo nivel. En su empeño por proteger la pureza de la Biblia, olvidaron los reformadores, o relegaron a segundo lugar, que la Sagrada Escritura no existe sola, ni llegó a ser evidente su autoridad por sí misma, sino que, detrás de ella, había ya dieciséis siglos de historia.

A poco que leamos con atención la Biblia, y más concretamente el Nuevo Testamento, repararemos en el papel que juega la comunidad como portadora de una tradición que se forja en documentos escritos que van siendo fusionados indisolublemente por la Biblia y la tradición. Ahora bien, asumir el axioma *in dubio pro traditio*, que ha elevado a categoría de dogma determinada tradición eclesial, resulta extraño a una concepción reformada. Sea como fuere, es preciso remarcar que el Nuevo Testamento no sería posible fuera de ese devenir histórico de la Iglesia, y la Iglesia no hubiera podido consolidarse sin el soporte del texto bíblico.

Y, si además de leer la Biblia, repasamos la historia, comprobaremos que esa interacción no se produjo siempre de forma armónica, antes bien, por referirnos al hecho más destacado de la Patrística, las comunidades cristianas valoraron, aceptaron o criticaron y desecharon las diferentes concepciones cristológicas que circularon desde la crucifixión

---

2. Manuel Gutiérrez Marín: *Bosquejos de apologética*; c. i. p. (México: 1966)

de Jesús en función de las diversas corrientes teológicas que fueron surgiendo hasta que, finalmente, fueron consolidándose algunas de ellas mediante la sanción, controvertida con frecuencia, de los concilios.

Desde la fe, la Iglesia interpreta que ese proceso integrador de las Escrituras, su incorporación al acervo espiritual comunitario y la aceptación como texto revelado y su transmisión posterior, es fruto de la intervención del Espíritu Santo en el seno de la Iglesia y de la historia, sin que por ello esos textos hayan tenido que ser *dictados* por Dios y, consecuentemente, dejen de estar exentos de cierta contaminación humana. Repitiendo lo ya dicho con anterioridad, es la Palabra de Dios transmitida en palabras humanas.

Ya en este punto, y próximos a cerrar nuestras reflexiones sobre el tema que nos ocupa a lo largo de esta monografía, debemos hacer una aclaración al término 'Iglesia' en el contexto en el que nos movemos. A efectos de agente de la revelación de Dios, custodia y transmisora de los arcanos de la fe, el sentido del concepto 'Iglesia' hay que remontarlo a su primigenio significado, que demanda ser adjetivado como 'católica', es decir, universal, situándonos de esta forma en la época de la Patrística y su corolario: los concilios ecuménicos.

Se trata de una Iglesia plural desde sus inicios. Nadie puede demostrar con argumentos consistentes que el cristianismo de los primeros siglos gozara de unidad estructural, institucional y jerárquica. Cada uno de los cuatro grandes patriarcados –Antioquia, Alejandría, Roma y Constantinopla, ya que el quinto, Jerusalén, era un referente puramente simbólico– gozaba de plena autonomía e independencia con respecto a los otros. Aparte de los intentos que hubo de establecer una cierta primacía, unas veces por parte de Roma, otras de Constantinopla y en alguna ocasión por ambas a la par, los propios padres de la Iglesia y, con ellos, los siete concilios ecuménicos, dan testimonio de que tal unión estructural y jerárquica jamás se produjo.

Ahora bien, no obstante la diversidad, las iglesias conciliares sí tuvieron la disposición de aceptar la presión del emperador para reunirse en concilio universal, es decir, que abarcara a todas las iglesias bajo autoridad de los diferentes patriarcados, con la encomienda de debatir y ponerse de acuerdo en definir los grandes retos que iban planteándose en torno a doctrinas básicas para el conjunto de la cristiandad, especialmente en el ámbito cristológico. Esos concilios dieron lugar, entre otros logros, a establecer una cristología común, cuyo compromiso condujo a declarar como herejes a quienes no estuvieron dispuestos a ajustarse a lo que se entendió que era *el soplo del Espíritu*. Este mismo criterio sirvió, aunque sin respaldo formal de los concilios ecuménicos y sí de algunos locales, a ir cerrando el Canon del Nuevo Testamento en torno a los 27 libros de que consta en la actualidad.

Pues bien, aludimos a ese concepto de *Iglesia universal* cuando le atribuimos autoridad como cauce a través del cual el Espíritu Santo sigue actuando de forma eficaz en temas análogos, que ni catolicorromanos, ni ortodoxos ni protestantes de forma aislada ni, por supuesto, cualquier iglesia local o nacional, por la suya, pueden arrogarse como patrimonio propio el derecho de introducir otros libros sagrados, conferir a los ya existentes un sentido propio o suprimir aquellos pasajes o libros que pudieran resultarles molestos a sus particulares posturas teológicas. Y esto tiene que ver, por supuesto, con el riesgo en el que caen determinados «profetas» o «gurús» modernos, presentando *sus* ocurrencias como doctrina universal.

3. Jesús, enviado de Dios

Puesto que, por nuestra parte, partimos de un principio axiomático, consustancial con la fe, como es la aceptación de que Jesús es la Palabra de Dios encarnada, a cuya definición venimos recurriendo reiteradamente, nuestra aproximación al conjunto de libros que componen la Biblia debe ajustarse al criterio de que cualquier aspecto que aparente o directamente cuestione, objete, refute o contradiga la figura y el mensaje de Jesús debe ser recibido con sospecha y sometido a una relectura crítica, aunque nada más fuera por un sentido elemental de coherencia, ya que si Jesucristo es Dios y Dios es inmutable, el mismo ayer, hoy y por los siglos (*cfr.* Hebreos 13: 8), no puede contradecirse a sí mismo.

Seguimos de esta forma la enseñanza del teólogo protestante alemán Rudolf Bultmann, ya aludido con anterioridad, quien, en su búsqueda del Jesús histórico, nos introduce en el círculo de la historia de las formas, consistente en distinguir entre lo que pertenece a Jesús y lo que pertenece a sus contemporáneos judíos y a las comunidades eclesiales posteriores. Se trata, pues, de un ejercicio necesario para poder aproximarnos tanto como sea posible al hecho trascendente de la revelación de Dios y, de esa forma, determinar el alcance de la Palabra de Dios.

Es un hecho suficientemente estudiado, y contrastado por eruditos con suficiente cualificación para ello, que se produce un salto teológico significativo entre finales de la década de los veinte del siglo i, fecha de la crucifixión de Jesús, probablemente el año 29 o 30, y mediados de los sesenta, cuando comienzan a ponerse por escrito los relatos en torno a la vida y dichos de Jesús, una etapa que se prolonga hasta finales del siglo I; es el período de tiempo en el que se escriben los diferentes libros que contiene el Nuevo Testamento. El tiempo transcurrido entre el año 29 y el 66-67 es un período en el que las congregaciones se nutren espiritualmente de una enseñanza más o menos directa de los discípulos de Jesús, transmitida de forma oral, a impulsos del impacto que Jesús había producido en sus vidas. A partir de esa etapa, los escritos sustituyen al testimonio apostólico.

Curiosamente, ninguno de los apóstoles toma la iniciativa de poner por escrito la historia de Jesús salvo, tal vez, algunas notas con algunos de sus dichos más llamativos que, en alguna medida, pudieran haber dado origen al conocido como *Documento Q*, predecesor del Evangelio de Marcos, y ambos, de los otros dos Evangelios sinópticos. Ninguna referencia ni prueba tenemos al respecto. Bien es cierto que es muy probable que muchos de los apóstoles, si no todos, difícilmente supieran leer y escribir, procediendo, como procedían, de sectores tradicionalmente iletrados. El propio Jesús, por su parte, tampoco dejó nada escrito que sepamos, salvo unos garabatos en el suelo (*cfr.* Juan 8:6), y para mayor curiosidad, recogido el hecho en un pasaje, el de la mujer pillada en adulterio, que se reputa como espurio, tal y como hemos analizado anteriormente.

El primero que escribe sobre el tema es Saulo de Tarso, un fariseo converso, autodenominado apóstol, que no ha conocido personalmente a Jesús, ya que a su muerte contaría con 19 o 20 años y, muy probablemente, viviera en su Tarso natal (la Turquía actual) o, tal vez, en Roma, lejos del escenario de la vida pública de Jesús. Saulo sí es un hombre culto, muy imbuido en la cultura helena; conoce el griego y el arameo y está formado en el rabinato a los pies de uno de los maestros y doctores de la Ley más acreditados de Israel en esa época: Gamaliel. La primera etapa en la vida de Pablo después de la conversión ha quedado en oculto; aparentemente, recibe su formación religiosa en una iglesia, la de Antioquía, que está integrada ya por cristianos de segunda generación.

Pablo, cuando escribe sus cartas, apenas si muestra interés en reparar en los datos biográficos de Jesús, centrando todo su énfasis en el hecho que más poderosamente le ha subyugado: su resurrección. Pero no debemos dejar de reparar en que los escritos de Pablo son ocasionales, es decir, surgen como respuesta a situaciones concretas. Por otra parte, escribe a *creyentes*, personas que ya están integradas en la Iglesia y son conocedoras de los rudimentos de la historia de Jesús y de la fe.

Son las de Pablo epístolas eminentemente pastorales, en algunos casos exegéticas, pero en manera alguna biográficas. Muestran, eso sí, una vocación de interpretación teológica avanzada, siendo el primero que ofrece, aunque dispersa, una teología sistemática que será el fundamento y la base para la gran mayoría de las teologías cristianas posteriores. A pesar de su muerte temprana, probablemente en el año 67, Pablo aparece como el que estructura y expande el cristianismo en el Imperio romano.

En definitiva, es Saulo de Tarso, reconvertido en Pablo, el que pone de relieve la necesidad de ordenar la doctrina de la Iglesia. A esto se une la gran tragedia que supone la guerra de los judíos con Roma y la destrucción de Jerusalén y el Templo, con la consecuente dispersión que, por supuesto, no solo afecta a los judíos, sino también a los cristianos, que han de improvisar lugares para reunirse y una historia a la que aferrarse.

Tras el ejemplo de Pablo y el vacío que deja con su muerte, surgen otros líderes, bien como colaboradores suyos –especialmente en el campo misionero– o como discípulos de algunos de los apóstoles, que asumen el reto de trasladar al papel los recuerdos y las enseñanzas que han recibido de los propios apóstoles, en cuyo nombre escriben. Son escritos que, por lo regular, no están firmados y que, siguiendo la costumbre de la época, se atribuyen posteriormente a quien los promueve: Pedro, Juan, Santiago, un hecho absolutamente irrelevante para la época.

Tan solo Lucas, con el claro propósito de atender los deseos del influyente Teófilo, escribe un libro de historia –su Evangelio más los Hechos de los Apóstoles– que circuló como un solo libro y que, posteriormente, sería desglosado en dos. Una historia parcial, especialmente la segunda parte, referida al desarrollo de la Iglesia a partir de Pentecostés, que gira en torno a dos figuras: la de Pedro y la de Pablo, dejando prácticamente en la oscuridad la trayectoria del resto de los apóstoles, de quienes nada se conoce, aparte de las leyendas que circularon posteriormente en formato de escritos piadosos.

De esa forma surgen los Evangelios sinópticos, las epístolas pastorales y universales, algunas de las atribuidas a Pablo que difícilmente pudieron ser escritas por el Apóstol de los gentiles y, finalmente, el Apocalipsis y el cuarto Evangelio, ya a finales del siglo I.[3]

---

3. No entra dentro de nuestros intereses incluir información detallada acerca de la autoría de los diferentes libros del Nuevo Testamento, un tema que cuenta con brillantes expositores a los que deberán acudir los lectores interesados en profundizar más en el tema.

Pues bien, todo ese conjunto de literatura cristiana, está escrito cuando la figura de Jesús ha dejado ya de ser para sus seguidores simplemente Jesús de Nazaret, el que iba haciendo bienes (Hechos 10:38) para convertirse en el Mesías, el Cristo, el Hijo de Dios, muerto y resucitado, hacedor de milagros y grandes prodigios; una evolución teológica que prende en las iglesias con fuerza y se proyecta con pujanza por todo el Imperio, que se hace necesario documentar para enseñanza de las nuevas generaciones de creyentes. Es decir, la fortaleza espiritual y teológica de la Iglesia impulsa y crea la literatura neotestamentaria; y lo hace de una forma aparentemente inconsciente, sin que los propios autores reparen en cuál va a ser el destino de sus escritos.

Jesús es reconocido como el enviado de Dios y, en torno a él, se elabora el testimonio escrito de esa realidad trascendente. Cuando en ese proceso de asentamiento de la doctrina surgen las posturas heréticas que directa o indirectamente cuestionan la esencia de la figura de Jesús –Simón el mago, nicolaítas, cainitas, Marción, ebonitas y otros muchos, una época en la que no existe un canon del Nuevo Testamento que acredite a sus libros como «dogma de fe»–, el bastión de los cristianos no es otro que esgrimir la figura de Jesús resucitado como fidedigna revelación de Dios.

Serán las propias iglesias quienes acrediten y consoliden esta doctrina y las que confieran autoridad a los libros que responden fielmente a este principio doctrinal, desechando el resto, una postura desarrollada y consolidada posteriormente a través de los concilios.

Las escrituras neotestamentarias son el reflejo de un conjunto de comunidades de creyentes que hacen suya la tradición apostólica transmitida verbalmente y la van plasmando en documentos que, progresivamente, asumen la autoridad que con anterioridad había sido concedida a sus autores intelectuales, partiendo de los propios apóstoles. Un proceso al que la Iglesia atribuye la intervención del Espíritu Santo, como poder presencial de Dios, ya que desde muy temprano acepta que es él el enviado de Dios para suplir la ausencia de Jesucristo y para guiar a su Iglesia.

4. La Biblia como puente de comunicación

En vista de las reflexiones hechas hasta aquí, entendemos que no es lo mismo decir «la Biblia es» que «la Biblia contiene» la Palabra de Dios. Si nos inclinamos por afirmar que *la Biblia es la Palabra de Dios*, nos encontraremos con la seria dificultad de aclarar el lugar que ocupan esos pasajes conflictivos difícilmente atribuidos a Dios, o esos otros que hemos identificado como espurios, o aquellos que muestran errores científicos, o los que introducen grandes e incongruentes misterios que no encajan fácilmente con la narración bíblica integral, o los que son claramente reconocibles como mitos de la humanidad, compatibles con otras tradiciones religiosas, o los pasajes que introducen conductas condenadas por la ética de Jesús, o los que presentan doctrinas o prácticas en nada concurrentes con la enseñanza del sermón del monte.

Si, por el contrario, deducimos que *la Biblia contiene la Palabra de Dios*, estamos admitiendo que, además de Palabra de Dios, las Sagradas Escrituras contienen partes no atribuibles a Dios que debemos delimitar mediante una relectura adecuada, a partir de una hermenéutica científicamente válida. Esto nos llevará, necesariamente, por una parte, a revisar algunas de nuestras doctrinas que, por muy históricas que sean, tal vez se apoyen y fundamenten en un versículo, en un pasaje o en un libro cuyo contenido pudiera ser cuestionado. Por otra parte, nos conduce a concentrar únicamente en la Biblia, una vez depurada de todo aquello que le es ajeno, la revelación de Dios, que es tanto como decir que fuera de la Biblia la divinidad no se ha manifestado de forma alguna.

Claro que las dos opciones anteriores responden a dos posturas absolutas. La otra opción que nos queda es contemplar la Biblia no tanto como un medio único a través del cual Dios se ha manifestado a los hombres, sino como uno de los medios de los que Dios se ha servido para comunicarse con los seres humanos, si bien un medio especialmente relevante. En ese caso, la formulación será, *la Biblia contiene Palabra de Dios*, y la contiene, primordialmente, porque en ella se da testimonio de quien se nos revela como Palabra encarnada. Con ello, estaremos limitando y condicionando nuestra inveterada vocación de reducir el espacio en el que Dios se manifiesta a los límites de *nuestra* concepción religiosa (judía, cristiana, católica, protestante, etcétera) y aceptar la idea de un Ser universal, al que nadie ha visto jamás (*cfr.* 1.ª Juan 4:12), que si bien Jesucristo lo ha dado a conocer (*cfr.* Juan 1:18), no significa que no se haya mostrado y pueda mostrarse de formas diferentes a lo largo de los supuestamente 1,3 millones de años que tiene de presencia en la tierra el ser humano.

Como complemento y conclusión, conviene no olvidar que ciencia bíblica y acceso sencillo a las Escrituras no están reñidos entre sí, no son incompatibles. Muchas personas han podido y pueden sentirse interpeladas mediante una lectura *sencilla* de la Biblia, de la que sacan fortaleza y alegría para seguir viviendo. Claro que tanto la lectura sencilla como la científica tienen sus límites; nadie debe pensar que lo que él siente es una verdad de valor universal. Una cosa es la experiencia personal y otra la conformación de una postura doctrinal colectiva que, en todo caso, debe estar validada por la comunidad de creyentes, por la Iglesia en su proyección universal. En cualquier caso, es una muestra de humildad e inteligencia estar dispuestos a recibir información de los expertos para aprender a distinguir los distintos estilos y modos de expresión y evitar así falsas interpretaciones.

El objeto de llevar a cabo una relectura de la Biblia apoyándose en la ciencia bíblica es ayudar al lector a obtener una experiencia de aproximación a Dios más efectiva. Una buena exegesis es una herramienta para desentrañar el texto bíblico, no un fin en sí mismo; una forma de permitir que la Biblia hable por sí misma en un lenguaje lo suficientemente claro, que nos haga llegar con nitidez el sentido último de la Palabra de Dios.

A Dios sea la gloria.

Bibliografía de consulta y referencia

No es nuestra intención ofrecer una bibliografía exhaustiva sobre el tema que tratamos en este libro; tan solo algunos títulos que, desde ángulos y énfasis teológicos o científicos, diferentes aunque complementarios, se ocupan del mismo, por lo regular con mayor extensión de la que le damos en esta monografía.

AYALA, Francisco J.: *Darwin y el diseño inteligente: creacionismo, cristianismo y evolución*; Alianza Editorial (Madrid: 2007).

BRUCE, F. F.: *El Canon de la Escritura. Hermenéutica y exegesis*; CLIE (Tarrasa: 2002).

BUZZETTI, Carlo: *Traducir la Biblia*; Ed. Verbo Divino (Estella, Navarra: 1976).

CHILDS, Brevard S.: *Teología bíblica del Antiguo y Nuevo Testamento*; Ediciones Sígueme (Salamanca: 2011).

COLLINS, Francis S.: *¿Cómo habla Dios? La evidencia científica de la fe*; Ediciones Temas de Hoy (Barcelona: 2007).

DUNN, James D. G.: *Redescubrir a Jesús de Nazaret*; Ediciones Sígueme (Salamanca: 2006).

GUIJARRO, Santiago: *Los dichos de Jesús. Introducción al Documento Q*; Ediciones Sígueme (Salamanca: 2014).

—— *Los Cuatro Evangelios*; Ediciones Sígueme (Salamanca: 2010).

HOFFMANN, P., J. S. Kloppenborg y J. M. Robinson: *El Documento Q. Edición bilingüe. Con paralelos del Evangelio de Marcos y del Evangelio de Tomás*; Ediciones Sígueme (Salamanca: 2004); 2.ª ed.

LAW, Timothy Michael: *Cuando Dios habló griego. La Septuaginta y la formación de la Biblia Cristiana*; Ediciones Sígueme (Salamanca: 2014).

MARGUERAT, Daniel (ed.): *Introducción al Nuevo Testamento: Su historia, su escritura, su teología*; Desclée de Brouwer (Bilbao: 2008).

O'CALLAGHAN, José: *Los primeros testimonios del Nuevo Testamento*; Ediciones Almendro (Madrid: 1995).

PAGOLA, José Antonio: *Jesús. Aproximación histórica*; PPC Editorial (Madrid: 2008); 8.ª ed.

PIÑERO, Antonio: *Año I. Israel y su mundo cuando nació Jesús*; Ediciones del Laberinto (Madrid: 2008).

—— *Guía para entender el Nuevo Testamento*; Editorial Trotta, S. A. (Madrid: 2006).

—— y Jesús Peláez: *El Nuevo Testamento. Introducción al estudio de los primeros escritos cristianos*; Ediciones El Almendro-Fundación Épsilon (Córdoba y Madrid: 1995).

Räisänen, Heikki: El nacimiento de las creencias cristianas; Ediciones Sígueme (Salamanca: 2012).

Ramón Viguri, Miguel: Ciencia y Dios; Editorial Desclée del Brouwer S. A. (Bilbao: 2011).

RUSE, Michael: *¿Puede un darwinista ser cristiano? La relación entre ciencia y religión*; Siglo XXI de España Editores (Madrid: 2007).

SCHILLEBEEKX, Edward: *Jesús. La historia de un viviente*; Editorial Trotta, S. A. (Madrid: 2010); 2.ª ed.

SCHÖKEL, L. Alfonso: *Treinta salmos. Poesía y oración*; Ediciones Cristiandad (Madrid: 1981).

STANTON, Graham N.: *Jesús y el Evangelio*; Desclée de Brouwer (Bilbao: 2008).

THEISSEN, Gerd: *El Nuevo Testamento: Historia, Literatura, Religión*; Sal Terrae (Santander: 2003).

—— *La religión de los primeros cristianos. Una teoría del cristianismo primitivo*; Ediciones Sígueme (Salamanca: 2002).

—— y Annette Merz: *El Jesús histórico*; Ediciones Sígueme (Salamanca: 2012); 4.ª ed.

TREBOLLE, Julio: *La Biblia judía y la Biblia cristiana. Introducción a la Historia de la Biblia*; Editorial Trotta (Madrid: 1998); 3.ª ed.